管理攻心术

齐杰◎著

时事出版社

图书在版编目（CIP）数据

管理攻心术 / 齐杰著 .—北京：时事出版社，2016.8（2018.4 重印）

ISBN 978-7-5195-0001-6

Ⅰ.①管… Ⅱ.①齐… Ⅲ.①管理心理学 Ⅳ.① C93-05

中国版本图书馆 CIP 数据核字（2016）第 135364 号

出 版 发 行：时事出版社
地　　　址：北京市海淀区万寿寺甲 2 号
邮　　　编：100081
发 行 热 线：（010）88547590　88547591
读者服务部：（010）88547595
传　　　真：（010）88547592
电 子 邮 箱：shishichubanshe@sina.com
网　　　址：www.shishishe.com
印　　　刷：北京溢漾印刷有限公司

开本：787×1092　1/16　印张：20　字数：272 千字
2016 年 8 月第 1 版　2018 年 4 月第 2 次印刷
定价：35.00 元
（如有印装质量问题，请与本社发行部联系调换）

前言

管理是一门艺术，它既没有统一模式，也没有最佳模式，必须因人而异、因事而异。企业的管理者要搞好管理工作，必须努力学习科学管理知识，并用以指导管理工作，在实践中不断提高管理水平。

在职场中，最可惜的是虽然经历了一些事情，不管成功还是失败，却都没有从中学到东西，没有丝毫收获。所谓收获，不仅仅是从失败或者成功中得来，更多还是从过程中得来。

如何正确管理纷繁复杂的人和事，并使管理起到事半功倍的效果，是一个企业管理者面临的难题，也是一个亟待解决的问题。作为一个成功的管理者，应该超越纷繁复杂的问题和事物，以人为本，精于管，重在理，多在管理方法和管理技巧上下功夫。做到尊重客观规律，把管与理、控制与协调有机结合起来，特别是把更多的精力投入到"理"之中，理顺关系，理和气氛，理畅情绪，依情而理，使每个人的主观能动性都得到充分发挥，使工作环境如家庭般温暖。事实上，不论管理内容如何纷繁复杂，涉及面如何广泛，从理论上来讲，就两个字，一个是管，二个是理；涉及的就是两个方面，一是人，二是事；管理的目的也是两个，一是最大限度地调动人的积极性，二是满足企业发展的需要，实现企业的最大效益。

如果你是一名刚步入职场的年轻人，你可从本书中了解管理的入门知识，为未来的职业生涯做准备。如果你是一名刚起步的创业者，你可从本书中学习成功管理者的基本素养和技巧，为将来成为一名优秀的管理者做好铺垫。如果你是一名管理者或领导者，你可从本书中学习如何做计划、做决策，以及如何选用、留住优秀人才……

在这个快速变化的时代里，只有每天进步才能跟上时代发展的步伐。学习管理的方法和技巧，且用以指导实践并不断提高完善，才是管理的王道。

目录
Contents

第一章　魅力提升术
——管理人心取决于人格魅力

1. 成大业若烹小鲜，做大事必重细节 …………… 003
2. "韦尔奇活力曲线" …………………………… 006
3. 心态平和，内心沉稳 ………………………… 009
4. 以大度兼容，则万物兼济 …………………… 012
5. 以诚感人者，人亦诚而应 …………………… 015
6. 敢为人先，有胆识才能成功 ………………… 019
7. "一切责任在我" ……………………………… 022

第二章　以身作则术
——管理团队要应用好榜样效应

1. 管理者要注重管理形象 ……………………… 029
2. 管理者要知乐言而止于谨言 ………………… 032
3. 良好的管理行为能够赢得下属的尊重 ……… 036
4. 正确的管理态度决定成功的高度 …………… 041
5. 真正的管理人是去管理人的情绪 …………… 044
6. 把握公私分开的火候 ………………………… 048

第三章　知己善任术
——找到适合自己的管理者定位

1. 冷静型管理者做事果断 ·············· 053
2. 包容心强的管理者责任心强 ·············· 056
3. 平易近人的管理者被属下信赖 ·············· 059
4. 活泼型的管理者待人热情 ·············· 061
5. 勤奋型的管理者埋头苦干 ·············· 063
6. 知人善任的领导让每个人都放光发热 ·············· 065
7. 情绪型的领导赏罚分明 ·············· 067

第四章　知人善用术
——学会与不同性格的下属打交道

1. 不要被夸夸其谈的下属蒙蔽 ·············· 073
2. 如何面对下属不合理的要求 ·············· 074
3. 谨慎对待报喜不报忧的下属 ·············· 076
4. 怎样管理有后台的下属 ·············· 079
5. 明断下属的"小报告" ·············· 081
6. 解决下属的拖延症 ·············· 084
7. 妥善处理办公时间化妆的女下属 ·············· 087
8. 如何对待习惯迟到的下属 ·············· 088

第五章　洞察人心术
——透过细节了解员工的心理

1. 识别人才如同伯乐相马 ·············· 093
2. 从衣着服饰上看出人的性格 ·············· 095
3. 背后闲话暴露出皇帝的新衣下的真实 ·············· 098

4. 无声胜有声的身体语言 …………………………… 100

5. 心灵的窗户，观其眼神以观其人 ………………… 102

6. 喜欢揭人之短的员工是公司的隐患 ……………… 104

7. 慧眼识人，言谈举止看出人的本性 ……………… 106

8. 自言自语背后的不自信 …………………………… 109

9. 人前炫耀是一种自卑 ……………………………… 111

第六章　换位思考术
——忧他人之忧，乐他人之乐

1. 营造融洽而有人情味的和谐氛围 ………………… 117

2. 提高效率的下属帮助计划 ………………………… 120

3. 设身处地，将心比心 ……………………………… 122

4. 细节主义，勿以善小而不为 ……………………… 125

5. 送出赞美的"精神薪资" …………………………… 127

6. 爱下属，下属才会爱企业 ………………………… 130

7. 了解下属，视下属为朋友 ………………………… 133

8. 攻心为上，攻城为下 ……………………………… 135

9. 理智与感情并用的管理方法 ……………………… 137

第七章　思想工作术
——做好员工的说服与宣传工作

1. 信任是进行说服的基础 …………………………… 141

2. 调查研究，了解对方的真正感觉 ………………… 143

3. 为他着想，站在对方的利益上 …………………… 146

4. 动之以情，晓之以理 ……………………………… 149

5. 在对方内心生根发芽 ……………………………… 151

6. 把握说服的最佳时机 ············· 153

7. 恰到好处的数据支持 ············· 156

8. 体态语言的运用 ················· 158

9. 讲大道理就是宣传真理 ··········· 160

第八章　激发士气术
——比物质奖励更有效的鼓舞技巧

1. "好"老板不如"坏"老板 ········· 165

2. 给优秀人才注入成功的催化剂 ····· 168

3. 劝将不如激将 ··················· 170

4. 将"无为而治"运用于管理工作 ··· 173

5. 小事糊涂，大事认真 ············· 175

6. 发挥好榜样的力量 ··············· 177

7. 把压力转化为动力 ··············· 180

8. 赏不避小，罚不避大 ············· 182

第九章　合理引导术
——学会有效协调内部关系

1. 合理利用竞争 ··················· 187

2. 及时找准泄漏点 ················· 188

3. 真理在握，虽千万人吾往矣 ······· 189

4. 讲制度的同时也要对人有情 ······· 191

5. 保持一定的距离 ················· 195

6. 克制"螃蟹效应" ··············· 197

7. 如何对待小圈子 ················· 200

8. 善用回避和冷处理 …………………………… 202

9. 内外平衡，相互协调 ………………………… 204

第十章　令行禁止术
——赏罚分明才能树立领导威信

1. 物质奖励提高员工的积极性 ………………… 211
2. 精神奖励给员工前进的动力 ………………… 213
3. 恩威并施，"胡萝卜加大棒" ………………… 215
4. 威信是一种软实力 …………………………… 218
5. 当严必严，以儆效尤 ………………………… 219
6. 以身作则，以德服人 ………………………… 221
7. 不要使用第三种手势 ………………………… 224
8. 给"问题员工"开药方 ……………………… 226

第十一章　点石成金术
——发现和善用有潜力的人才

1. 发现身边的"潜人才" ……………………… 233
2. "让新手入模子" …………………………… 237
3. 用得得当，"短"亦即长 …………………… 239
4. 打破常规用人才 ……………………………… 242
5. 行者必用，用者必信 ………………………… 245
6. 用人之长，容人之短 ………………………… 248
7. 选用人才的互补原则 ………………………… 252
8. 吐故纳新，开发员工的潜力 ………………… 256
9. 合理运用"鲶鱼效应" ……………………… 258

第十二章　有效授权术
——事必躬亲的不是优秀领导

1. 有效授权才会如虎添翼 …………… 267
2. 合理授权激发下属的工作热情 …… 270
3. 减少个人英雄主义 ………………… 273
4. 有效授权的三个核心 ……………… 275
5. 有效授权要有合理计划 …………… 280
6. 避免授权的盲目性 ………………… 283
7. 潜意识运用非正式权力 …………… 286

第十三章　与时俱进术
——学会面对和管理新生代年轻人

1. 如何管理新新人类 ………………… 293
2. 理解新生代年轻人的思想心态 …… 295
3. 给新生代员工更多关怀 …………… 297
4. 建立阳光激励机制 ………………… 299
5. 让轻松的氛围激发新生代的潜能 … 301
6. 提倡容忍多元文化 ………………… 302
7. 令之以文，齐之以武 ……………… 304
8. 让新生代员工在工作中获得乐趣 … 306
9. 用新生代的"语言"沟通 ………… 308

第一章

魅力提升术
——管理人心取决于人格魅力

人格魅力是指一个人在性格、气质、能力、道德品质等方面具有吸引人的力量。在当今社会里一个人能受到别人的欢迎、容纳，实际上他就具备了一定的人格魅力。这种魅力是职业管理方面的一种潜在力量，有时会决定企业管理的成功与否。相对于企业的硬件设施、科学技术，这种魅力是企业竞争的软实力，属于企业领导者无形的资产。人格魅力要求管理者能洞察和容忍下属的失误，给与下属充分的信任，有勇于决策的胆识和魄力，能在企业濒临灭亡时力挽狂澜，推动公司不断发展壮大。

1.
成大业若烹小鲜，做大事必重细节

古语有云"千里之堤，溃于蚁穴"，其就是强调要想成就伟大的事业就不要忽视微小之处。然而在现实社会中，大而化之、马马虎虎的毛病随处可见；"差不多"先生比比皆是；好像、几乎、将近、大约、应该、可能等词已逐渐成为人们习以为常的口头禅。

实际上，就在这些词汇一再使用的同时，许多重大决策却都只停留在纸上，大量工作只落实在表面上，致使许多宏伟目标都成了海市蜃楼。做老板的要记住一个词"异常管理"，就是说，老板要去管那些别人不管的事情、看不到的事情、做不到的事情、想不到的事情、说不出的事情。

做老板不能每天都签一样的字，看相同的报告，批同样的公文，而是要经常去做点例外的管理，去找别人忽视的地方，挑别人看不出来的毛病和弊端。如果老板只坐在办公室里，工作就无法做好。美国沃尔玛的总裁有一个习惯，在检查工作时喜欢站在门口。他说，公司到底碰到什么问题，顾客对公司有什么想法，坐在办公室是看不到的，要站在门口才能发现。

我们都有过买书的经历，有时书一打开，可能会发现里面有一页不知谁踩了个脚印。这对多数人来讲是个小遗憾，但对深圳雅昌印刷公司的董事长——万捷来讲，却是一个大现象。

对这么一个不惹人注意的脚印，万捷却会询问：这脚印是谁踩的？为什么会踩上去？纸摆在哪里？有几张纸可能会被踩到？通常什么时候踩到？以后如何不再被踩到？光一个脚印，他就研究了很久，从纸张的储存、搬运到切割、上机，都要进行研究分析。

他认为，做印刷品和搞服务是完全一样的，不仅要强调质量、周期、交货、价格，还要注重售后服务和品质管理。要注意到很多细节，比如：不应等到客户反映有几本书印得不好才补送，而是每次直接多送几本；不能等别人说胶怎么脱落下来了，才研究自己的胶有什么问题；不要等别人说彩色套印不清楚，才研究自己的纸和印刷机有什么问题……

很多印刷企业有个坏习惯：东西印好之后，用乱七八糟的报纸包起来，随便弄个绑带绑好。而雅昌不是这样的，它们的包装纸很整洁，绑带也绑得很均匀，甚至连运输的卡车底板都擦洗得很干净，然后才把书码上去。

由上述细节，就可以看得出来它跟一般印刷厂的区别。所以，它们的货一交出来就很完美，干干净净、整整齐齐，没有任何破损和短缺。

做到如此细心，自然能够赢得良好的声誉。雅昌公司于2003年、2005年两次获得美国印刷大奖。这是全球印刷界的最高荣誉，相当于印刷业的奥斯卡奖。

老板总有做不到的事情、看不到的时候，如果你是一个细心、有潜质的管理人员或下属，就要善于"补位"，把事情办妥，为老板解除后顾之忧。

美国标准石油公司里，曾有一位小职员叫艾基勃特。他在出差住旅馆时，总在自己签名的下方写上"每桶四美元的标准石油"字样，在书信及收据上也不例外，签名时一定写上那几个字。因此，他被同事叫作"每桶四美元"，而他的真名反倒没人叫了。

董事长洛克菲勒知道这件事后说："竟有职员如此努力宣扬公司的品牌，我要见见他。"于是邀请艾基勃特共进晚餐。后来洛克菲勒卸任，艾基勃特被任命为第二任董事长。

10年前的"乌鲁木齐"事件，说的是新疆乌鲁木齐市某工厂到日本印塑料包装袋，不知是中方设计师的原因，还是日方操作不慎，将乌鲁木齐变成了"鸟鲁木齐"，这一变，几百万元顿时化为乌有。

之所以想起"鸟鲁木齐"，是曾看到北京电视台《元元说话》的报道：一本《中国外商投资企业名录》的书，出激光样时，因工作人员失误，把企业的地区代号 DZ 和邮编代号 YZ 搞混了，结果某单位依据这本书上的名录寄出的近万封邀请函，有上千封因邮编错误被退了回来。

"鸟鲁木齐"事件当年轰动一时，一些省市的中考作文还据此拟题。可过去了这么多年，类似的故事仍在上演。人非圣贤，孰能无过？万无一失很难，但减少差错，使差错越来越少却是可以做到的。

"细节决定成败"、"态度决定一切"。每个管理者定期查找、修补自身及身边的"黑洞"，管理和建设好"利润区"，这是一个管理者取得成功的法宝。

医学专家说，一个正常人从健康状态到大病形成，大约是七年的时间。在这个时间段里，身体就像是一个不会说话的孩子，用各种信号来表达、呻吟、呼喊，但人们往往视而不见。同时，身体的疾病是人们长期以来的不良习惯造成的，如：过度烟酒、过度劳累、不规律的生活等，企业家英年早逝已成为社会关注的现象。而社会上却有一部分人士很会养生，用各种科学的方法保养身体。

企业如同人的身体一样，从兴旺到衰退也有一个时间过程，这其中，会出现许多表象，企业管理者们只有及时管理和修补好这些"黑洞"，才有可能成就百年企业。

人格魅力，说的是一个人在与别人交往中，让别人内心感到信服、愉快、安全等形成的综合概念，它与成功有密切关系。成功学大师卡耐基说过："一个不注意小事情的人，永远不会成就大事业。"

2. "韦尔奇活力曲线"

通用汽车公司的前 CEO 韦尔奇，曾经总结出激发下属潜力的"活力曲线"。他把员工分为三类，分别是明星员工、活力员工、落后员工。其中，明星员工大约占到所有员工的 10%，对这些员工，采取"加薪、加心、加信"的正激励；活力员工，大约占到 80%，要求他们上进、上进、再上进；余下的 10% 是落后员工，对他们是裁员、裁员再裁员。韦尔奇的逻辑是——企业不向员工承诺终身就业，而是努力让他们拥有"终身就业能力"。

"韦尔奇活力曲线"就管理的本质来讲，就是抓两头带中间，即抓先进和落后，以此来带动中间。笔者在一家集团做管理时，每月都会让一些做得优秀的营销人员上台分享其成功经验，同时，也会让个别做得较差的员工上台介绍其失败的经历，通过树立正反典型，来激发大家赶先进，避教训，从而不断提高业务能力。

相比西方的企业管理，中国企业管理中的伦理色彩更为浓厚。之所以会这样，是因为中国文化是典型的群体文化。在这种文化背景下，被管理者对管理者的要求更高，因此在中国的企业里从事管理，下属是否拥戴上级，对管理有效性的决定意义尤为显著。

管理者在任何情况下都应该是积极向上、充满热情的，因为没有人会拥戴一个消极的上级。虽然管理者也会郁闷、烦恼，也会发牢骚，但是这些都应当埋在心里，绝不能让下属看到。当然，在情况需要下，也可让下属看到，但那是作为管理的一种手段，是刻意为之的。

曾经看到过这样一个故事：

曾经有一个牧羊人，无论他采取什么样的措施，他放牧的羊群每年总要死去一些羊。为此，他请教一个朋友，朋友告诉他，不妨引进几只狼试试。他听从了朋友的建议，没有想到的是，羊的死亡率大大降低了。为什么在羊群里放进几只狼，就可以有效阻止羊的死亡呢？原来，羊和狼是天敌，当狼进入羊群后，羊为了活命，就会拼命地奔跑，在奔跑的过程中，激发了自身的生命力、免疫力，从而增强了自身的活性，减少了自然死亡率。

类似的故事还有一个：在日本，有很多渔民每天都出海捕捞鳗鱼，但是因为船舱小，等回到岸边的时候，鳗鱼也基本死得差不多了。自然，死鱼卖不上好价钱。可是，有一位老渔民每次回来时捕的鳗鱼都活蹦乱跳的，因此他的鳗鱼总是能卖出好价格，久而久之就成了当地的一个富翁。其他的渔民都不理解，船舱和捕鱼的工具都一样，凭什么他的鳗鱼就不会死呢？这个渔民临死前才把秘密透露给他的儿子，原来他在装鳗鱼的船舱里放了一些鲶鱼。鳗鱼和鲶鱼天生好斗，鳗鱼为了对抗鲶鱼而拼命反抗，它们的生存本能被充分地调动起来，所以大多能活下来。而其他人的鳗鱼知道等待自己的只有死路一条，所以就坐以待毙了。

这两个故事说明了什么呢？其实，它们告诉我们同一个道理：那就是如何才能调动团队成员的内在动力，如何才能避免下属"当一天和尚，撞一天钟"的消极态度；如何才能有效激发下属的斗志，而避免成为"休克鱼"。那么，作为一个团队管理者，如何才能有效地激发团队的活力呢？

很多企业的管理者经常会抱怨下属没有激情。其实，如果管理者忽略了对下属的管理与激励，团队成员就容易成为"温水里的青蛙"：得过且过，悠哉地过着日子，而感觉不到外在的威胁。任何一个团队在"一潭死水"的情况下都会慢慢地失去斗志，失去工作的驱动力，也会慢慢地失去战斗力。

因此，作为企业的高层管理者，就必须在团队"疲软"之前，适时引入一些"狼"进来，从而让"休眠"的员工"醒来"。比如，可以通过引入具有"狼性"的新员工，这些"外来人"就有可能成为他们潜在的威胁，从而让一部分人不至"沉迷"、"陶醉"太深。通过引入新人，为团队注入"新鲜血液"，从而保持团队持久的活力。

当然，竞争机制是团体保持活力的必要手段。一个调味品公司的经历证明了竞争机制的重要性，该公司曾经采取吃大锅饭的固定工资制。结果，大家都不愿意多干活，偶尔有时生意忙了，要求加班，工人很不乐意，甚至有人以请假来逃避。后来，经理变换了薪酬的考核方式，变固定工资制为计件工资制，充分体现多劳多得。结果，让人欣慰的一幕出现了：工人再也不用催着去上班了，他们自觉地加班加点，甚至利用休息时间帮着装车、卸车，生产效率得到了很大的提高。

其实，上述改变就是在于经理引入了竞争机制，旨在让大家互相赶超，并使付出与收获成正比。可见，管理者要想不让下属成为"温水里的青蛙"，就一定要引入竞争机制，让大家在一个平台上体现能者多劳、能者多得、多劳多得的原则。

巧妙激励，激发活力。团队没有竞争，就没有活力。团队要想有活力，就必须巧妙激励。激励分为正激励和负激励，有经验的管理者总是通过多用正激励，少用负激励的方式，来最大化地调动员工的积极性。

获得下属的拥戴，管理的有效性会更强。其实，下属拥戴的程度，也直接影响到管理有效性的强弱。这是一种普遍的现象，仅就这种现象而言，能否获得属下拥戴，已经成为每一个管理者面临的重大课题。

3.
心态平和，内心沉稳

如果问世界第一大汽车制造商是哪家公司，大多数人一定会回答是美国通用汽车。美国通用在世界第一这个宝座上待了多久呢？截至2006年，通用已经连续76年占据全球最大汽车制造商宝座。

但是，2007年春天，日本丰田公司比美国通用多卖了88万辆汽车，全球汽车销量首度超过通用，成为季度销量全球第一。当了这么久的第一，听到这个消息，你认为通用的总裁瓦格纳会怎样想呢？瓦格纳说了这样一句话："暂时的超越又不是世界末日"。因为个性沉稳，即使公司遇到危机，他也不会惊慌失措。

暂时的超越不是世界末日。这句话意味深长，确实，暂时的超越并不意味着丰田已经真正超越通用！不过，这样说了以后，他肯定也会思考：万一这年夏天、秋天又超越了呢？万一第二年、第三年又超越了呢？笔者认为，如果日本丰田连续三年超过美国通用，通用重回第一名宝座的概率就会大大下降。

沉稳的人碰到市场出现逆转时，不会丧失斗志、无计可施。身为世界第一大汽车公司的总裁，瓦格纳先生凭借其30多年在汽车界的声望与历练，展示了镇定自若的沉稳气度，使得美国通用在与日本丰田争夺世界第一宝座时，临危不乱。

沉稳的人，面对重要的投资决策不会草率处事。最近有一种现象：面对我国经济的腾飞，国内不少企业家都非常兴奋，摩拳擦掌想要大干一场。想要快速发展没有错，不过不能过于浮躁。沉稳的人不会一看到机会就兴奋异常，也不会在发展过程中急躁冒进。

2005年，盛大巨额亏损。当时，盛大并购韩国Actoz公司，付的是现金，初衷是为了解决版权问题，但事实上，游戏版权由Actoz及其参股子公司共同拥有，而且买来后才知道，盛大著名的游戏《传奇》不是它设计的，而是其母公司设计的。

韩国的Actoz公司是个股价正在下滑的公司，更糟糕的是，韩国的创始人拿了钱后却带着一些精英跑掉了。没有了掌握技术研发能力的核心团队，高科技公司的控股权根本没有任何意义，相当于买了一个空壳子。可以说，盛大当年亏损五、六亿元人民币在很大程度上是因为这一失误。

很多企业都一心希望做大做强，因而不断地去兼并其他企业，但并购这一决策真的正确吗？我们发现国内有很多经营者，当企业发展到一定阶段面临"瓶颈"时，他们就开始转做其他副业，搞多元化发展，但这个策略正确吗？

把一家不太好的公司买过来并使之发展良好，需要具备相当的能力，但很多中国企业家欠缺经验，很大程度上中国企业家与国际接轨的经验不足。中国在海外的并购案中，有很多都出现了问题，除盛大并购韩国Actoz外，还有明基并购西门子手机、TCL并购法国汤姆逊、上汽集团并购韩国双龙等。

上汽集团的汽车销量居于全国首位，但如果把轿车跟卡车一起计算，那就是长春一汽排名第一了。因为上汽集团不太擅长做SUV（休闲旅行车），于是它希望通过收购韩国双龙汽车公司，以弥补SUV的不足。2004年，上汽集团以5亿美元购买了韩国双龙汽车公司48.9%的股份，成功控股这家韩国汽车制造商，这是上汽集团在海外最大规模的购并项目。

但是韩国双龙并不是一家好公司，上汽集团买下来后才发现，这是一个烫手的"洋山芋"，能为其带来多少贡献还说不上，麻烦就已经先来了。2006年，在入主双龙一年半以后，上汽集团遇到了其在韩国最大的挑战——长达49天的罢工。在这场名为"玉碎行动"的罢工中，工人们堵住了工厂的大门，数百名狂热的工会会员更是以三步一拜的激进方式游行抗议。罢工的原因是，工人们听信谣言，认为上汽集团没有在韩国长期投资的诚意，试图将核心技术和人才转移到中国，然后让他们自生自灭。这次罢工使上汽集团蒙受了不小的损失。

胡茂元是上海汽车集团的掌门人，也是中国企业家排行榜上的常客。但是，在收购韩国双龙汽车公司的过程中，他并没有全面权衡各方面的情况，尤其对韩国国情和民族感情估计不足，以致产生恶果。

根据统计数据，全球的并购案中，成功的只有1/4，3/4是失败的。因为会生很多蛋的鸡人家是不卖的，卖给你的都是不生蛋只吃饲料，恨不得把它杀了的鸡。设想一下假如你要买美国的微软或者芬兰的诺基亚，它们会卖给你吗？

这里给中国企业的一个现实建议是，主动要求并购，或者你一开口就马上点头答应的公司千万不能买，因为这样的公司通常都有问题。就好像一位未婚男士，对一个女孩一见钟情：嫁给我好吗？她的回答是：OK！什么时候？要不要明天？这时，这位男士一定要回去认真思考一下：怎么会答应得这么快……同理，对于重要的投资决策，领导者绝不能草率从事。

沉稳的人把自己的话留到后面讲，浮躁的人把自己的话放到前面讲。与你的竞争对手或你的客户谈判时，把话留到后面讲有什么好处呢？第一，让别人先讲话，对他是一种尊敬；第二，先讲话的人，容易露出破绽和漏洞；第三，别人讲话时，你可以准备你的答案。所以，在谈判和沟通时，有话不要着急先讲。急躁的人都喜欢先讲话，这样既不尊重客户，又很可能因为来不及思考而讲错了话，留下破绽和漏洞，对方一旦还击，赢的机会就很少。有话让别人先讲，然后针对竞争对手暴露出来的问题予以还击，这样你的胜算就会很大。

"仁者乐山，智者乐水"，人类渴望"仁者"，向往"沉稳"。一个人内心如果非常沉稳，给人的感觉一定是十分镇定、冷静而且坦然。

4.
以大度兼容，则万物兼济

老板对内实际上就是管人，而管人的根本就在于管自己，管事则完全不同。管人要大度，管事则要较真。管人是要员工认同你，首先你自己要做得很优秀，而且不能太较真，做到宰相肚里能撑船。管事则是给别人把规矩定好，然后让他认认真真地去执行。

这个方法叫作"守弱法"。对内要"守弱"，如果你对内对外都逞强，那你会特别累，同时企业也会被你搞得紧张兮兮。真正善于跟人打交道的人，都是不太好强的。而那些能把事情管住的人，往往都有很强的好胜心和求胜欲。在选人时，可以根据这个道理来做衡量。

管人和管事是不同的。管事是给别人定规矩，管人则是给自己定规矩。能够把人管好的人，一定是能够把自己管好的人。有些企业凝聚力差、人才流失率高，有个很重要的因素，就是大家对老板颇有非议：要么不守信用，要么老板没有威严。

老板的任务是管人，而让下属去管事，即使需要管事，那也是有关企业发展的战略性的大事。老板对外要逞强，给公司赢得利益；对内管人，则要学会"守弱"。

管事要靠钱，管人要靠心。虽然说出来似乎有点虚，但心只有跟心相通，才会跟钱相通。很多企业为什么人才流失率高？如果在一个企业里活得一点尊严都没有，那么即使薪金再高，也留不住人。所以，完全靠钱绝对不能解决所有的管理问题。

老板要善于在不同的场合让不同的员工得到聚焦、成为主角，让他们当不了主人，可以当主角，从而得到一种满足感。不要什么事情都是你唱主角，那你会很累，而且经受不起。

做领导要有风度。孔子曰："君子之德风"。中国人喜欢以"风"说人，比如风采、风韵、风味、风情等。风是带有自然的说法，如果带有社会性的说法就是神，所以，又有神采、神韵、神味、神情等。

风度来自气度，有气度的人才有风度。一个人的气度是气质与气量的统一，气质不好的人没气度，气量太小的人也没气度。气的本质是"关系"，包括我与自我（精神与肉体）的关系，我与他人的关系以及我与天地（环境）的关系。

一个领导对己、对人、对天地环境，需要宽宏大度。所谓宰相肚里能撑船，讲的就是这个意思。人要有气度，不能拒人于千里之外，要平易近人。所以，领导人气度修炼的最高境界，在于其知宽宏而止于平易。

树立仁德资本，实际上就是被管理者对管理者的评价问题。人的一生是一个不断投资和收益的过程，投资就要有资本，其实我们每个人身上都有各式各样的资本：年龄是资本，专业知识和技能是资本，健康是资本，个人的智力、时间和精力是资本，人脉关系也是资本。我们在生活中安身立命，谋求发展、幸福和快乐，凭的就是这些资本。

当然，与此不同的还有一种资本，就是别人对你的认可。这种资本与其他资本有着很大的区别。别的资本存在于你自己的身上，比如你年轻、相貌好、勤奋、精力过人，但是别人认可的这种资本却不在你的身上，而存在于别人的心里。你觉得自己有多好，那不是资本，是自我欣赏，只有别人认为你优秀，认为你是个令人信服、值得拥戴的上司，这才是资本，才是仁德资本。

在中国传统文化背景下，每个人都很关注别人对自己的评价，当然也会凭着自己对他人的评价来践行自己的行为，因此中国的企业管理者不能没有仁德资本。一个仁德资本雄厚的管理者，甚至可以弥补其他方面的不足。我们都知道，一个成功的管理者需要具备的能力与素质有很多，但放眼天下，样样具备者能有几人？然而随着管理岗位的变化，管理的领域和内容，专业与对象也会发生改变，怎样才能以不变应万变？答案就是树立仁德资本。树立和积累自己的仁德资本，是管理者自我提升和管理进步的通天大道。

要树立仁德资本，首先，要研究仁德资本是如何构成的，即下属对管理者的关注点。对这个问题，每个人都可以根据自己的情况总结出自己的答案。善良、正义、重视集体荣誉、公正、重视他人感受、处理好人情世故等，这些都是仁德资本的构成要素。

其次，在研究并了解仁德资本构成的基础上，还必须探索树立仁德资本的手段。或许有人会认为：把仁德资本这么高尚的东西同手段联系起来不妥。其实管理者的工作，是"道"和"术"高度统一的，我们中国的文化传统向来是重"道"而轻"术"，这一点很不适合现代企业管理。此外，积累仁德资本，需要持之以恒，正所谓：路遥知马力，日久见人心。

因此，树立和积累仁德资本，是一个无穷无尽的领域，需要管理者不断进行探索与实践。

身为老板的你，真正要管的是生意上的战略性的事，所以，对外你一定要逞强，但对内要"守弱"，对下属要宽宏大量。

5.
以诚感人者，人亦诚而应

　　东汉末年，天下大乱，诸葛亮于隆中躬耕陇亩，后经刘备"三顾茅庐"出山为其所用；其兄诸葛瑾（字子瑜），避乱江东，经孙权妹婿弘咨荐于孙权，受到礼遇。初为长史，后为南郡太守，再后为大将军，领豫州牧。

　　诸葛瑾受到重用，引起了一些人的嫉妒，背后中伤他明保孙吴，暗通刘备。一时间谣言四起，满城风雨。孙吴名将陆逊善明是非，他听说后非常震惊，当即上表保奏，声明诸葛瑾心胸坦荡，忠心事吴，根本没有不忠之事，恳请孙权不要听信谗言，消除对他的疑虑。

　　却不知，孙权对诸葛瑾自有一番看法："子瑜与我共事多年，恩如骨肉，彼此也了解得十分透彻。对于他的为人，我是知道的，不合道义的事不做，不合道义的话不说。刘备从前派诸葛亮来东吴时，我曾对子瑜说过：'你与孔明是亲兄弟，而且弟弟应随兄长，在道理上也是顺理成章的，你为什么不把他留下来，他不敢违背兄意，我也会写信劝说刘备，刘备也不会不答应。'当时子瑜回答我说：'我的弟弟诸葛亮已投靠刘备，应该效忠刘备；我在你手下做事，应该效忠于你。这种归属决定了君臣之分，从道义上说，都不能三心二意。我兄弟不会留在东吴，如同我不会到蜀汉去是一个道理。'这些话，足以显示出他的高贵品格，哪能出现那种流传的事呢？子瑜是不会负我的，我也不会负子瑜"。

　　原来，孙权看到那些文辞虚妄的奏章后，当场便封起来派人交给诸葛瑾，并写了一封亲笔信给他，而且也很快就得到了诸葛瑾的回信。诸葛瑾在信中论述了天下君臣大节自有一定名分的道理，使孙权很受感动。

孙权重用诸葛瑾，引起了一些人的嫉妒和谗言，但因孙权了解诸葛瑾，所以没有因为谗言而怀疑他，反而对其更加信任，让诸葛瑾任职如故。既然放权给他，就应充分信任他，不要无端猜疑。作为一个领导者，如果做不到这一点，听到谗言就对下属不予信任，朝令夕改，今天让下属做，明天又不让下属做；下属这么做了，又让他那么做，这样，只会有损自己的事业。

《孙子兵法》里说道："将能君不御"。领导就好比树根，下属就好比树干，树根就应该把吸收到的养分毫无保留地输给树干。领导者授权后，就要予以信任，不能授而生疑，大事小事都干预。只要下属有能力完成某项任务，授权后，就应允许他具有一定的自主权，下属职权范围内的事让下属自行决定。只要不违背大原则，大可不必过问，不要随意进行牵制和干预。

"疑人不用，用人不疑"是领导者用人的一项重要原则，它是指领导对下属要充分信任，放手让他们工作，大胆负责。一般来讲，信任下属有几个特点：相信下属的道德品质；认可下属的工作态度；理解下属的内在欲求；明白下属的工作方法；肯定下属的工作才智；信赖下属的工作责任感。

信任是对人才最有力的支持。首先，要相信他们对事业的忠诚，不要束缚他们的手脚，而是让他们创造性地开展工作。其次，要相信他们的工作能力，既要委以职位，又要授予权力，使他们敢于负责，让他们明确自己的职责忠于职守，遇事不推诿，大胆工作。对人才的信任和使用还包括当下属在工作中出了问题时，用人者要勇于承担责任，帮助他们总结经验，鼓励他们继续前进。特别是在改革的过程中，当他们遇到阻力和困难，受到后进势力压制时，用人者要挺身而出，给予他们支持和帮助，从而把改革进行到底。

用人不疑还表现在敢于用那些才干超过自己的人。在这方面，有的用人者却缺乏勇气和信心，对手下那些才干超群，特别是超过自己的人总感到不好驾驭，在使用上进行种种限制。他们宁肯将职权交给那些平庸之辈，也不交给超过自己的人。这样久而久之，在他们所领导的单位就形成了"武大郎开店"的局面。真正有作为的用人者应充分信任和善于使用那些超过自己的人，这样才能在单位形成人才荟萃、生机勃勃的局面。

最近在某刊物上看到一篇题为《感情储蓄》的文章，讲的是家庭如何进行感情储蓄的问题，由此联想到领导干部在处理与下属的关系上也应做点信任储蓄。应该说，"信任银行"储蓄和"感情银行"储蓄在一定意义上讲，与金融银行储蓄是相似的。那就是你既可以"存款"，即做增加信任度的举动，也可以"取款"，即做削弱信任度的举动。这代表着你和与你有关系的人是否在感情上亲近，是否在工作中信任，是否存在信任上的危机。

如果你"账户"上余额较多，说明你信任度高，富有感染力和亲和力，那么你在处理领导与被领导的关系上就会得心应手。当前，个别领导干部存在这样或那样的信任危机，究其原因，笔者认为主要是信任储蓄不够，或者是负增长。有的领导干部自认为是领导，大权独揽，对下属只管发号施令，不注意方式方法，出了问题却把责任全部推给下属。结果搞得上下级之间关系紧张，彼此产生隔阂，心情都不愉快，领导干部的人格魅力也因此消失，下属无法对其产生应有的尊重。

领导干部要把下属当成自己的亲人，把在一起工作看成是一种缘分，用爱心去关怀下属。在处理与下属的关系时，除工作外，建立良好的关系也很重要，要把下属的难事当做大事来看，并在不违背原则的情况下加以解决。在建立信任度方面，那种在领导干部眼里看起来是比较小的事，有时却蕴涵着巨大的力量，所起的作用是不可估量的。对下属来说，兢兢业业做了许多工作，想得到的回报仅仅是上级领导肯定的话语，或者是一次极为平常的表扬，所以领导干部应当经常对下属表现出有爱心的举动。领导干部的一个微笑、一次点头、一些充满爱心的叮嘱等，都会在工作中对下属起到激励作用。

当下属在工作上出现失误时，只要不影响工作全局，领导私下批评会比在单位会议上批评的效果好得多。假如尚未弄清情况，就在会议上批评下属，并因此产生了隔阂，那么最能打破僵局的方法，莫过于领导放下架子，对下属说一句："很抱歉，我不应该在大家面前使你难堪，是我做得不对。"如果在出现了问题又没有调查了解的情况下，便随意批评了某个没责任的同志，知情后更要主动道歉。对领导干部来说，有时总是抹不开面子去向下属道歉，但正因为如此，领导干部更应做出努力去道歉。道歉的行为实际上等于告诉下属："我很重视我们在一起工作的缘分和我们之间的关系。"

在下属不在场的时候，领导干部对他们讲诚信，也是一种"存款"方式。换句话说，评价的标准人前人后一个样，尽量不在背后议论下属的缺点，这样做并不代表你对他们的缺点一无所知，而是说你更看重他们的优点。对下属的失误，要尽量分析产生的原因。如果不是下属的主观所为，就应当从自己作为领导的角度多承担责任。这样做，会促使下属自觉改正错误。同时，一旦对某件事做出承诺，就要积极兑现。如果下属遇到棘手问题难以处理需要领导出面时，作为领导不仅不能推脱，而且应积极出主意想办法，帮助下属。尤其当下属有条件晋升时，更应帮助他们抓住机遇。

对领导干部来讲，除了违背原则的问题不可置之不管外，信任储蓄和感情储蓄一样，最重要的投入就是原谅下属。但这种原谅不是迁就、放纵，不是不讲条件，而是指出错误、进行批评，使下属知错改错。你的宽恕和原谅，实际上排除了阻碍下属改正错误的巨大障碍。

领导干部不要以官压人，特别在批评人的问题上，要正确把握分寸，对事不对人，不伤下属的自尊心，不要急于做出处理决定，不要摆架子更不要玩弄权术。玩弄权术是领导干部的大忌。玩弄权术，下属对你就没有信任感，他们在你手下也就没有安全感。领导干部要有容人、容事的雅量，使你的下属有安全感、轻松感。这样，一个单位的矛盾和摩擦就会减少。即使有了问题，解决起来也比较容易。

领导干部不能在下属中分亲疏。有亲必然有疏，与一些人亲近，对他们的缺点、错误往往碍于情面不好指正，于工作不利。分亲疏，容易形成团伙，于团结不利；分亲疏，容易影响形象，有损领导干部的威信。领导干部要特别注意加强同那些与自己性格爱好不同或曾反对过自己的下属进行感情交流，防止可能造成的不必要的误会和隔阂。在使用问题上，尤其要眼界宽阔、胸襟宽广，要容得下人，容得下他人的不足。坚决防止和纠正以人画线，以我站队，搞亲疏、团伙。要坚持五湖四海，举贤荐能。

当然，领导干部开始以"信任银行"存款时，不会很快就可以看到好的结果。信任储蓄往往要经过数月，甚至数年才能看到效果。不过应当相信最后一定是好的效果，领导干部也一定会从中提升自己的威信，从而产生巨大的人格魅力。

领导者授权后，就要予以信任，不能授而生疑，大事小事都干预。只要不违背大原则，大可不必过问，不要随意进行牵制和干预。

6.
敢为人先，有胆识才能成功

何谓"胆识"？"胆识"就是胆魄和智慧。"胆"体现为决策、干事、落实的决心和气魄。"识"体现为发现问题、分析问题、解决问题的能力和水平。胆识兼备，勇而有谋、谋而有道，是领导者必须具备的基本素质和气质修养。

识高人胆大，胆大识更高。现代社会经济快速发展，不可避免地会遭遇跨越中的困难、前进中的盲区、改革中的阻力，如果"怕"字当头，首鼠两端、因循守旧，前怕狼、后怕虎，不敢闯、不敢冒，只能坐失良机、蹉跎岁月。只有具备了无私无畏、勇猛精进、敢为天下先的胆魄，才敢于突破思想上的禁区、观念上的误区、认识上的盲区，才敢于走前人没有走过的路，才敢于突破一切陈旧的条条框框和清规戒律，真正做到面对机遇，勇于争先；面对艰险，积极探索；面对落后，主动奋起；面对竞争，不懈创新，促进企业的进步。

当然，光有胆还不行。有些矛盾和问题远比想象的要复杂得多、棘手得多，只有匹夫之勇而无智者之谋，是难以有效解决的。博闻方可益智，广学才能增识，以识壮胆、胆识相济，才能不断提高自己运筹帷幄、决胜商场的能力。

一位历史学家在《从历史看领导》中说："一个出色的人才，须有知识、有见识、有胆识"。世上没有天生无畏的勇者，也没有生而知之的智者，智与勇都是勤于学习和实践的结果。

知识可从学习中获取与累积，固是人人皆知的道理。见识，看来难得，然而也可由历练中培养。只是一个人培养见识，必须胸襟开阔，不自满，遂能不自囿。人人可以有良朋，见贤思齐，友直友谅友多闻，自然能有开阔的视野，而能高瞻远瞩；反之，人若自命不凡，则开启心智的门窗也就关闭了，这种人不可能有见识。

这位历史学家还说："胆识，看来似乎与一个人的性格有关。然而有胆识之士，大多先有上面两识的积累，加上担起责任的使命感，遂能弘毅致远。这些成为人才的条件，其实都可学习培养，有了中人之智，琢之磨之，也就可以发展成熟了。"

首先，知识不是经验。20年的经验，可能只是1年的经验重复20遍。但是，即使是20年不重复的经验，如果不经过反思，也不能形成知识。将经验转化为知识，相当于"将知识转化成智能"。

其次，见识大概也就是"智能"了。或者相当于领导者应该具有的六种能力中的想象力和分析力。如果用多元智能分法，上面所说的知识和见识分别对应的是信息和思考。要有见识，不能自命不凡，也可以说是要有赤子之心，简单地说就是好奇。

再次，胆识，相当于韦尔奇强调的 edge。有人认为 edge 就是 judgment，但是，这里指的是对使命感的强调，认为使命感推动胆识。

最后，最重要的都可以学习。学见识比学知识更难，学胆识比学见识更难。对于经理人来说，学会如何学习是个大课题。正如"琢之磨之"一句，让我想起了《论语》。

子贡曰："贫而无谄，富而无骄，何如？"子曰："可也。未若贫而乐，富而好礼者也。"

子贡曰："诗云：'如切如磋，如琢如磨'，其斯之谓与？"子曰："赐也，始可与言诗已矣，告诸往而知来者。"

在孔子看来，子贡是个善于学习的榜样。在比尔·乔治看来，宝洁 CEO 雷富礼只有"中人之智"，但是显然他善于学习。美国名将马歇尔是公认的史上最伟大的美国将军之一，可是我们或许不知道，他小时候竟然不会学习，只是一个偶然的机会，才学会了如何学习。

胆识，要求在机会来临时能够迅速抓住它，而不是瞻前顾后，畏首畏尾。下面一个例子就是对没有胆识的最好证明。

一个园艺师向一个日本企业家请教说："先生，您的事业如日中天，而我就像一只蝗蚁，在地里爬来爬去的，一点没有出息，什么时候我才能赚大钱，能够成功呢？"

企业家和气地对他说："这样吧，我看你很精通园艺方面的事情，我工厂旁边有 2 万平方米空地，我们就种树苗吧！一棵树苗多少钱？"

"40 元。"

企业家又说："那么以一平方米地种两棵树苗计算，扣除道路，2 万平方米地大约可以种 2.5 万棵，树苗成本刚好 100 万元。你算算，3 年后，一棵树苗可以卖多少钱？"

"大约 3000 元。"

"这样，100 万元的树苗成本与肥料费都由我来支付。你就负责浇水、除草和施肥工作。3 年后，我们就有 600 万的利润，那时我们一人一半。"企业家认真地说。

不料园艺师却拒绝说："哇！我不敢做那么大的生意，我看还是算了吧。"

一句"算了吧"就把到手的成功机会轻松地放弃了，如此一个园艺师，何时能够成功呢？我们每天都梦想着成功，可是机遇到来时却不敢去尝试，因为对失败的顾虑，以致失去了成功的机会。一句话，成功是需要胆识的，要敢于尝试！

实践证明：一个地方、一个单位或一个时期发展质量的好坏、速度的快慢，与其领导干部的胆识密切相关。

7.
"一切责任在我"

战国时期的魏国曾崛起于中原，屡次打败当时的强国秦、楚和齐，称霸一时，这与魏王的知人善任、任人唯贤是分不开的。西门豹初次任邺令时，不懂当地风俗，推行的政策与人民相左，因此遭到人民的反对，险些激起民变。魏王不得不罢免他的官职，但依然保持着对西门豹的信任，并把责任归于自己。后来，西门豹被重新任命为邺令，他不辱使命，把邺治理成魏国最好的一个郡。

人无完人，总会有犯错的时候。一般人一定会为自己的错误感到悔恨，也会加以反省。若这时被人一味地痛骂，并非真心地指出他们的错误，而是将自己的怒气发泄到属下身上，主管骂完后心情舒畅了，但被骂的属下却绝对不好受，更不会去反省自己了。因此，绝对不能迁怒于属下。身为主管如果不能控制自己的情绪，只会让属下失去斗志，双方也会失去沟通渠道。如果这样的情况不断发生，只会陷入糟糕的恶性循环。

当然，犯错也有很多种，有些人犯的错误会让主管不得不生气，但若不是什么大错，主管正好可以将它当作一个机会来教育下属，让失败的经验成为下属学习成长的跳板，只有真正尝到苦头，才会深刻了解工作责任的重大。

要是在下属犯错时就给一顿痛骂，只会让他们害怕出错，往后不管做什么事都小心过度、战战兢兢。心中想着这样做会不会又被骂？要是太强出头，最后失败了，一定会被主管狠刮一顿，所以最好不要挑战新事物，安稳地做好例行工作就行了。这样既不会失败，也不会有事没事就被主管骂……

这样的气氛要是蔓延到整个部门，组织的发展就会完全停滞，变成做事全看主管的脸色，毫无成长、死气沉沉的地方。

如果下属是因为努力过度，或工作太卖力而犯错，身为主管要睁只眼闭只眼，除非是无法忽视的大过错。身为领导者最应该做的，就是要让属下不害怕犯错，可以尽情发挥所长。

做下属最担心的就是做错事，特别是花了很多精力却出了错，而在此时，老板说上一句"一切责任在我"，可想而知这个下属心境又会如何。

在一次失败的作战计划之后，当时美国总统吉米·卡特即在电视里郑重声明："一切责任在我。"仅仅因为上面那句话，卡特总统的支持率骤然上升了10%以上。

卡特总统的例子说明：下属对一个领导的评价，往往决定于他是否有担当。勇于承担责任，不仅使下属有安全感，而且也会促使下属进行反思，反思过后会发现自己的缺陷，从而在大家面前主动道歉，并承担责任。

老板这样做，表面上看是把责任揽在了自己身上，使自己成为受谴责的对象，实质上会使问题得到更好的解决。假如你是个领导，你为你的下属承担了责任，那么你的上司是否也会反思，他是否也有某些责任呢？一旦公司里上行下效，形成勇于承担责任的风气，便会杜绝互相推诿、上下不团结的局面，使公司有更强的凝聚力，从而更有竞争力。

尧是现有史料所载第一个敢于自己检讨自己的上古贤君：

"吾存心于千古，加志于穷民，痛万姓之罹罪，忧众生之不遂也。故一民或饥，曰：此我饥之也；一民或寒，曰：此我寒之也；一民有罪，曰：此我陷之也。"

从上面这段文字不难看出，尧所致力的是千古不朽的事业，其志在解救劳苦大众，因此当他看到百姓遭受灾难、生活得不如意时，便从心里感到难受，认为这都是他自己统治失误造成的。这种敢于承担责任的胆气奠定了尧统治时代的太平盛世，也是后人对他敬仰的主要原因。

一个缺乏担当的人，或者一个不负责任的人，首先失去的是社会对这个人的基本认可，其次失去了别人对他的信任与尊重，最后也失去了他自身的立命之本——信誉和尊严。

在一些企业中，有少数管理者就是在大事面前不敢做出决定，于是大会小会开个没完，美其名曰是集思广益，发扬民主，共同想办法、找途径，把事情决定权留给整个部门或团队，其实这样的管理者有自己的如意算盘。如果决策正确，任务完成，成绩较好，可以说是自己的功劳，是自己带头做出的决策；如果事情不顺利，造成损失，则可以说是大家的责任，也可以减少自己的麻烦。对于这样的管理者，刚开始可能手下的员工感觉无所谓，但是久而久之，就会对他失去信任，对他的人品产生质疑，对他就不会再像从前那样产生敬意。

还有少数管理者始终抱着"新官不管旧事"的态度，对原来未处理的事情一概不管，不好的事态任其发展，最终导致不好的结果。这种不敢承担责任的表现，其实就是没有责任心的体现。这样的领导，这样的做法，怎能让员工尊重，怎能不影响整个团队的积极性。

其实，无论你做的是什么工作，只要能认真地、勇敢地担负起责任，那么所做的就是有价值的，就会获得别人的尊重。优秀的管理者和员工，会在自己的责任范围内，以自己的魅力和形象去感召和凝聚大家，或在自己的管理活动中恪守自身之责，并不断开创新局面。富有责任感是每一位员工必备的素质，公司是自己的，岗位是自己的，工作是自己的，事业是自己的，充满激情地主动承担责任和义务才是最重要的事。

俗话说："金无足赤，人无完人。"在面对不完美时，我们唯一应做、能做而又必须做的就是：接纳它，并且塑造一颗坚强有力、纯洁不变的心。

第二章
以身作则术
——管理团队要应用好榜样效应

榜样效应就是指领导以身作则,下属就会自觉追随。正如著名管理学家帕瑞克所说的,"除非你能管理'自我',否则你不能管理任何人或任何东西"。示范的力量是惊人的。管理者要想管好下属必须以身作则,事事为先、严格要求自己,做到"己所不欲,勿施于人"。一旦通过表率树立起在员工中的威望,将会上下同心,大大提高团队的整体战斗力。得人心者得天下,做下属敬佩的领导将使管理事半功倍。

1. 管理者要注重管理形象

做领导要讲形象。任何一个人都要以独特的形象立足于社会，领导尤其是这样。作为领导必须树立一个良好的形象，其要点有二：第一，要讲实"形"。做领导首先要有形，要像个领导的样子，但必须实在，切不可为塑造自己的所谓形象而故意让人捉摸不透，这是心里发虚、虚张声势而已。第二，要讲大"象"。"形"与"象"的区别在于，小象有形而大象无形。一个领导，如果做事实实在在，说话坦坦荡荡，做人无"架"无"势"，无形无状、平平常常，就能达到"大象无形"的境界。

如果领导能做到以上两点，不但得意不"妄"形，而且失意也不"妄"形，便不再是难为之事了。所以，领导人形象修炼的最高境界，在于知高大而止于平常。

培养超凡的魅力应首先从关注外表形象开始，外表形象是管理者首先必须关注的。一个人的外部形象如何，常常向人展示了他是谁，也显示了他的自我感觉如何。对于管理者来说，外表形象就是他给员工、给客户的第一印象，而第一印象往往能持久。比如，在行走中昂首挺胸、充满自信的管理者往往让他人乐于交往，而怯怯生生、缩头缩脑的管理者则让人鄙夷。那些衣着怪异、头发凌乱、长期不削剪指甲、领带污迹斑斑、衬衣下摆外露的管理者很难培养自己的魅力。有时衣着随便草率往往是管理者某种个性的体现，但是他人却会认为该管理者马虎大意，很难思维缜密。对于管理者来说，外表形象不仅是个人形象问题，而且事关企业整体形象。

管理者魅力更多的时候还表现在用一种非语言的交流方式。有一项研究表明，人的情感沟通能力只有7%通过语言所表现，37%在于话中所强调的词，而有56%与身体语言有关。也就是说，管理者魅力的建立更多的时候不在于你怎么说，而是在于你怎么做和怎么表现你自己的想法。外表形象无疑是重要的一环。人们对管理者的第一印象一半以上受到管理者外在形象的影响。企业常常花费数百万元就是为它的产品寻找一个合适的包装，以此来吸引顾客的注意，对于管理者来说，管理者的形象就是管理者的包装。"任何一个做市场的人都会对你说，第一笔生意的成交85%受产品外观的影响，同一产品第二笔生意的成交85%受产品质量和内涵的影响。所以首先是包装，其次才是内在的东西。我们就像摆在货架上、装着麦片的包装盒，你得问问自己怎样才能让别人把你从货架上挑下来，而不是摆在你旁边的那些包装盒。"制胜之道公司的创始人苏珊斯克里布纳博士曾经这样说道。

管理者应该培养一种让自己都感觉舒服的外在形象，通过这种外在形象来形成个人风格，这种风格能恰当地表达自己是管理者，而不是表达别人。管理者的个人风格与企业密切相关，它就是企业的象征。

外表形象的另一个重要方面就在于对肢体语言的控制。如果管理者的肢体语言缺乏自信，那么管理者的信誉和能力都将受到质疑。对于业务员来说，和客户初次接触时的肢体语言直接决定了交易能否达成。同样对于管理者来说，肢体语言所传达的信号很可能在几秒钟内决定管理者的成败。比如，坐立不安的管理者很明显是缺乏信心，谁愿意和缺乏信心的管理者合作呢？而形象是很难克服的。研究表明，当管理者不停地摆弄他的手脚，便意味着他想离开现场，这是一种心不在焉的信号。因此，对于管理者来说在任何时候都要带着"我能控制局面"的自信，让自己的表现放松。

眼神是培养管理者超凡魅力的重要方面。一个管理者的魅力在很大程度上是通过眼神表现出来的。富有魅力的管理者都知道如何控制自己的眼神，以便使自己看起来像是世界上最重要的人物一样。对于管理者来说，将注意力集中在谈话对象的身上是为了表示尊敬，同时向他表明你对话题很感兴趣，同时还是为了表现自信、正直和诚实。

如果管理者拒绝直视别人的眼睛，那么别人会感到那是一种不尊重。一个汇报工作的员工如果发现管理者根本就不看他的眼睛，那么他的心情是可想而知的！

美国公布了一份权威调查，显示了美国近20年来，政界和商界成功人士的平均智商仅在中等，而情商却很高。

实际上，管理者以什么样的心态去塑造自己的形象是至关重要的。外在形象是个人素养、品格个性的自然体现，一个内向寡言的人不可能永远扮演演说家的角色；同样，一个性格强硬的人也不可能总是温情脉脉。每一种形象都有其魅力，根据自己的特点树立公众形象，才能个性鲜明，具有感召力。如果过于做作、刻意、扭捏作态，会适得其反。

塑造个性不等于不修边幅。很多人将不修边幅当作张扬个性的手段，这种做法在艺术界没人见怪，但对企业家来说，在某些特定场合注重着装仪表却非常重要。当年，IT大潮波澜壮阔时，"小超人"李泽楷T恤衫、牛仔裤、甚至剃了个板寸标榜自己"IT精英"的派头，但面对投资人时，他也是西装革履，以沉稳成熟的形象示人。由此可见，展示个性要注意区分场合。

管理者一定要注意自己的外在形象，好的外在形象能给员工、合作者一个好的第一印象，因此它是事业成功的基石。

2. 管理者要知乐言而止于谨言

在企业的经营管理中，面对压力时"管好嘴巴"非常必要。原因在于，压力会传染，把自己的压力传染给别人，其危害是非常大的，往往导致人人自危。

企业的各级管理者，尤其是中高级管理者，感受到压力之后，往往不自觉地把自己内心的压力传染给被管理者，使他们也感染上压力。当被管理者成为压力"携带"者，他们又会以诸多的"管理难题"形式把压力再返回到管理层或者管理者。如此一来二去，管理者与被管理者之间的压力互动相互传染，越来越强化压力的程度，越来越使压力原因复杂化。批评、责怪、训斥、怒骂、抱怨、讥讽、挖苦、报复、转嫁责任成为压力在管理过程中传染的基本形式。形形色色的"言说"，是管理者与被管理者进行压力互动的常见方式。

言为心表，"言说"是心理和情绪在嘴巴上的反应。管理者的压力，会变成压力性的"言说"在管理活动中传染给被管理者。权力或者影响力越大，他们传染压力的面积和深度就越大和越深，而且占据着传染压力的主导位置。

对于被管理者来说，在工作中感到压力时，管理者的"言说"自然就成了他们认为的压力源。谁愿意感受压力呢？压力是一种不安全、不舒服的感觉。而且对于来自管理者的压力，被管理者本能有一种抵抗的冲动。抵抗，是他们面对压力进行自我保护的内心愿望。抵抗的方式有很多，像推卸责任、阳奉阴违、跳槽、弄虚作假、消极怠工、假公济私、斤斤计较、你争我夺等都是被管理者抵抗的表现形式。对于被管理者的抵抗，管理者同样会感到一种管理压力，于是继续施加或者增加压力。在管理者与被管理者的压力对抗中，往往形成恶性循环，管理者与被管理者的时间、精力、机会、激情都被内耗掉,常常造成两败俱伤。

很少有管理者意识到,被管理者种种破坏工作的行为,其实正是他们对来自管理者压力的抵抗。更让管理者难以意识到的是,管理者对自己的压力和压力传染是盲目的。他们认为,自己对被管理者的批评是有依据和理由的。自己之所以发脾气,是因为被管理者的工作错误,并且屡教不改。高要求,是为了促进被管理者的进步和成长;不信任,是因为被管理者的工作能力总是令人不放心;怀疑,也是因为被管理者不够忠诚。

是的,当人们遭遇压力时,总是容易"外怪",也就是常说的"睡不着觉怪床歪",即在自己以外的地方找压力源。事实上,压力源就在我们自己。打个比方,用手电筒照射镜子,反射回来的电光,恰恰是我们照射镜子的电光。同理,管理者感到的管理压力,恰恰是他们传染给被管理者压力的反抗。

所以,在管理过程中,管理者如果不能有效地"管理嘴巴",其内心的压力就会不自觉地传染给管理者。那么,如何管好自己的嘴巴呢?

管理者最不该说的十句话:

(1)"不关我事"

身为管理者,只要是公司的事情,事无巨细,都有一份责任。即使是完全在职责之外,态度和蔼地给予一些指引,也能表现出自己的成熟大度和礼貌。工作中很多时候都是说者无心,听者有意,对下属说一句"不关我事"这样的话语很容易将自己的形象彻底颠覆,对同事说一句这样的话语会激发矛盾产生误解,对上司说一句这样的话语可能意味着你该调整岗位了。

(2)"为什么你们……"

在责问别人时,先想一想自己有没有什么过失,尽了多少力多少心。有时,宽容地对待别人的错误,会使人更加振作,更加进步。用一连串的"为什么"去发难于人,得到的也可能是一连串的"为什么"的答案。相反,反过来问:为什么我没有配合好你们?你们有什么地方需要我?也许事情会解决得更快一些。

（3）"上面怎样骂我，我就怎样骂你们"

作为管理者，起的是一个上传下达的桥梁作用，但绝不是一个简单的传递。对上，要忠诚尽责，完成任务；对下，要想方设法，给予激励帮助支持。敢于承受来自上面的压力，担负起责任，敢于缓和下级的紧张，创造和谐的工作环境，才是一个管理者最应该做的事情。

（4）"我也没办法"

管理者的能力，从某些方面来说，是用解决问题的能力来衡量的。只会强调客观原因，不会以积极的心态去调动一切可用的资源，显露出来的肯定是无可奈何和对上级以及下属的打击。要相信办法总是比困难多，相信集体的智慧是可以攻克一切堡垒的。

（5）"我说不行就不行"

以自我为中心的话语，与事实不相关的解释，难以说服人。凡事不能以事实为依据，不能本着商讨的态度来解决，可能会使事态更进一步恶化。其实即使是错的意见，听听也无妨，应该本着有则改之、无则加勉的心态来对待自己和别人。片面地做出判断，有时就是一种武断，一定要有科学的分析和依据，这样才能降低判断结果错误的风险，保证判断的正确性。

（6）"你说怎样就怎样"

听起来像是气话，又像是不负责任的话。在产生一些争议时，当一些意见没有被采纳时，这样的话脱口而出，听者会认为，你只是在说气话，本来还有可接受的地方，反而会变得全盘否认，而且从此将可能不再向你征询看法和建议了。因此，保持冷静的头脑和清晰的思维，说出所有的思想，提供参考，不因未被采纳而太过激动，是一个管理者良好的品质和性格。

（7）"我随时可以怎样"

强权气势的话语，让人听到会有一种很不舒服的感觉，换句话来说，你以为你是谁？你想怎样就怎样，你到底有多大的能耐？以势压人，只会贬损个人的形象，在大家心中埋下抱怨的种子，这种抱怨一旦暴发，其弹力之大是不可想象的。所以保持平易近人，对他人多些尊重，是维护自己尊严的体现。

（8）"你真的很笨"

奚落、讽刺、挖苦员工的话语会伤害员工的自尊及感情，"哀莫大于心死"，表面上员工是在听你的，按你说的去做，但实际上他可能只是在敷衍了事，因为他根本体会不到工作的乐趣，工作质量肯定不高。同时，因为奚落、讽刺、挖苦伤害了员工的心灵，长期以往，员工的自尊被摧毁，自信被打击，智慧被扼杀，工作不可能干得好，最后只能抱着"死猪不怕开水烫"的态度去应付工作，这样对员工、对管理者、对企业都是不利的。

（9）"不行啦，我能力有限，谁行谁来做"

如果能真正认识到自己的能力有限，迎头赶上，自我充电，或许可以说是一种有自知之明而且有上进心的表现，也算是一大幸事。但如果是用这句话为借口来抵触工作，来嘲笑挖苦他人，来掩饰自己内心的慌张，全无挑战工作的意识，则可以说，这样的管理者已无形中丧失了一个管理人最基本的素养，他已不配再做管理者了。

（10）"都很好"、"蛮不错"

泛泛的表扬，既缺乏诚意又不能振奋整体、激励个体，因为人皆不喜欢廉价的、言不由衷的恭维，因此表扬的言语策略应该是及时、有代表性、有充实具体的内容，能够体现被表扬者风貌的语言。不实的表扬表现在用夸大的言辞去称赞不足为奇的小事，有用心炮制的嫌疑，该类表扬其危害在于只令被表扬者高兴，而令其他人反感。极力吹捧的行为，其结果往往导致民心的背离，因此人才管理中，及时且适度的赞美是领导者必须掌握的一门学问。

做领导要善言辞，说话要三思，不该说的则不说。说话要周到、周全、周密。不说先做到为最优，说到做到为次优，说到做不到要力戒。沉默是金，学会说不。言多必失，说话不在多，而在恰到好处。

领导言辞修炼的关键要能把握好"乐言"与"谨言"的关系：面对特定的时间、地点、对象，要多说而乐于说话；面对另一特定的时间、地点、对象，要少说而善于说话。"谨言"就是要言辞周全，一言九鼎；"乐言"就是要知无不言，言无不尽，广开言路，言论无罪过，但不胡说。

所以，领导人言辞修炼的最高境界，在于知乐言而止于谨言。

在管理过程中，管理者如果不能有效地"管理嘴巴"，他们的内心压力就会不自觉地传染给被管理者，被管理者在压力面前往往会采取种种行为进行抵抗，严重时会造成管理者与被管理者两败俱伤。

3.
良好的管理行为能够赢得下属的尊重

负面教训之所以让人印象深刻，是因为它们能真正触动你的内心。经理人有时会深陷到"老板"这个角色中，从而忽略了对下属的关注。约翰森曾当过教授，担任过一家广告公司的联合总裁及负责银行市场推广的高层管理人员。2006年初，他开始掌管人力资源服务公司 KellyServices。以下是他关于培养良好的管理行为的几条重要建议：

（1）绝对不要当众让员工出丑

约翰森曾为一位硅谷企业家担任顾问，这位企业家以能让合作伙伴发财、也爱当面呵斥他们而"闻名"。在一次会议上，该企业家对一位才华横溢的经理人提出的方案大加攻击。"这是我这辈子听到的最愚蠢的想法"，"我对你失望透了"。那位经理人为此沮丧了数个小时，这使他原有的认为自己是管理精英的感觉从此之后彻底消失。目睹了这一经过及其所产生的后果后，约翰森学会了对别人的"弱点"要更小心地对待。

（2）闪电式的决策或许是错的

做老板的就应该行动迅速。约翰森回忆道，他以前在 KeyCorp 的上司经常在一个小时内将一周要做的决定全部敲定。于是，当他在1995年加入 KellyServices 时，也尽力效仿这种做法。当时，他迅速拒绝了合作伙伴提出的将业务多样化、开展招聘及派遣代课老师业务的建议。"我有六个充足的理由说明我们为什么不应该那样做"，他说，"我当时更关注的是那么做的风险"。后来他的下属们又曾五次提到这个建议，约翰森最后改变了当初的决定，Kelly 于1999年开办了这项业务。约翰森说，现在我们平均每天要派遣3700名代课老师，这已经成为我们增长最快的业务之一。事后他总结道，一位怀有良好初衷的老板仍有可能掉入"认为自己无所不知的陷阱"，因而草率地做出决定。

（3）不要设定不可行的期限

约翰森曾在 Sun 电子计算机公司担任高层管理人员，当时他曾对一位将"最后期限"看得高于一切的上司感到十分沮丧。他说："人们很难分清什么是重要的事。"但是，当约翰森自己担任经理之后，他也犯了类似的错误。他曾经为了满足一个新产品的发货期要求而不断对一个团队施加压力，以致于他们不再寻找这个新产品存在的缺陷。面对巨大的时间压力，"所有人都只说你想听到的话"，他评论道。"我当时没有意识到问题有多大。"后来他想打消团队成员的疑虑，并表示他想听到真实的情况，"但是我花费了数年时间才重新获得他们的信任"，他说。

（4）尽量避免占用下属的私人时间

在约翰森职业生涯的早期，他的一位很有才能、雄心勃勃的老板每周日下午都要举行三个小时的员工会议，只是为了显示他比公司内部的竞争对手更加强硬。约翰森说，这种做法只会让员工都感到不快。现在，约翰森在工作时间外打扰员工之前都要问自己，这样做是否有必要。"如果大家知道你努力尊重他们的私人空间，他们会在正常的工作时间内更加努力地工作"。

（5）要记住"看法"就是现实

当约翰森还是一名销售代表时，他的负责人将最好的销售区域给了一位大家都认为表现并不好的销售员，这位销售员靠讨好老板而获得了超过其他人的业绩。约翰森说："因为这个，我尽快换了工作。"约翰森成为 KellyServices 的首席执行长之后，一位员工对他抱怨说："大家都认为某某是你最喜欢的"，他感到十分惊讶。约翰森认为自己并没有根据个人喜好来决策，但是他意识到，他必须更加注意自己对待每个人的方式以及所营造出来的工作氛围。他承认，即使是很好的老板也很难站在别人的角度来考虑问题。

在实际的管理中要注意的不仅仅是以上这些。伟大的管理学家凯茨·德里弗斯曾经归纳了 15 种比较典型的愚蠢行为，现在我们一一来体会一下。

第一种，天生喜欢引人侧目。这种人为了某种理想奋斗不懈，在稳定的社会或企业中，他们总是很快表明立场，觉得妥协就是屈辱，如果没有人注意他们，他们会变本加厉，直到有人注意为止。

第二种，专横跋扈。对下属实行专制，是导致行政行为失败的重要原因。龙向阳是一个对下属专制的银行行长。银行里什么事情他都要管，有些是已在行长会议上决定了的，但一到全体员工大会上，他说变就变了。在外面喝酒时，有人说了一句他管不住职员 A。回单位后，他马上免去职员 A 的职务，把他派到了保卫科。这种事几次下来，整个企业变得死气沉沉。

第三种，事无巨细，一概管到底。这种管理者在家族企业中比较多见，什么事情都要亲历亲为，都要管理到位。这种管理方法在企业的开创阶段虽行之有效，但是到了一定的规模就不行了。这也是很多企业在初期发展快，但是到了一定程度就上不去的主要原因。当组织只有十来个员工时，一个老板是可以面面俱到的，但是到了 100 人、1000 人呢？产值到了 1000 万、5000 万、1

亿元呢？这时单纯的事无巨细式的管理肯定没有效果，甚至是有害的。

第四种，躁狂管理。明显的特征是努力工作，而不是聪明地工作。管理者精力旺盛，热情高昂，但并不十分清楚自己在做什么，成效如何。他们只关注组织内的事情，不看窗户外面的世界。前几天一个电脑维护人员告诉我，某电脑企业难以为继，原因是注重价格低廉，却不注重产品质量的提高。只热衷于低价位的产品，保证质量就成了问题，企业最后会走向衰败，这是不可避免的。

第五种，轻视下属。明显的特征是自认为高人一等，自以为是，不把下属放在眼里，不知道下级的重要性和价值，不尊重下级，不给下级面子，这种高不可攀的领导就是我们通常所说的高高在上的意思。特点是与下级隔绝，下级要找到他们很困难，更不用说面对面研究工作了。在历史上，一些国家的领导人往往把自己关闭起来，所有指示与政令都通过工作人员来传达，这样的结果是很危险的。

第六种，压制下级。这种领导行为表现在领导只关心自己，不管别人。他们竭力阻止下级闪光、出成绩，把下级的成绩揽到自己的名下。我曾经就遇到过这样的领导，所以我干脆采取消极的方式应付了事。这些人是不惜踩着别人的肩膀向上爬的，为了达到自己的目的，在上司面前说自己下级的坏话也是很普遍的。

第七种，拒绝沟通。特点是不愿意或很少与下级交流和沟通，因此难以从下级那里获得信息及好的工作建议。对同事不信任，就会产生不安感。一个人在这样的组织里工作，是得不到任何好处的，最好的办法是赶快离开。记住：当你发现骑着的是一匹死马的时候，最好的办法是赶紧下马。

第八种，被困难绳捆索绑。这种人总是觉得自己决策有不妥的地方。我做的决策到底对不对？他们总是这样怀疑。他们是典型的悲观论者，喜欢杞人忧天。采取行动之前，他会想象一切负面的结果。这种人担任主管，会遇事拖延，按兵不动。因为太在意羞愧感，甚至担心部属会出状况，让他难堪。这种人必须训练自己，在考虑任何事情时，必须控制心中的恐惧，让自己变得更有行动力。

第九种，不懂装懂。工作中那种不懂装懂的人喜欢说：这些工作真无聊，但他们内心的真正感觉是：我做不好任何工作。他们希望年纪轻轻就功成名就，但又不喜欢学习、求助或征询意见，因为他们怕被人说不能胜任工作，所以只好不懂装懂。而且，他们要求完美却又严重拖延，导致工作严重瘫痪。

第十种，管不住嘴巴。有的管理者往往不知道什么话题可以公开交谈，什么内容只能私下说。这些人通常都是好人，没有心机，但在讲究组织层级的企业，这种管不住嘴巴的人只会断送事业生涯。

第十一种，疏于换位思考。这种人完全不了解人性，很难了解恐惧、爱、愤怒、贪婪及怜悯等情绪。他们在通电话时，通常连招呼都不打，直接切入正题，缺乏将心比心的能力，他们想把情绪因素排除在决策过程之外。这种人必须为自己做一次情绪调查，了解自己对哪些感觉较敏感；询问朋友或同事，是否发现自己忽略别人的感受；搜集自己行为模式的实际案例，重新演练整个情境，改变行为模式。

第十二种，逃避矛盾。这种领导最大的特点是遇到矛盾绕着弯走，做老好先生。就像三国演义里的司马徽一样，总是说好话；不管别人说什么，都是回答："好！"有一次，别人告诉他一个噩耗，说某某的妻子死了，他听了之后，说："好！好！"有些领导就是这样，对任何事情都做好好先生，不发表自己的看法。他想对每一个人都好，总想取悦于每一个人，对一切都采取妥协的办法，最后这样的组织肯定是要出问题的。如果是企业当然会垮掉，如果是行政机构，必然干不成任何创新性的事情。大家的积极性也会受到打击，整个单位无精打采，表面上一团和气，实际是支离破碎。

第十三种，非黑即白看世界。这种人眼中的世界非黑即白。他们相信，一切事物都应该有标准答案。他们总是觉得自己在捍卫信念、坚持原则，其实，这些原则在别人眼里可能完全不以为意。结果，这种人总是孤军奋战，常打败仗。

第十四种，无止境地追求卓越。这种人要求自己是英雄，也严格要求别人达到他们的水准。在工作上，他们要求自己与部属更多、更快、更好，结果部属被拖得精疲力竭，离职率节节高升，造成企业的负担。

第十五种，强行压制反对者。他们言行强硬，毫不留情，因为横冲直撞，不懂得绕道的技巧，结果可能伤害到自己的事业。

良好的管理行为能够赢得下属的尊重，如果管理者忽视自己的不良行为，往往会对下属造成严重的伤害。

4. 正确的管理态度决定成功的高度

一家中外合资服装公司的老板聘请了一位厂长，该厂长自称做过20多年的服装管理，制衣技术一流，很得老板的赏识，工厂的大小事均交给他打理。但他有一个缺点，就是独断专横，欺上瞒下。管理人员对生产工艺或管理方法上提出意见，他动不动就说："我做了20多年制衣，以前我就是这样做的，听我的，没错。"老板交待的事，他从来不加思考："没问题，你放心！"出了问题一味隐瞒，老板前身走，他转身就对下属秋后算账，打击报复，并进行威胁与恐吓。

如果你的工作伙伴对你失去了信心，那么他们为你付出的不再是忠诚，而是对抗。你也许可以利用老板赋予你的权力进行压制、打击和报复，但古话说得好，天下人你杀得完吗？当一个个伙伴舍你而去时，被抛弃的不是别人，而是你自己。

孙子曾说："将者，智、信、仁、勇、严也"。按现代企业对高级人才应具备的素质要求，孙子的话可以这么理解：智——过人的智慧，及时做出正确判断，适时做出合理的决策。信——言出必行，以建立威信，同时要信赖部属，即"用人不疑，疑人不用"，进而获得部属的信赖。仁——有仁德，要爱护和关切部属。勇——有道德和做事的勇气，能下决断，并有魄力地执行任务，不畏闲言与威胁利诱。严——严守规矩，尊重制度，赏善罚恶。

主管的威信建立在做人的涵养和做事的态度基础上，而下属的忠诚就来源于下属对你的信赖，二者相辅相成。能否有效地实行管理，不仅取决于管理者的行为方式，还取决于许多其他因素。

管理者应该注意的是下属对管理者的行为做出反应，在很大程度上并非根据客观事实，而是根据他们主观上感觉到的"事实"并且受到他们自身的性格、背景、文化、经历、期望等因素的影响。而且一般员工都喜欢主管的行为与其个性一致，即表现出真实、本色的一面。

出色的管理者应注意员工的真实感受和主观体验。也就是说，本质上是一个什么样的管理者对于出色的管理者来说并不是很重要，重要的是能够让自己的下属认为他是一个出色的管理者。如果下属的亲身经历使他们感觉到上级是支持和重视他们的，让他们感觉到每个人对公司来说都是具有重要价值的，那么员工就可能对上级做出积极的反应。反之，如果他们感觉受到上级的歧视，特别是他们觉得在组织中没有得到个人尊严和个人价值，那么就会对上级持消极态度。

经过研究，不难发现出色的管理者在与下属打交道时，都具备一些相同的行为特点，这些特点包括：

真正关心下属，细致周到，态度友好，随时准备提供支持和帮助，既为公司谋利，也为员工谋利；

完全信任员工的能力、干劲和诚实（至少在员工眼里应该是如此）；

对下属的期望很高（这表现了管理者一种支持的态度）；

支持、帮助和教育下属，以使他们不断得到提高和发展；

当下属遇到困难和不能胜任的工作时，尽力提供帮助或重新安排职位。

为了使管理的效率更高，出色的管理者还应该保证组织内部具有畅通的信息交流渠道。建立交流渠道是一个组织顺利运转的基本条件，也是管理者成功的重要因素。如果没有这种渠道，上下级之间的支持和合作是不可能持久的。如果这种系统运转不灵，前后矛盾，错误百出，使组织内部成员无所适从，那用不了多久，对组织最忠诚的人也会挂冠而去。

组织内的信息交流涉及很多方面，是一个非常复杂的过程。其基本要素可以归纳为：信息的发送、传递和表达；信息的接收和理解；信息接收者的判断。

在很多情况下，传递出来的信息不一定会被接收到，接收到的信息也不一定会被理解和接受。所谓信息交流包括上情下达和下情上达。传统的管理方法只重视自上而下命令式的单向信息沟通，不重视双向的沟通。管理者最多在组织内设置几个"意见箱"，或宣布实行"开门政策"而已（即允许下属不经过约定随时可以求见上级，上级办公室的门总是向下属敞开）。这些措施是远远不够的。信息交流渠道畅通的关键在于让下属感到满意。下属的态度对信息交流过程有决定性的影响。如果下属觉得管理者不合理地施加压力，强迫他们完成任务，便会不自觉地制造信息流通的障碍。特别是故意不让上级了解真实情况、封锁消息、切断上情下达的通道；同时，有了改进工作的好主意也不报告，只对上级发牢骚。此外，敌意、畏惧、不信任等态度也会阻碍信息的正常流通，或者在流通过程中造成严重扭曲、失真。

因此，为了建立和维护信息交流渠道，确保组织的正常运转和发展，管理者应该端正认识和采取行动，做到既重视沟通，又善于沟通。

管理者对待下属的态度，决定了下属对待管理者的态度。如何吸引到最优秀的员工，让他们对自己忠诚，这完全取决于管理者自身的素质。

5.
真正的管理人是去管理人的情绪

一个管理者特别要学会控制住自己的情绪，做到凡事处之泰然。有的管理者由于性格原因，个人情绪表露得非常明显，早上上班前跟老婆吵个架，跟老公斗个嘴，全公司的人都会知道，因为大家一眼就能看出来，这样是要不得的。

唐朝的时候，唐太宗李世民听到魏征进谏后总会出去散散步，就是因为察觉到了自己即将失控的情绪，通过散步努力使自己做到"处之泰然"，不至于因一时的怒火而错杀魏征。

对员工个人来说，能力不好不一定不会成功，但是情绪管理不好一定不会成功。当管理者把情绪毫无保留地发泄在下属身上时，这种不正确的情绪处理方式就会破坏和谐的上下级关系，并且员工会通过工作过程，将这种不良情绪传递到客户或其他同事身上。

优秀的管理者要有比普通员工更高的情绪管理能力。如果一个管理者动不动就发脾气，那么他就会丧失威信，下属也不愿意追随他。

一位著名企业家曾说过："我相信，有不少的管理者都曾经因为心情烦躁而把自己的下属当作'出气筒'，发过莫明的火。有的下属因此当场就和我们吵起来，有的下属因此哭泣，有的下属因此无所适从，有的下属因此不求有功但求无过，有的下属因此怨恨与背离我们，有的下属因此忍受不了我们而离职。"

"心平气和之时，我们也难免会因为自己不够冷静、成熟与理智的行为而懊恼和后悔。如何才能让自己少犯这种错误呢？"

是人都会有几分脾气。当然，我们确实可以将这个问题归咎于脾气和报复心；还可以归咎于压力过大、精神紧张；甚至也可以归咎于自己不好过，别人也别想好过的不佳心态。

但要提醒大家注意的是：一些人与另外一些人、一些事与另外一些事，看似在不同的平行线上运行，但他（它）们却极可能因为一个"导体"而形成交叉运作。更为糟糕的是，在工作当中，上司、其他部门的同事甚至是客户，与自己的同事及下属，通常都有着以下三种方式运行的特征：一种是平行，一种是交叉，另外一种则是在一条线上直线运行。

可是，谁又是其中的"导体"呢？就是产生这些情绪的我们自己！

在家里和妻子吵了一架，在路上和另外一辆车发生了一点摩擦，在客户那里受到了刁难和委屈，都可能让自己"带电"，成为引发矛盾的导火索。

"带电"并不可怕，麻烦的是自己是个导体，自己身边的人也并非"绝缘体"，一旦遇上，就难免会电光火石地发生"电击"事件。以前运行良好的几条"电线"，现在却因为自己而乱麻麻地纠缠在了一起，自然会大大地影响到"电路"的运作，对管理绩效产生极大的负面影响。

现在，我们需要考虑的是，如何让自己由"导体"变为"绝缘体"。

金森是某家具公司的副总，尽管时而会对下属发点脾气，但他并非一个脾气暴躁的管理者。不过，几个月前的某一天他乱发了一次脾气，至今都深为懊悔，并引以为戒。

那天一大早，金森就因为要多给身在老家的父母一点过节费，和老婆吵了一架，心情很差。摔门而出后，一路上总觉得什么都不顺眼。

带着满腔怨气，他来到了办公室。看见工程部的王经理正和下属们聚在一起有说有笑，金森的脾气因此一触而发。

"王东，公司是请你来做事，还是请你来讲笑话的？"平常都叫"王经理"，现在却直呼其名，语气严厉。

"老大，我是在安排今天的工作。"王东委屈地辩解，其他下属们也一起用不明就里的眼光看着金森，都觉得今天的他简直就是莫名其妙。

"老大？什么老大？你以为这里是黑社会啊？"金森对着王东越吼越凶。

自己在外面累死累活地开展业务、联系客户，在公司还要受这样的怨气。王东最后实在受不了了，就和金森争吵了起来。

结果王东一气之下辞了职，带走几个工程大户投奔到了竞争对手的门下，处处与金森的公司作对。

或许，我们当中的不少管理者都遇到过与金森类似的情况。我们之后反省过自己吗？又采取过怎样的改变措施呢？

金森在改变。为了少让自己"带电"作业，避免恶化管理环境与管理绩效，他尝试着给自己定下了几条规矩，收效还不错。

一、时时告诫自己，工作之外的人和事所带来的坏情绪只能存在于办公室的大门之外。

一旦心里面憋满了气，到办公室门口时，他就会尝试着来次深呼吸，告诉自己：现在是工作的时间，那些该死的事到此为止。

二、提醒自己，下属不是招进来骂的，是请进来为自己工作，愉快地挣钱的，况且还有比发脾气更能解决问题的办法。

所以，即使被自己的老大、被一帮股东批得鬼火直冒，即使在客户那里刚刚发生过激烈的争吵，自己也尽量不要铁青着脸，见着下属就吼。

还是担心会失控，怎么办？那就冲进洗手间，用冷水洗把脸。受到冷的刺激，更利于使自己冷静下来。

三、即使是自己的下属有错，实在忍不住发脾气了，也要区分责任主体，不要让无辜者受到牵连。

执行制度、赏罚分明、恩威并济，是乱发脾气的最好替代品。

四、向某些人敞开自己，寻求倾听和建议。这些人可以是自己的好朋友及亲人，可以是敬重的前辈、老师或者专家，甚至还可以是自己在公司非常重视及能够让自己听进建议的人，又或者是某些电台节目的主持人。

不论是出于树威信的目的，还是习惯于将责任推给自己的部下，管理者乱发脾气只会伤害越来越多的人、伤害更多的心。长此以往，你甚至会不自觉地将发脾气当作自己的管理风格！但在下属们逐渐形成"抗体"之后，为了更奏效，你的火可能就需要越发越大。这里有几条实用的"灭火建议"，可以参考使用：

（1）**找到发泄的其他途径**

可以去游泳、踢球、泡桑拿、进按摩房，也可以去郊游，感受大自然宽厚的胸怀，甚至还可以在办公室挂上拳王泰森的画像，有气的时候，朝他挥两拳。

（2）**办公室的环境再好，也要尝试去办公室外走走**

办公室可以是实现抱负的无限空间，但精神紧张、情绪易动时，它也可能成为禁锢思想、积淀情绪、钻牛角尖的糟糕地方。心情烦躁时，我们可以尝试到办公室外走走、慢跑快走、抽根烟、喝杯冷饮，再或者是对着绿化树、望着街上行人发发呆，都可能对即将控制不住的情绪起到一定的舒缓作用。

（3）**别让自己游离于组织之外**

任何在办公室乱发脾气的管理者，在情绪失控时，都把自己置身于了自己的组织之外。之所以这样讲，主要的原因就在于：一个组织不是靠发脾气来管理和运行的，乱发脾气只会对一个组织有害。

如果管理者不能管好自己的情绪，将发脾气当成自己的管理风格，下属们会感到极其巨大的压力，如果不能及时控制，终有一天会让自己遭受巨大损失。

6.
把握公私分开的火候

家丑不可外扬,不可把过多的私人关系卷入办公室。管理者一些重要的私人关系不宜向员工、同事透露。如果管理者的亲人、朋友过多地出入办公室,也会造成公司高层人物对你的不信任。

管理者的家庭住址最好与公司地址距离较远。虽然每天上班需要来回坐车,但却可以有效地把公事、私事区分开来。管理者在与自己的亲戚朋友之间私人往来时,留给他们的个人地址应该是家庭住址,而不是办公室。留给他们的电话号码也应是家中的而不是办公室的。这样亲朋好友在找你时,可直接找到家中而不是办公室。

管理者还应管好自己的私人用品。个人物件最好不要带到办公室里。带到办公室里的必需品比如一些药品、私人信件、书籍等,也要注意保管好。

管理者的一些私人活动也以远离公司为妙。比如老板请别人到饭店吃饭,席间要谈一些重要事情,如果不巧碰上你的员工,可能产生很尴尬的场面。另外管理者的洗浴、美容等个人活动,也以远离公司为妙,以免与公司熟人发生"撞车"的可能。

以上所述,并非要求管理者与员工在下班后不接触,只不过是说,社会是复杂的,管理者要保护自己的隐私,维护自己的外在形象。

管理者在办公室里自然要与员工打交道,在办公室之外当然还要与员工、同事或上一层领导有所往来。虽然这时的交往气氛往往比较轻松,不同于办公室的严肃庄重，但管理者在这时的人际交往更需富有技巧性，既与员工、同事接近，打成一片，又不要随随便便，让人把自己一览无余，否则，你就没有权威可言了。

管理者与员工、同事聚会，大家都难免要同坐在一起吃吃喝喝。这时，领导幽默活泼一点，活跃一下气氛是必要的，但更应注意遵循一些必要的礼仪。又活泼，又守礼，才能使场面又热闹，又有序，使活动获得圆满成功。这样既可大大加强管理者与他人之间的联系，更能提升自己在众人心目中的形象地位。

管理者要注意和身旁常接触的人搞好关系。在工作中与你接触多的人，窥探你秘密的机会就多，就越容易介入你的私生活，不要与他们有一种敌对的关系，否则将对你大大不利。如果你能与他们保持友好的状态，你的一些小缺点他们也容易接受，而且还会自觉地维护你的个人形象。

管理者应特别注重搞好与私人秘书的关系。管理者同秘书在工作上、生活上建立一种互相支持、互相理解的友好合作关系很重要，但这不等于说管理者要与秘书保持男女之间的暧昧关系，正因如此，管理者才更须做到光明磊落。同样，与身边人打好交道，也是管理者维护自身形象的一个重要方面。

与身边的人打好交道，不等于说与他们过于亲密，你个人一切的事情都放心地说与他们听。与员工保持适度距离，不但重要，而且必要。

每个人周围都有一种无形的界限，你不可逾越。这是一种私人生活的界线，一种内部思想和感情的界线，他们不愿向其他人透露，尤其是在工作中相互合作的人。作为管理者，你不适合成为他们最信任和最亲密的朋友，否则，你将会冒一种很大的风险；作为管理者，你决不应该将自己与员工的关系延伸到过于亲密的关系之中，你必须分清其中的界限，而不能跨越一步，否则会带来一种灾难性的后果，到那时你会突然发现自己与下属之间的界限已经消失，双方似乎都陷入到一种情感的困扰之中。

公事私事要分开,管理者的一些私人活动要远离公司,绝不可把过多的私人关系卷入办公室。既要与员工保持亲密的感情,又要适可而止,把握好火候。

第三章 知己善任术
——找到适合自己的管理者定位

人的性格是一个复杂的多棱体，也是一把"双刃剑"。从某种意义上说，性格是一种力量，更是一种重要的资本。只要能扬长避短，选择最适合自己性格特长发挥的方面，你就会发现一个崭新的自我。

1.
冷静型管理者做事果断

冷静型性格的领导从不矫揉造作，也不爱阿谀奉承。在工作上，他们往往乾纲独断，做事果断，非常有魄力。他们通常做事稳重，在做出决断之前反复考虑，以求对自己所说的话、所做的决定负责，但是一旦做出决定，就很难改变，显得非常固执。此外他们又非常注重实效，一旦他们感觉到新方法确实卓有成效，就会立刻做出调整，这样的性格特征让他们总能抓住有利的机遇。

沃斯·克拉克——希德基金会的前任负责人，就是一个非常典型的冷静型领导。他在工作上行为果断，从不缩手缩脚，也从不畏惧那些有障碍的工作，给人们留下了不少佳话和教训。

当时克拉克想要投资修建一座新剧院，他在纽约的一个地方选好了地址，但是几乎所有人都反对将剧院建在那里，他们认为那个地方到处是暴力抢劫，犯罪盛行，社会治安极有问题。针对这些意见，克拉克只是冷静地问了一个问题，"你们当中有谁去过那儿？"但是没有人回答，因为所有的人都没有去过这个地方。于是克拉克最后决定亲自去那个地方考察一下。当他心怀忐忑、惴惴不安地来到这个小区时，呈现在他眼前的是一幅温馨的画面：孩子们在马路上嬉耍，街道上车水马龙非常繁华，没有持枪的暴力分子，只有在安定的环境下安居乐业的人们。于是他决定在这个地方建造剧院，结果大获成功。克拉克在自己的日记上记下了这样一段话：与其相信不确实的话语，不如相信自己的眼睛。克拉克此时充分发挥了自己冷静型领导的性格优势，他没有盲目听从大家的建议，而是冷静地思考，这也正是他成功的关键因素。

冷静型的领导还具有很强的完成任务能力与妥善安排事务的智慧，他们是公司里天生的领导人。这种领导常常话语不多，他们不会轻易把自己的想法显露在脸上，在任何时候都始终保持平和的状态，所以这样的上司总是给下属一种神秘感，让人难以把握其真实的想法。

这其实也是很多人对于老板和上司产生的一种误解，他们只看到了老板是企业最大的收益者，但没有看到老板也是最大的风险承担者。企业这棵大树倒了，其他人可以树倒猢狲散，去另谋高就，但是老板不能，他只能咽下所有的苦果。除了市场上的竞争外，还要打理方方面面的关系。企业越大，老板承担的风险也越大。因此，老板所面临的压力是常人无法想象的。尽管如此，老板在众人前，却总是表现得沉稳如山，气定神闲。

曾听说有一个建筑公司的老板，在年终时资金紧张，但是农民工兄弟却急需回家过年的钱，因此他背地里到处找人借钱发工资，但在农民工兄弟面前却笑嘻嘻地说保证工资一定会按时发放。另一位老板，公司处于困难时期，连自己汽车加油的钱都没有，但在公司里却照样谈笑风生，不紧不慢地与大家泡工夫茶喝，最后他也成功地渡过了危机。

冷静型性格的领导对自己的下属也很严格。他们欣赏那些有能力、做事有成效的人，讨厌那些油嘴滑舌、光说不练的假把式。不过，他们在严格要求下属的同时，却往往容易忽略下属的感受和待遇。虽然冷静型老板的领导方式可以提高工作效率，但却会给下属造成很大的压力。这样的领导一般让下属感到畏惧，很强的距离感，所以作为一个冷静型的领导也应该时时注意增加亲和力。

韩莉丽是深圳一家小有名气的时装有限公司的老板，很少有人知道如今这个身价上千万元的女富豪曾经是个身无分文的川妹子。多年前，韩莉丽用多年打工挣来的钱办了一个小型制衣厂，当时她只请了一个师傅和几个同乡的打工妹，由于资金困难，她支付的工钱并不高，但却通过为人和蔼可亲和乐于助人留住了员工。有时员工病了，她会找车送她们看病，并为她们煎好草药，如果她们家里有困难，她会先支付一部分工资给她们应急，所以那些身在异乡的师傅和打工妹都把她视为自己的知己和朋友，愿意为她效力。理解建立在相互信任的基础之上，员工们也对她投桃报李，如果公司一时资金周转不过来，她们也会给与理解。尽管后来公司被称为服装界的大鳄，但莉丽对员工的态度却没有变，她经常在空余时间为员工办举生日晚会，还亲自去医院看望生病的员工，使他们感受到大家庭的温暖，从而积极主动工作，为公司的发展壮大打下了雄厚的基础。

"没有好的员工，企业就难以发展；而要吸引好的员工，让他们尽职尽责地为你工作，就需要你去尊重他们、关心他们"，韩莉丽如是说。的确，创业时因资金有限，不可能用优厚的工资和待遇去吸引员工，但我们可以用自己的亲和力去增强凝聚力，使员工乐意为你卖力工作，而这未必是用钱就能做到的。这一点确实是冷静型的领导应该学习和汲取的。

冷静型的人会从比较实际、客观的角度来看待自己的工作与自己周围发生的事情。这种类型的人总是把每天的工作和生活规划得井井有序，从不做计划外的事情。

2.
包容心强的管理者责任心强

具体来说,在工作上,这种领导勤勤恳恳,他们通常把自己的抱怨放在心底,不轻易向外人倾吐,并转嫁到下属身上。这种类型的领导还有很强的责任心,他们可以为了公司的利益而牺牲自我,并且在牺牲过程中得到一种精神的升华。包容心强的领导通常很重感情,他们对自己的同事和下属非常负责,一旦对方有任何困难,总是竭尽全力帮助对方,甚至会在很大程度上牺牲自我的利益。

乔治·温斯顿是美国南卡罗来纳州一个城市的市政执行官,他的领导方式最让人着迷的地方就在于他有非常强的包容心。温斯顿所领导的城市堪称美国种族问题最复杂的城市之一。这是美国具有最多民族的城市之一,53%的居民是西班牙裔人,25%的居民是非洲裔人,还有22%的白人,而且这里在20世纪60年代曾经是黑人民权活动很有影响的一个据点。这样的城市结构决定了温斯顿必须对这种多样化的居民采取包容态度,温斯顿确实也做到了这一点。他不像前任执行官那样把这个城市只看成一个整体,他把它看成许多个体,并决定对每个社区逐个进行研究,并采取不同的策略来满足各社区的要求。他首先在不同的社区建立自己的警察机构,并且在每一个机构设置一个监督办公室,充分发挥各地的积极性。这种做法消除了社区和市政之间的不信任,通过他的一系列努力,终于使城市和谐起来。

但过度包容会使下属有空子可钻,常听到有些领导说:"我对员工那么好,可是到最后他们都背弃了我，真是太不重情义！"古人韩非子也曾经说过："悍家无强虏，慈母多败子"，就是对这种情况的揭露和警示。包容心强的领导通常无法妥善地处理冲突问题，所以当他们面临与下属之间的冲突时，往往会不知所措，这就要求他们要学会恩威并施。

"倘若员工们明白你的关爱发自内心，就会感到安全和快乐，哪怕他们此刻一心想和你作对或发泄愤怒。"稻谷香公司的李大峰这样对记者说。一旦员工出现纰漏，她会像父母那样教育犯错误的员工，帮助他们同心协力渡过难关。但李大峰知道，家长式管理的使用范围只能到此为止。她不会放弃做一名家长的念头，但也绝不会溺爱自己的孩子。同时她又说道，"如果有人表现不佳，工作偷懒，就必须卷铺盖走人。"这种恩威并用的手法为公司的发展壮大提供了有力支持。

其实古人对于这种领导方式的缺点也有着很深刻的认识，他们很早就学会了对于领导方式要恩威并用。我国历史上杰出的政治家和帝王唐太宗李世民就对这一点深有体会。他很善于处理君臣关系，恩威并施，双管齐下，为大唐江山的稳固和贞观盛世奠定了一个雄厚的基础，关于李世民的事例也成为千古流传的佳话，其中他对于李绩的处理被视为一个典型。

李绩是唐代政治家、军事家，原姓徐，名世绩，字懋功，亦作茂公。因唐高祖李渊赐姓李，故名李世绩。后因避唐太宗李世民讳，遂改为单名绩。曹州离狐（今山东东明一带）人。出身官宦世家，隋朝大业末年，曾任马邑丞。唐高祖李渊兵入长安时，李绩作为隋朝的将领积极抵抗唐兵，后来唐军将李绩擒获，打算将他当众斩首，而秦王李世民求情，高祖便赦免了李绩，从此李绩对于李世民就心存感激。

贞观四年，李绩一举突破突厥颉利可汗牙帐，为大唐在西域的经营打开了一个新的局面，但是后来因为他所率领的部队纪律松弛，致使突厥珍物被官兵虏掠殆尽，这使当时的突厥臣民对唐朝很是不满。御史大夫萧瑀弹劾李绩，劾请交付法律部门推勘审理，并要求对李绩进行严肃处理以平息民怨。唐太宗却予以特赦，宽容地放过了他。等到李绩进见，太宗则大加责备，李绩磕头谢罪。其实李世民并没有像李渊那样对李绩动过杀机，只是想通过他人对李绩的弹劾，稍稍警告一下李绩。因此在李绩谢罪之后，太宗才说："隋朝时史万岁打败达头可汗，而隋文帝却有功不赏，反而因其他小罪将其斩首。朕则不这样处理，记录下你的功劳，赦免你的过错。"于是，加封李绩为左光禄大夫，并赏赐他一干什物。不久，太宗对李绩说："以前有人说你的坏话，现今朕已醒悟，你不必挂在心上。"又赐给绢两千匹。

李世民驾驭功臣手段便是恩威并用。唐太宗很聪明，他知道对卓尔不群的李绩该怎么收，应如何放，拿捏得恰如其分，所以李绩才会心甘情愿地帮助唐太宗去打天下。在唐太宗的英明领导之下，李绩为唐朝立下了汗马功劳，后被封为英国公，是凌烟阁二十四功臣之一。

包容心强的领导通常做事很小心，喜欢一个人默默工作，很务实，喜欢井然有序、按部就班的生活。他们的特点在于能够客观地分析周围的形势，能根据实际情况来妥善地处理一些人际关系问题。

3.
平易近人的管理者被属下信赖

这种领导平时没有架子，在下属有困难时，又会热心地帮助，他们往往很有亲和力，和下属的关系都很亲密，下属也都很信赖和支持他们。

艾伦·B·维埃拉是法国一家列车制造公司的总裁，他在日常的工作中采取平易近人的管理方式。他时刻提醒自己，自己与公司的所有职员是一种平等的关系，因为大家都有一个共同的使命，都是为了公司的发展壮大而努力。他时常这样告诫自己："我不妄自尊大。我不知'谦卑'这个字眼对我是否合适，但相对而言我知之甚少，关于这一点我心里有数。"他认为，自己想实现的最重要愿望就是创建一个让所有人都能充分施展才能的机构。对于他来说，这还要靠完成一项项任务、达到一个个目标、实施一项项计划来实现。计划、安排的目标越多，而规定的实现目标的方法越少，其效果就越好。规定和结果几乎是成对比的，这样能促使每一个人发挥创造性，千方百计地找到完成任务的办法，而作为一个领导者的责任就是保证这一过程顺利展开。他把创建一个能够使员工充分展示才能的环境当作自己工作的一个目标。当危机出现时，他从来没想过让自己置身事外，而是与员工同艰辛共奋斗。在他看来，与职员共同承担责任是美妙和必然的选择。

例如有一次，列车出现一个关键性故障，排水系统经常不畅，列车面临被退货的危险，眼看公司就要面临巨大的损失。为挽回局面，他和所有研究人员一起想办法，做各种各样的实验来解决这个问题。在花费了很大的心血后，终于找到了解决问题的方法。在这个过程中维埃拉平易近人的管理方式发挥了重要的作用。

但是，光是一味的平易近人并不足以成为一个好的领导者，在平易近人的同时还要与员工适当地保持距离。正如古人所说的"马上看壮士，月下观美人"，距离才会产生美，对于一个领导者来说，适当的距离是必要的。与下属过多的亲密可能会带来一系列问题：一是用权不公正；二是领导权威受影响；三是弱化下级执行力。与某些下属的关系过分亲密，客观上疏远了另外一些下属，在运用权力上就容易受到感情因素的干扰，导致用权不公。领导与下属过于亲近，容易失去自身的神秘感，下属会不在乎你的存在，你的权威性就会受到影响，这样会导致下级执行效能不高，甚至有令不行，有禁不止。

这种情况是需要警惕的：有一位女老板，她年纪轻轻就已经是一家著名服装公司的老板了。她自信并充满魅力，公司里的所有营业员都认识她，并与她相熟。当顾客对售后服务问题和客服解决方案不满时，营业员会给她打电话；当营业员认为奖金发放、薪资结算、培训等不公时，会给她打电话；当营业员认为店长管理不当时，还会给她电话……客观上讲，员工很喜欢这个老板，工作也蛮开心的，她的亲和力也在很大程度上帮助公司逐渐发展壮大。然而，这占用了她的大部分精力，也影响了中层管理者的发挥，而且由于与老板没有距离，使得原本在老板与员工中的那层面纱被轻易地揭开，变得那样简单和直接。我走访很多营业员时了解到，新员工对老板非常崇拜，但半年之后崇拜就会慢慢地减少，这也是这种领导方式的一个缺点。

平易近人的领导是另一种常见的领导，这种领导是最值得信赖的领导。他们通常都很乐观，在工作上总是把自己看作是和下属一样普通的职员，总会热情地参与工作，积极地听取别人的建议，努力地和别人共同完成工作任务。

4.
活泼型的管理者待人热情

活泼型的领导,由于他们待人热情的态度以及喜欢欢声笑语的生活态度,使得他们不管在什么样的环境里都怀着愉悦的心情。在工作上,这种性格的领导注重工作气氛,他们喜欢用轻松的态度处理事情,重视在工作中活跃气氛。

他们的热情使得他们不论面对怎样的突发情况,都能够欣然接受并加以处理。相对于对工作的抱怨,他们更喜欢用忙碌的工作来充实自己。活泼型的领导往往都有着很强的亲和力,由于他们对下属的要求不太严格,也不喜欢用条条框框去约束下属,这使他们很受下属的欢迎。

王女士经营着好几家服装店,但她从不把自己当作老板,在服装店里,她是个任何人都可以支使的人。她也喜欢跟下属开一些小玩笑,经常相互打趣,对一些男员工她时不时地递一支烟。在时装店里,她从来不会安静地呆上一会儿,不是去看服装师设计,就是去与顾客聊天。因此凡是定做过她的服装的人都成了她的好朋友和她生意的回头客,同时所有员工都很喜欢她,大家在一起就像一家人一样。

活泼型领导和包容心强的领导一样,不善于处理冲突事件,他们在冲突面前大多保持缄默,宁愿采取被动的处理方式,让事件自己平息下去。因此,这种领导还应该注意培养自己沉稳的一面。

在这一点上,汉武帝刘彻是一个值得我们效法的榜样,他是个非常沉稳的人。

汉武帝很早就登基了，他雄心勃勃地想将文景之治的盛世继续下去，但在初期却遇到了阻力。阻力主要来源于当时的太皇太后窦氏，即武帝的爷爷汉文帝的皇后。从她做皇后到此时，已经有40年了，其本家族在朝廷的势力很是庞大。按照规定，分封的一些王与侯都要到各地自己的封地去，但窦氏的亲属们不愿意到那些边远的地方去，都留在京城，互相勾结、违法乱纪的事经常发生。对于窦氏来说，她和武帝的治国思想也有很大的区别。

窦氏喜欢的是在汉朝初年很盛行的黄老思想，即远古的黄帝和近世老子的思想，主要是"无为而治"的道家思想，这是汉初与民休息政策的基本治国思想，这使国家的经济得到了恢复和发展，促成了"文景之治"盛世景象的出现，在当时这也不失为一个优良的措施。但到了武帝时期，因为分封的诸侯王们对抗中央，所以迫切要求加强中央的权力来压制地方势力，这种思想已经不再符合时代的潮流。

武帝即位后便开始实行自己的政治方略：安排自己信任的人掌管朝中大权，如让舅舅田蚡做太尉，掌握军权。同时，许多儒生也被他重用。为了更多地选拔人才，武帝还下诏令全国官吏向中央推荐人才，当时叫"贤良方正"。董仲舒就是在这次推荐考试中得了第一名。武帝召见他，探询治国的良策，董仲舒便将自己一整套经过发展的儒家治国思想说给武帝听，武帝非常赞赏。

但此时的武帝还没有力量和自己的奶奶窦氏较量，在他任命的重臣赵绾提出窦氏不应再干涉朝政时，惹恼了窦氏。她逼迫武帝废除了刚刚实行的一系列的改革措施，武帝任命的丞相和太尉也被罢免，有的大臣被逼死狱中。窦氏宠信的人接替了这些重要职位，听命于她。这对武帝是一个打击，但他有年龄优势，并没有从此消沉，而是养精蓄锐，等待时机。

4年后，即公元前135年，窦氏去世，时机终于来了，武帝马上将窦氏的人一律罢免，重新重用田蚡，让他做了丞相。治国思想也采用了儒家的主张，开始加强中央集权，对付地方的豪强势力。在这方面，汉武帝是一个值得我们效法的好例子。

活泼型的领导大多热情、好动，对工作和生活充满了热忱，这样的领导的特点就是把工作和欢笑结合在一起。他们不但热爱新奇的事物，自己本身更是生活里的新奇者，他们也将这种生活中的新奇之感带到了工作中。

5.
勤奋型的管理者埋头苦干

这种领导喜欢引用孔子的这句话"君子不群"，在他们看来，坐在一起讨论是浪费时间，不如自己去积极地展开活动更为有效率。这种领导的独立工作能力强，甚至有时不需要下属的配合。这种人总能及时地完成自己的工作，他们擅长处理各种各样的突发情况，并且能够根据不同的环境及时更改自己的工作计划，一般来说他们的任务处理得都十分出色。

说到勤奋，就不能不提犹太人。犹太人的生存方法之一是培养勤奋的习惯。犹太人认为勤劳的人上帝总是给他最高的荣誉和奖赏，而那些懒惰的人，上帝不会给他们任何礼物。但是，犹太人同时还认为仅仅知道不停地干活并不算是真正的勤奋。他们认为成功的企业家不是因为他们比平常人更加勤奋，才有今天的成就；虽然，勤奋也曾经是他们努力的一部分，但并不是他们能够成功的根本原因。

一个人即使再勤奋，也承当不了多少工作量，其所做的事情也是非常有限的。企业家不需要依靠个人的勤奋来争取企业的成功，关键在于他是否有能力让下属更加勤奋。相反一个人过于勤奋的话，如果他们不是正处于起步阶段，就是在走下坡路了。所以，他们的心思主要是放在如何将手上的资源最充分地加以利用，而不是对自己最充分地加以利用，犹太人认为这是领导和下属之间的区别之所在。

下面这个发生在犹太人之间的对话正鲜明地体现了这一点。

一个员工认为自己十分勤奋，但是收获却十分的少。有一次他实在想不开就向他的老板抱怨："我比你勤奋得多，为什么收获却比你小得多？"老板听了沉思了一会儿，然后神秘兮兮地反问道："为什么我非要比你们勤奋才能赚钱呢？我从来没有想过自己的钱是靠勤奋赚来的。在这个社会，大部分人都勤奋，但不是大部分的人都能够发财！靠勤奋发不了财！我的长处在于提供让别人有机会勤奋的工作职位，而不是我要比他们更加勤奋。"

这个犹太老板的话非常地发人深省，我们有理由相信，勤奋只是成功的一个原因，甚至只是人的一种品德，作为一个老板还要掌握除了勤奋之外更多的东西。现实早已经证明了这个真理，我们并不比自己的祖先勤劳得多，但我们现在的生活水平却是他们远远不能相比的！这要归功于什么呢？显然，勤劳并不是唯一的原因，经营这种有别于一般性劳动的行为，为我们解开了其中的疑问，它也是我要为经营歌功颂德的理由。与其默默无闻地埋头苦干，不如多动些脑子！

勤奋型的领导大多沉默寡言，他们不喜欢表露自己的真实情感；他们宁肯单独做事，也不愿浪费时间在他们看来非常无聊的团体合作上面。

6.
知人善任的领导让每个人都放光发热

俗话说:"千军易得,一将难求。"这种知人善任型的领导虽然他们不善知事,但却善知人。在工作态度上,他们不是那种勤奋努力、事事以身作则的好领导,但他们绝对是虚心听取下属意见、给下属发挥能动性空间的好领导。在工作上,这样的领导往往缺乏独立完成工作的能力,但却可以调动整个团体合作的积极性,能把每个人的积极性调动起来,让每个人都放光发热,所以这种领导的所在部门一般工作效率很高。

查理·波莱特是美国一个研究所的主任,她时常说这样一句话:"我并不把自己当作领导者,只是把自己当作催化剂。我的目标是让员工自己设计一个远景规划,并成为为了集体的共同目标而奋斗的一分子。我不要求员工具体该如何做,这不是我的特长。"她认为要想做到的唯一方法就是发挥员工的创造性,使员工更出色地工作。她的这些话可以说是说到点子上了。

在中国古代历史上这种成功的事例从来就不乏其人,最为人所知的就是汉高祖刘邦。论出身,不过泗上一亭长,放在现在来说不过只是一个微不足道的小吏;论武功,也与"力拔山兮气盖世"的西楚霸王项羽不可同日而语。然而,就是这样一个市井无赖的刘邦,却最终击败了起初具有绝对优势的项羽,建基立业,开创西汉二百年天下,登上了人所仰望的帝位。刘邦登上帝位后的一天,在洛阳的南宫大会群臣,宴席上他总结自己取胜的原因时说道:"论运筹帷幄之中,决胜于千里之外,我不如张良;论抚慰百姓供应粮草,我又不如萧何；论领兵百万，决战沙场，百战百胜，我不如韩信。可是，我的特点在于知人善用，充分发挥他们的才干，这才是我们取胜的真正原因。"刘邦的总结无疑是深刻的。

刘邦身边的能臣良将非常之多，甚至可以说是车载斗量，比较著名的就有萧何、曹参、张良、韩信、陈平、樊哙、周勃等人。萧何打仗不行，管理后勤却有一套。刘邦把整个后方放心地交给萧何，而萧何也殚精竭虑，在楚汉数年的拉锯战中，保证了汉军兵源给养。韩信虽为汉军武将之首，却曾受胯下之辱；刘邦听从萧何的意见，为韩信筑台拜将，将自己的全部家当交给一个此前自己并不太信任的人，显示出他惊人的魄力，由于他的驾驭有方，最终使韩信为打下汉室江山立下了汗马功劳。而陈平是重要智囊，其品行有亏，据说他曾经跟自己的嫂子私通，很为人所不齿。后来有人以此向刘邦进谗，但刘邦不为所动，终能用其所长，使之巧思迭运，妙计迭出，不但救刘邦于危难之中，还最终铲除了吕氏势力，安定了刘家天下。

相反西楚霸王项羽却恰恰相反，当年凭着"力拔山兮气盖世"的勇猛，带领八千子弟兵，东征西讨，身先士卒，大小七十余战，所向披靡，打遍天下无敌手，却最终难免垓下被围、乌江自尽的悲剧结局。究其原因，应为但凭一己之勇力，不能用人之过。此前的韩信、陈平都曾经在项羽的麾下，但他却不能放手任用他们，后来身边只剩下一谋臣范增，却仍不能完全相信他，最终吞下了失败的苦果。他在临死时说道"天之灭楚，非战之罪"，可谓是至死不悟了。

知人善任的领导大多很谦虚，对别人的意见从来都是虚心接受，他们自己虽然没有能力完成工作，但是却懂得应该让谁来完成这项工作。

7.
情绪型的领导赏罚分明

情绪型的领导在日常生活中也很常见。他们对工作很下力气,从来不会满足于把所有的事交给自己的下属而自己在一边只提些建议。但这种类型的领导很重视事情的成败。工作顺利时,他们很高兴,而工作不顺利时,他们就表现得非常不愉快。情绪型的领导对自己的下属其实很好,他们虽很容易训斥下属,但有时又很容易向人道歉,所以这种领导与自己下属的关系很亲近。

情绪型的领导因为很小的事情就轻易地发怒,将全部的情绪都轻易地浮现在脸上;固执地坚持自己的主张,不愿听取别人的意见;性格冲动,经常不分青红皂白地训斥下属等等。这种性格的领导虽然冲动,但他们大多数都很正直,也赏罚分明,对于勤奋工作、努力上进的下属,他们会大力地提拔;但对于那些只说不练的下属,却非常地反感。因此,如果这种人能够有效地控制自己的情绪,那将来的成就会不可限量。

施瓦茨是瑞典的一个著名科学家。有一天,他因为牙病发作,疼痛难忍,所以心情非常不愉快。于是他走到了书桌之前,拿起一位不知名青年寄来的稿件,粗粗看了一下,觉得满纸都是荒唐之言,顺手就把这篇论文丢进了纸篓。几天后,他的牙痛好了,情绪也好多了,那篇论文中的一些荒唐之言又浮现在脑中。他急忙从纸篓里把它捡出来重读了一遍,结果发现这篇论文很有科学价值。在为作者的新思路惊讶不已的同时,也为自己因情绪不好险些埋没了一位天才而懊悔不已。于是,他立刻将这篇论文推荐到一家著名的杂志。这篇论文发表后，轰动了学术界，该论文的作者获得了当时一个著名的奖项，这个青年也取得了很大的成就。可以想象，如果施瓦茨的情绪没有很快好转，那篇闪光的科学论文的命运就将在纸篓里结束了。

一个领导如果遇有不良的情绪，而且又难以调节和控制，那么此时处理工作，影响的就不会只是局限于个人的声誉和身体，而是会影响涉及全局的事业。因此对于一个领导者来说，保持良好的情绪至关重要。我们要学会理智地控制情绪，用适当的方法转移和调节自己的不良情绪。把握情绪，调节情绪，驾驭情绪，控制情绪，不要因不良情绪破坏了手中的大事，是需要引起领导干部注意的一个问题。

日本著名的企业家松下幸之助就经历过这样一件事情。有一次，部下柯南犯下一个大错。松下当时正赶上一件不愉快的事情，听说柯南之事后，更加愤怒，他一面用挑火棒敲着地板，一面严厉责骂柯南。骂完之后松下注视着挑火棒说："你看，我骂得多么激动，居然把挑火棒都扭弯了，你能不能帮我把它弄直？"柯南自然是遵命，三下五去二就把它弄直了，挑火棒恢复了原状。

松下说："咦？你手可真巧呵！"随之，他的脸上立刻绽开了亲切可人的微笑，柯南一肚子的不满也立刻烟消云散了。此后柯南非常感动，从此更加发奋地工作。

著名的成功学大师卡耐基认为，领导者必须有良好的修养，不要轻易发怒，一定要能控制自己的情感而不失常态，能约束自己的行为而不为意气所动，做到了这一点就迈出了走向成功的一大步。后来他又具体地给人们提出了以下几点建议。

（1）部属做错了事不要马上对其发怒

即使是犯了错误的下属也同样有自尊心，有时甚至比其他人更渴望得到别人的理解和尊重。作为领导者，应该充分考虑下属的这些需要，要学会尊重你的下属。当其情绪因素占上风时，无视事实，看问题时往往会有很大的偏见。因此在与下属的交往中，领导者要保持冷静、理智，下属就会感到你真诚可信；相反，如果你总是摆出一副居高临下的态度，即使你有理，也不会使人心悦诚服，甚至会产生逆反心理。

（2）要全面看待部属

当部属在工作中出现了错误，领导者一定要心平气和地冷静处理，千万不能火上浇油。可以想象，没有哪一个部属希望自己的工做出现纰漏，因此有经验的领导者往往先以安慰和平息事态为主，然后再详细了解情况，总结经验教训．事实证明，领导者越是心平气和、宽宏大量，部属则越能自觉地检查自己的过错，竭力做好弥补工作。

（3）当部属顶撞自己时不要对其发怒

领导者因部属顶撞而发火，究其原因，不外乎以下几点：一是怕丢面子，觉得受到下属顶撞很没面子，有失领导者的权威；二是想给部属一个下马威。有的部属能力较强，有时目中无人，傲气十足。领导者对其发怒，是想挫其傲气，让其清醒一下；三是杀鸡儆猴。在领导者看来，不把顶撞者压下去，其他部属必然效仿，于是就借助部属顶撞的机会，敲山震虎，杀鸡儆猴。总而言之，一个领导者要成功地驾驭部属，必须以德感人，以理服人，以能力和实绩取信于人。其实，采取压服的办法，到头来只能是压而不服，真正伤感情、丢面子的还是领导者本人。因此，当部属顶撞自己时，要特别冷静。

（4）采用书面的方式批评

任何人都难免会犯错误，即使是一些职务很高的人也不例外。对于公司管理者的过错，松下幸之助决不会视而不见，对他们采取姑息宽容的态度。但是，松下幸之助很注意批评的方式，他在批评下属时喜欢用书面形式，往往能收到不错的效果。

（5）在批评时要巧妙地转一个弯

现在非常流行的一种方式就是"胡萝卜加大棒"，但是是先用大棒还是先用胡萝卜，不同的管理学家有着不同的见解。有的领导认为先说赞扬的话再批评，带有操纵人的意味，用意过于明显，所以不喜欢用。更多时候，许多领导把表扬放在批评之后，这也不失为一个好的办法。

情绪型的领导虽然冲动，但他们大多数都很正直，也赏罚分明，对于勤奋工作、努力上进的下属会非常器重，也会因缘际会而做成一番事业。

第四章

知人善用术
——学会与不同性格的下属打交道

- -

  作为管理者，总是难免会遇到各种性格不同的下属。面对不同的员工显然不应该采取完全一样的措施，这种一刀切的作风，不仅忽视员工的独特性，也不利于企业的长远发展。如果能学会与各种不同性格的下属打交道，努力与更多的人和谐相处，把他们管理得服服帖帖，工作起来就会相互协调、密切配合，这才是一个成功的领导者所应该具备的素质。

1.
不要被夸夸其谈的下属蒙蔽

夸夸其谈的人全社会都有，而且这种类型的人在公司、企业更是很常见，他们通常在汇报工作时，为了突出自己的工作成绩，总是拣好听的方面说，而对于差的方面则隐瞒不说。这种行为非常有利于下属们职位的提升，但显然不利于企业的长远利益。

小吴近来一直心情不舒畅，他老是感觉在公司受到排挤，别人批评他太孤僻内向，不知道跟人交流，但小吴却不这么认为，他感觉自己表现得挺活跃，可领导和同事似乎都无动于衷，他甚至有"真是天妒英才"的感觉。其实小吴很喜欢跟同事合作，他很喜欢和同事讨论相关问题，经常阅读技术文章和访问技术论坛，他在技术水平上很是不错。每当大家一起探讨时，小吴总能提出比较新颖独特的见解，他能对人阐述自己的方案，但是由于他的水平比较高，往往是一番高谈阔论后，许多人不再说话，后来技术会议就成为小吴的自说自话。在开其他讨论会时，小吴也面临同样的问题。有一天经理找到小吴说道："小吴呀，你的工作能力比较强，你提出的意见和方案都很好，可那些方案其他人可能不太理解，也有可能是你看问题得有些片面。但无论如何你在方式上还是有那么一点小问题，所以，建议你在提出问题之后，做一个ppt给大家演示一下，这样大家就更容易接受你了。"小吴觉得经理说得不无道理，此后再有类似的讨论，他先在会上听完其他人的建议，再结合自己的所学提出看法。而且讨论完后，他还会将自己的想法用一种最简单的方法实现出来，然后找一个合适的时间，将实现的小ppt演示给大家看。这种方法很快便奏效了，小吴的方案由于有了现实依据，大家在看ppt时，也会提出一些好的建议和补充，几次之后，同事们对他出色的工作能力都表示出心悦诚服，而经理也更加重视小吴了，他终于走出了困境。

作为一个企业领导者，一定要警惕夸夸其谈的下属，不要轻信这种人的话，否则很容易被蒙蔽，不利于工作的进展，还可能遭受巨大的损失。而且与这种下属谈话时要慎重，谈话中不要夹杂有轻视他的话，言谈中要对他的成绩多肯定，少否定；否则，就会伤害他的自尊心，从而不利于工作的开展。

喜欢虚夸的人通常一开始能给人留下非常好的第一印象，领导们也会对他们寄予厚望，但后来这些领导者就被证实自己的判断是错误的。

2. 如何面对下属不合理的要求

很多公司领导也许会经常听到这样的话："我以前在公司，他们答应给我多高的报酬，并且还有很好的福利"、"以前的经理多好多好，经常给下属送一些比较精巧的小礼"等，作为领导的你是应该答应还是拒绝？答应了，会不会让其他下属有意见？而不答应会不会影响下属的积极性？这些都是领导不得不考虑的问题。怎么办？许多领导都觉得束于无策。其实，对这样的下属，如果他确实很有能力，而他提的要求并不太苛刻，那么领导不如顺水推舟满足他，自己也做一次好人。如果他提出的要求在你的能力范围以外或者过于苛刻，你应该把情况如实告诉他。通常在这种情况下，下属都会理解你的苦楚。如果是那些能力不高的人，提出的要求有点过分，你就应该毫不犹豫地拒绝他。

在企业之中，员工提出的要求一般就是关于加薪的问题，领导在这个问题上一定要谨慎处理，应详细考虑员工这方面的诉求。通常情况是年终评议进行决定是否加薪，但不是全部员工都能得到加薪；又或者加薪的幅度不同，而有些员工可能因为种种原因失去了加薪的机会。另外，如果该员工的薪酬水平在该企业及同行业之间已经达到较高的水平，也会影响加薪的空间。可以说，影响加薪的因素是多方面的，但是从员工的角度来讲，他或许无法详细地了解这些因素，他只是感觉自己工作非常努力，所以应该加薪。因此，员工有加薪的愿望和提出加薪要求是一件正常的事情，在这方面领导者应该多与下级沟通解释，以获取他们的理解。

当员工提出加薪要求时，首先应该考察他的绩效考评和工作业绩，如果成绩较低没有达到加薪的标准，就应该向他解释本企业的加薪政策，鼓励他努力工作，争取下次获得好的工作绩效与考评成绩。

如果该员工的绩效考评比较优秀，但是他并没有得到加薪，就要仔细地调查原因。是由于工作失误造成的，还是因为该员工的薪酬已经较高，不宜再加薪。如果是前者，则应该立即纠正错误，对员工进行弥补；如果属于后者，就应向他解释本企业中与他能力相同的其他员工的平均薪酬水平，或介绍同行业其他企业同职位的薪酬水平，以便得到他的理解。

如果员工指出与他能力相同的员工也有加薪，而他自己却没有加薪时，尤其要谨慎，不要鲁莽行事，不能轻易地将该员工与他所讲的员工进行比较，这样会适得其反，使其不满情绪和抵触行为加深。要采用巧妙的方法，如果这两位员工不在一个部门，则可以告诉他每个部门的加薪指标不同，如果这两位员工同属一个部门，则应该交由部门经理进行解释。

尤其是需要警惕这样一种情况，有些管理人员为了照顾下属要求加薪者的情绪，轻易地答应其加薪要求，这是件非常不负责任的做法，如果员工们纷纷效仿，那么后果则难以想象。总而言之，作为领导者应该谨慎处理这个问题。

作为公司的领导，会面对下属提出的各种要求。对那些合情合理的要求，领导应该给予满足；但是面对不太合理的要求，就需要一定的技处理巧了。

3. 谨慎对待报喜不报忧的下属

面对报喜不报忧的部属怎么办？有的领导可能会感情用事。有的对报忧的人横加指责，施加压力，甚至打击报复，美其名曰"给这小子一点颜色看看"。这种做法，不仅妨碍了上级对真实情况的了解和掌握，容易形成误导，以至造成决策失误，而且贻误了解决问题的时机，并会影响公司之间和谐的气氛，使小矛盾变成大矛盾，小错酿成大祸，给企业造成重大损失。同时还可能会收到适得其反的结果，反而加重其他员工诱发投机心理，助长虚假之风，败坏企业风气，对企业造成更大的损失。

从员工的角度来说，自己在业务工作中的成功与失败，甚至加薪与否以及福利待遇都紧紧地跟老板的喜怒哀乐联系在一起。毫无疑问，对于取得成绩、经营上有活力等企业运营良好的状况，老板自然感到由衷的欣喜，而对于工作中的失误、经营上的亏损，老板必定会感到不安与忧虑。向老板报告工作中取得的成绩，等于向老板报喜，向老板报告工作中的失误挫折，就等于是向老板报忧。报喜容易受到老板的重视，而报忧会面临不利的情况，甚至有可能被炒鱿鱼。所以为了自己的前途，员工迎合老板这种情绪，就有可能在工作中报喜不报忧。

实际生活中有不少这样的人，他们善于投机钻营，利用老板喜欢成就、讨厌缺陷的心理，夸大成绩，隐瞒不足，报喜不报忧，阿谀奉承老板的爱好，从而达到个人升迁或谋取私利的目的。而老实诚恳的员工和下属，实话实说，有喜报喜，有忧报忧，有时反而被老板猜疑和不信任、不重用甚至打击报复地错误对待。

但是从企业管理的角度来讲，无论是喜还是忧，都是老板应认真对待的事情，即老板必须清楚地掌握企业运营过程中的各个方面，要对喜在什么地方、忧在什么地方都了如指掌，并根据喜与忧的不同程度，采取相应的措施，调控企业朝着有利的方向发展。因此，为了企业的长远发展，就需要员工在向老板报告工作时必须实事求是，是喜说喜，是忧说忧；不夸大成绩，不缩小缺点。只有坚持这个原则，老板才会了解到真实的情况；也只有坚持这个原则的员工，才是诚实可靠、值得老板信赖的下属。

出现报喜不报忧的情况，固然与下属有关，但更多地是对老板自身素质的一个挑战。但是，我们不能不承认，员工和下属要想改变老板的素质，往往是很难做到的，因为提高老板的素质是一个长期的过程。因此，作为一个成功的老板必须采取一定的措施来提高自身素质。著名的成功学家拿破仑·希尔给我们提出了以下几个建议：

首先，领导者要做到闻过则喜，宽容地面对报忧的下属。人都有自己的弱点，喜欢听好话本不是什么太大的缺陷。但作为领导干部，喜欢听好话甚至只喜欢听好话，真话就很难出现了。如果我们的官员都能做到不文过饰非，不好大喜功，而是闻过则喜，就能够从别人的不同意见中得到收益。

但是对于我们大多数人来说，听进去赞扬容易，听进批评却难，在这方面古人所说的"良药苦口利于病"可以算作是对我们极好的一个告诫，所有的领导者都应该将这一点作为自己的座右铭。正确对待别人的意见，尤其是来自下属和人民群众的批评意见、反对意见甚至指责和非议，是保证领导干部能听到真话的关键。

其次，领导者要从自己做起，从自身的修养上下工夫，做到以真换真，以情寻真，用心求真。官真则民真，官假则民不实。只要我们的领导干部不讲假话、空话、套话，实事求是，下属和百姓就会感受到其真实、实诚和真挚，投桃报李，也会真诚以待。古人也告诫我们要"远小人，近君子"。人人都有七情六欲，都喜欢别人说自己的好话，但是作为一个企业的领导，更应该注意防止小人，对于过分亲近领导，热衷于讲好话、讲奉承话的人要慎重地对待。如果官员经常跟正直、坦率的人在一起，一方面经常可以听到各种不同意见，另一方面也就等于天天在做广告，在告知社会各色人等：我喜欢听真话，这将会对我们以后的事业有很大的帮助。反之，如果天天跟热衷于讲好话的人在一起，被奉承包围着，人们就会据此以为他不愿意听真话，不喜欢批评，不喜欢反对意见。如果领导长期生活在这种氛围中，一旦出现危机，往往是最后一个知道真相，因而错过第一时间补救的机会，很可能造成大局失控，得到公司倒闭的恶果。

有的人在向上级汇报工作时，将成绩、好的方面浓墨重彩，极力渲染，对问题和缺点则轻描淡写，讳莫如深，千方百计地隐藏起来，使领导者无法全面掌控公司的情况。公司领导处理这类事情时要谨慎。

4. 怎样管理有后台的下属

前面已经介绍了不少不同类型的下属，但是同前面这些刺儿头下属相比，另一种下属更加与众不同和难以处理：就是有一定后台的下属。他们往往与一些可能支配到你的权力人物有着千丝万缕的联系，这些人可能是老板的里亲外戚，可能是顶头上司的亲朋故友，可能是某个政府领导的子女，也可能是企业重要关系户的嫡系人马。如何管好这类人物，督促他们遵守企业的规章制度，有效发挥潜力，是对管理者的一大挑战，也是检验管理能力的一块试金石。他们虽是下属却有着压过你的派头，你不但不能随便处罚他们，还要时时处处地退让和维护他们，在他们面前作为领导的你，要在他们身上使用领导者的权威似乎不会一帆风顺。但是有后台的下属又是我们不能回避的一个问题，特别是在市场经济活跃的今天，多几个后台对企业并没有坏处。那么，部门经理应该怎样管理他们呢？这就需要具备我国著名的人力资源专家张晓峰提出了一个建议，对于这样的下属，不妨"设局"，在其入职之初，即在同事中造声势，肯定其地位，满足其虚荣心。同时，让他们做自己感兴趣的事，任人所长。将真诚的态度和世俗的人情"手腕"相结合，去打动他们。另外，我们常常不假思索地厌恶这种靠裙带关系进来的人，有时忽略了他其实也是一个能做事的人。

晓菊是一家大企业的CEO，她的部门中有一个下属是公司董事的小姨子，这个女孩多愁善感，总是沉迷于古龙武侠中才子佳人的恋爱故事中，一直以其中多情的女主角作为自己效法的对象。晓菊的评价是"这个女孩太多情了，每天都花很多时间处理感情问题，根本无心工作"。但是显然晓菊是一个足智多谋的领导，干脆不给她任何工作做，而是让她做起了自己的公关和情报员，派她利用特殊的身份去沟通本部门和各部门的关系。而且晓菊在处理相互之间的关系上也下了一定工夫，在与女孩的沟通上，都是首先了解她的想法，并开诚布公地谈出自己对她的看法；其次再跟她的姐夫商量，即公司的股东谈，由他出面来解决很多问题。后来，在晓菊的努力下，姐夫帮助晓菊对其小姨子做了不少工作，减少了晓菊工作的难度，从此这位下属从难管的角色成为了她得力的助手。

西方的一个管理学家还专门针对这种情况总结出处理有后台员工四大必杀绝技。

（1）"捧杀"

针对这类人，既不管他也不理他，任他自我发酵自我膨胀，让他在得意忘形中忘乎所以，彻底暴露其全部弱点，最后自己拔掉"安全阀"，最终引火自燃。

（2）"淡杀"

在管理过程中，管理者在实施领导行为时，要以制度为依据，适度宽容，制定出有针对性的管理举措，必要时还需统一列出一个该类人员的花名册，独立对待，独立"盯紧"。但要注意的一点是，除了确实是知情达理的人，对这类人应该"平淡"相处，有的还应该"冷淡"处之，切不可过分靠近。即使这类人在工作中出成绩了，也只能适度表扬。因为这种"淡"是管理者与之相处的正确之道，也只有适度的"淡"，与有后台的下属适当保持一定的距离，才是一个明智的选择。

（3）"柔杀"

员工犯错了，批评和正确处理是领导者的责任。如果这类员工犯错，管理者没有妥善地处理好，就会触发其不正确的思想，加速其个人欲望的膨胀，而一旦这类思想在凝固，这种行为就会在这种层次定格，如果以后再犯同样错误而管理者忍无可忍对其批评的话，就会引发其强烈而畸形的反弹，形成尾大不掉之势。所以，对这类员工一定要公正地予以处理，并注意保全其面子，必要时可请其介绍人和家人做其思想工作，这一招对管理这类人有相当微妙的作用。

（4）"封杀"

管理这类有后台的员工首先应该从开始处抓起，对于能够拒绝接纳的人就尽量拒绝。对于实在难以拒绝的人，要视己实际，在刚入门阶段就要给他下马威，打掉他自以为是的心理；或者迂回前进，立时给他打上预防针，在新手见面会上公开告诉他：介绍你来的人是希望你为他争光，所以你要不负重望，给你的介绍人争气，不要让他的脸上无光。

正如古希腊一个哲人所说的，人天生就是不同的，也许在为数众多的下属中间有一两名与众不同的特殊人物，他们与一般下属的不同之处就在于他们背后有着很令人恼怒却又无奈的关系，处理这类下属是不少领导者很头痛的事情。

5.
明断下属的"小报告"

打"小报告"古已有之，那时候人们一般习惯称之为"进谗言"，意思就是说别人的坏话。在一个组织中，如果这种风气蔓延，则下属将互相猜忌，人人自危，对企业团结有着致命的破坏力。所以，对领导者而言，这绝对是一个不容忽视的问题。

这种人自古就有，古人也曾经探索出处理这种人的几个有效方法。最重要的就是要求领导要有宽广的胸怀，并且还要有冷静的头脑，不仅要做到古人所说的"兼听则明，偏信则暗"，而且还要有非常好的判断能力。兼听是要求领导者听取不同的意见，以避免一面之辞的片面性。但在兼听的过程中，直言与逸言、规谏与拍马、真情与伪证很难分清楚。如果分不清是非真伪，逸言仍可在"兼听"的旗号下发挥作用。所以，在提出进贤、知人、兼听之后，人们又提出了另一条要诀：明断。

历史上曾经有一个关于梁惠王知人善任的故事：

梁惠王派李复率兵讨伐赵国，但李复的儿子李思正在赵国当官，并且很得赵国国君的信任。李复军队围困住了邯郸，国君命李思上城喊话，要李复罢兵，李复不听，反劝乐舒及国君早日投降。然而，就在这期间，梁国都城已沸沸扬扬。"大报告"、"小报告"都堆到了梁惠王的案头，几乎众口一词认为李复是为了自己儿子的安危而贻误国家的大事，要把李复撤职查处。但梁惠王对此一概置之不理，相反，还特意派人送酒肉到前线劳军。后来攻城的时机成熟了，李复一举平定了邯郸，班师回国。他的儿子李思则被赵国国君烹杀了。李复回到梁国，梁惠王送他一叠奏折，里面装满了李复兵围邯郸期间送到梁惠王手中的各种攻击李复的材料，这使李复大受感动。

从这件事中可以看出明断在其中的重要作用。如果梁惠王缺乏明断，面对一大堆攻击李复的材料不知所措，疑云暗生，或者真的把李复撤职查处，后果就不堪设想了。梁惠王之所以能做出明断，当然是同他对李复的了解、信任，以及他对战局的正确判断分不开的。

提到明断就不能不提英明的汉武帝在晚年犯的一个严重错误。晚年的汉武帝，疑心极重，以为周围的人都要害他。江充为了私利，利用这一点，制造了一起冤假错案，最后冤案造到了太子头上，说太子诅咒武帝，并在太子宫中挖出了事先安置的木偶。太子说不清楚，恼恨江充，便把他杀了，但是太子最后也被汉武帝杀了。这个教训无疑是惨重的。

这种情况不只是古人会遇到，当今，人们在日常工作、学习、生活中几乎无处不在。它的存在其实是有一定依据的。现实生活中，有许多领导偏爱这种打"小报告"的人，他们把这些人当作自己必不可少的得力助手，甚至作为单位的中流砥柱，这些领导们了解单位职员的情况大都来自这些人的"小报告"。并且他们认为，这种获知下属的途径实为一条便捷之道。殊不知，天长日久，他们已与其他下属之间出现了一道鸿沟，经"告密者"传递的信息经过"改编"已面目全非，因此这些领导得到的情况未必是真实情况。

要想正确处理这种情况，领导者首先应当做到不被进谗者的雕虫小技所惑，这是领导者明辨是非的基础，而明辨是非对一个管理者而言又是一项重要的品质。要明白，喜欢打"小报告"的人确实有点小聪明，会耍些花招，但在真正办事能力方面肯定不会突出，否则他就不会去做探子、博上司的欢心。并且领导还应当明白，单位上下所有人对这种人除了讨厌唾弃外，再无其他的感情可言。

当然了，这种下属并不是一无是处，精明的领导不会重用爱告密的人，但可发挥他的这种特长，把他安排在一个无关紧要的位置用劳动锻炼他，使他懂得"成功从来无捷径，甘洒血汗苦用功"。每一位领导都应该牢牢记住：绝对不能提拔爱告密的下属，否则后患无穷。

另外，作为上司应该尽量营造一种宽松和谐的工作氛围，在处理类似事情时，作为下属的直接管理者应该主动从自己身上找原因，平时给下属广开言路的机会，加强上下级间的沟通。

社会是一个错综复杂的关系网络，作为网络中的环节，每个人都不能逃脱这个庞大的关系网。面对打"小报告"的下属，领导更要采取明智的处理方案。

6. 解决下属的拖延症

很多领导都有这样的经验，对自己的某个下属，你明明已经说过很多次，告诉他该什么时候完成自己的工作，但是他还是不能及时完成。原因到底在哪里？于是许多领导便直接喝斥批评下属，但是效果作用并不大。其实若没有深入了解下属的内心，而不断地去纠正他们的行为，反而会适得其反，让问题更为严重。面对这种类型的员工最好的办法是让他负起直接的责任，例如你可以让他担任某个项目小组的领导人，学会为别人承担责任。

面对凡事爱拖延的下属，一个好的领导者应该做到勤跟下属沟通。领导应该事先沟通准时完成工作的重要性，并提醒他们哪些地方因为时间关系而无法做到，最好可以事后再调整，这样可以减轻他们的心理负但。而在他们取得成绩时，哪怕是微不足道的小成绩，也不要忘记随时赞扬。通过赞扬会使下属的虚荣心得到满足，将会有利于开展工作，促进交流。对其不良行为和缺点也不宜直接予以否定，应采用委婉或幽默的方式谈出来，这样下属才易于吸取教训。事实上，在面对下属的任何问题时，都不应只看其外在的行为，而应深入了解其心理层面的因素，这样才能对症下药，解决问题。

美国著名的将军麦克阿瑟在其回忆录中是这样记载他在西点军校的学习

生涯的，他说"我接受的第一个观念就是，没有任何借口，不要拖延，立即行动！如果第一次我因疏忽或别的原因没有及时擦亮我的皮鞋，我以种种借口逃脱了惩罚，第二次、第三次……久而久之，至少在擦皮鞋这件事上，我可能就会养成寻找借口的习惯，而这些借口又会让我对擦皮鞋这件事无故拖延"。可见麦克阿瑟的经历不失为一个成功的例子。想想吧，如果不是擦皮鞋，而是在战场上，在修筑工事，在对敌冲锋……这样的习惯将会造成多么可怕的后果，但是将军后来克服了这个缺点，最终成功了。

其实，商场就是战场，工作就如同战斗。要想在商场上立于不败之地，就必须拥有一支高效的、能战斗的团队。任何一个企业家都知道，对那些做事拖延的人，是不可能报以太高期望的。

职场中，今天该做的事拖到明天完成，现在该打的电话等到一两个小时以后才打，这个月该完成的报表拖到下个月，这个季度该达到的进度要等到下一个季度，今年该完成的任务拖到明年。人们都有这样的经历，清晨闹钟将你从睡梦中惊醒，想着该起床上班了，同时却留恋着被窝的温暖，一边不断地对自己说该起床了，一边又不断地给自己寻找借口"再赖一会儿"，于是又躺了5分钟，甚至10分钟……凡事都留待明天处理的态度就是拖延，这是一种很坏的工作习惯。每当要付出劳动时，总会为自己找出一些借口来安慰自己，总想让自己轻松些、舒服些。

为什么有的人如此善于找借口，却无法将工作做好，这的确是一件非常奇怪的事。因为不论他们用多少方法来逃避责任，该做的事，还是得做。而拖延是一种相当累人的折磨，随着完成期限的迫近，工作的压力与日俱增，这会让人觉得更加疲倦不堪，这显然不是一个明智的选择。拖延的背后是人的惰性在作怪，而借口是对惰性的纵容。喜欢拖延的人往往意志薄弱，他们或者不敢面对现实，习惯于逃避困难，他们面对的目标和想法太多，导致无从下手，缺乏应有的计划性，另外有的人认为条件不成熟，无法开始行动也是导致拖延的原因之一，但更多的时候这被证明是一个借口。

我们常常因为拖延时间而心生悔意，然而下一次又会习惯性地拖延下去。几次三番之后，我们竟视这种恶习为平常之事，以致漠视了它对工作的危害。但是，拖延绝不是一种无所谓的耽搁。一个公司很有可能因为短暂的拖延而损失惨重，这并非危言耸听。

1989年3月24日，埃克森公司的一艘巨型油轮在阿拉斯加触礁，原油大量泄漏，给生态环境造成了巨大破坏，但埃克森公司却迟迟没有做出外界期待的反应，这在当时掀起了轩然大波，以致引发了一场"反埃克森运动"，甚至惊动了当时的布什总统。最后，埃克森公司不仅经济损失达几亿美元，而且形象也严重受损。

由此可见，拖延并不能使问题消失也不能使解决问题变得容易起来，而只会使问题深化，给工作造成更加严重的危害。本来很小的问题，会像滚雪球那样越滚越大，解决起来也越来越难。所以，作为一个企业的领导应警惕这方面的问题。

对每一个渴望有所成就的人来说，拖延是极具破坏性的，它是一种很危险的恶习，会使人丧失进取心。一旦开始遇事推拖，就很容易再次拖延，直到变成一种根深蒂固的习惯。

7.
妥善处理办公时间化妆的女下属

对于大多数女性来说，化妆是她们的一个天然爱好，当心情好时，她们喜欢化妆，这样自己可以更有心情；而心情不好时，她们更依赖面上的妆容，因为它们可以隐藏真实的自己，并在这个过程中打发掉令人不愉快的时光。对于女性职员来说，化妆就是生活的一部分，并且是不能缺少的一部分，从这个意义上来说，化妆就是她们的生命。

但是，不少女性职员往往无法控制住她们这种爱美的习惯。对于一个职业女性来说，在上班的时候打扮显然是一个令老板很不喜欢的行为，对于喜欢上班时间到洗手间化妆或者补妆的女性下属，不少领导者往往沉不住气，直接批评她们，但是效果并不好。怎么办？考验领导智慧的时机来了，对于这种情况，领导者大可不必一刀切地批评，应该分情况对待。如果那些女职员只是利用化妆的时间放松自己神经，并且占用时间并不很长，不会影响整个工作的进展，那么领导不妨支持。因为通过补妆，自己的女下属不但容光焕发，而且工作更有效率，领导何苦吃力不讨好地管制她们呢？但是对于那些上班时间经常去补妆，严重影响工作进展和效率的女下属，领导就不必要姑息她们，应该及时制止，否则很可能导致其他女下属效仿，造成工作上的损失。

2008年9月的一天，上海的一家著名心理咨询机构决定解聘他们公司的一名女秘书。本来解聘一个女秘书也不是一件什么大不了的事情，但是他们提出的这个解聘理由却很惊人：该秘书上班时间经常去化妆。这在当时的社会上引起了很大的反响。记者来到该公司，了解是否确有此事。该公司老总对此给予证实，并说："我们辞退她主要是考虑到公司的形象问题，她的这种行为影响很坏。"

该公司老总说，现在提倡建设企业文化，树立企业形象和品牌，容不得这样无视纪律的行为。公司是做生意的，做生意就得和客人打交道。作为公司的秘书，可以说是公司的形象大使，她的一举一动，对生意的促成很重要。顾客来了，见到你的秘书就倒胃口，还谈什么生意？谈不成生意，叫公司怎么活？公司不是要每个员工都必须潇潇洒洒、漂漂亮亮，我们只要求她注意自己的形象，上班时打扮一下、精神点，不要太邋遢，让顾客反感，这不但不过分，应该还是一个值得鼓励的行为，但是她在上班时化妆就有些不对了。

相对于男性来说，她们有着自己独特的特点，她们更爱美。许多女性职员会利用上班时间到洗手间化妆或补妆，这是一种自然和本能的反应，领导者应该注意并妥善处理这类事情。

8. 如何对待习惯迟到的下属

有的人经常迟到，而有的人一年当中可能就迟到一次，不同的员工不仅在次数上有着很大的区别，就是在迟到的原因上也差别很大。所以领导处理这些迟到者时，必须因人、因事而异。领导应先听听下属迟到的理由，以此来对他们的迟到做出处罚或是原谅的决定，而不是一厢情愿地意气用事。

有的下属会坦白地说明自己迟到的原因，如果说得符合事实并合情合理，并且也值得原谅，那么领导当然没有难为他们的理由。而如果下属的理由很牵强，而且又没有逻辑性，那么对这样的下属就应该提出批评，并且也要注意他们以后的行为，看是不是经常犯这样的错误。

当然通过对下属迟到原因的解读，领导者能做出很多事情来，细心的领导能发现更重要的信息，也就找到了一个展示领导关怀的T型台。比如有的下属解释自己的迟到是因为晚上睡不着，身体感到不舒服，早上到医院去了，那么领导就应该重视，问清楚下属病情是否很严重，能不能坚持工作。如果病情严重的话，就应该让其回家休息，以免病情进一步恶化。如果下属解释迟到的原因是家里发生变故，领导则应该及时地去安慰一下下属受伤的心灵。领导如果处理得合情合理，下属自然会心服口服，感激领导对自己的关心，工作也会更加努力，从而收到一举两得的效果。

美国密歇根大学成功学专家阿罗·汤姆森曾经在他的一本书中说了一个他亲身经历的事件，他说道："我曾经是一个部门的领导，并且亲自抓过员工迟到这件事情。迟到本来就是难免的事情，用不着大惊小怪。如果只是偶尔遇见一个迟到进厂的员工，他低着头斜着身子溜过去，我从不去责备，也不会呵斥他站住。"但是汤姆森又认为有两种迟到的情况总经理要亲自管：一是重要成员多次迟到，比如总工、财务总监、营销副总、采购经理等，你得亲自去了解他个人或家庭出了什么问题没有，或工作有无重大失误，还是有离职之意；二是整个公司员工迟到成为流行病，连续3～5天迟到率都不低于5%，那就是大问题，说明人心涣散。而在那一次他碰上的是第二种情况，太多人迟到，于是汤姆森通过明察暗访试图去弄明白公司普遍存在的员工迟到的原因。

他首先召开了一个企业中层干部会议，并宣布"从今天起，我是本公司的总经理，各位的工作该怎么做不要问我，我目前只抓这一件事。普通员工迟到我不管，我只管在座的各位，包括我一共八位。大家都不愿早早上班，说实话，我也不想。可以由八点上班改为十点上班，不会迟到了吧，但晚上八点下班（有人插话说太晚了），我还没权力把每天八小时工作制改为六小时，我们的效率也还达不到。从明天起，我只做一件事，管八个人的迟到问题。"

每天七点三十分他站在厂门口迎接员工上班。如果另外七位干部中有八点后到的，他会与之对表，看看是不是他的表出了问题。没必要说人家不对，傻瓜都懂得迟到不对。抓了一段时间后，迟到的现象就慢慢地消失了。

无论是在企业还是其他事业单位，偶尔的迟到都是无法避免的。正确处理这种局面，不仅对于整顿公司的纪律有很重要的作用，也是考验领导智慧的一个重要平台。

第五章

洞察人心术
——透过细节了解员工的心理

著名的成功学家拿破仑·希尔认为,要想掌握高超的用人之道,必先要做到知人善任。知人,指的是对人的考察、识别、选择,就是要了解人;善任,指的是对人要使用得当,就是要善于用人。知人善任,就是要认真地考察人才、了解其特长和不足,把每个人都安排到适当的岗位上去,使他们取长补短,充分发挥自己的特长。

1.
识别人才如同伯乐相马

谈话识人这种考察方法，是一种比较古老的识才方法，也是为实践所证明的一种有效的方法。但是在不同的时期、不同的国家，这种谈话识人的方式和内容都有明显的不同。

如何通过谈话识人，管理学家一般认为有两种有效的方法：首先是通过面谈识人，谈话使领导者面对谈话对象产生直接的亲身感受和较深的体验，从而避免各种外来影响和偏见。面谈的内容包括面谈对象的能力、经历、性格、心理、爱好、特长等。面谈时一定要做好面谈前的准备工作，对于谈话的内容，谈什么不谈什么，以及先谈什么，后谈什么，做到心中有数。面谈时应当注意保持头脑清醒，注意观察，善于捕捉对方无意间流露的各种线索，把谈话引向深处。

另一种有效的方法是通过开座谈会的方法对下属进行考察。具体又分两种座谈的方法：一是被考察者不在场，主持者提出有关问题，征求参加者的意见，做到"兼听则明"；二是被考察者在场，通过被考察者在会上的各种反应和表现来鉴别。座谈可采取自由发言的方式，这可以观察被考察者的各种反应：能否抓住问题的症结？提出的设想的数量与质量如何？对别人的意见抱什么态度？解剖问题的方法是否巧妙？思路是否灵活多变？知识的广度与深度如何？通过这些方面的观察，可了解其长处与短处，从而择优任用。

谈话识人可以是一对一的，也可以是一对多的，但总的来说，一对一最为可取。这是因为，个别谈话具有其他考察方法无法比拟的长处。倘若是选择者直接与被选者面谈，往往能准确地、直观地获得被选者的第一手资料，从而便于对被选者进行更准确的决断。由于是单个接触，交谈对象一般能消除顾虑，把想说的话尽量谈出来，从而做到知无不言，言无不尽。不足之处是：由于没有第三者在场，也容易使谈话对象随意掺杂一些个人恩怨。其次，目前绝大多数"个别谈话"仍然停留在传统的"定性为主"的低水平上，未能有意识地朝着"定量为主"的方向发展，做一些大胆的改革和创新；最后，是效率低，耗时多，如果连续交谈多人，其中势必含有大量的"重复劳动"和"无效劳动"，这需要我们努力避免。最好的办法是事前对谈话进行深入的设计，并在事后对谈话进行分析。

其实早在两千年前，我国古代的政治家诸葛亮就强调作为一个领导者必须善于知人。他在一篇文章中写道：不同的人"美恶悬殊，情貌不一"，"有温良而伪诈者，有外恭而内欺者，有外勇而内怯者"。他的意思是，人的真善美与假恶丑并不都是表现在情绪和脸谱上的，也不能从一般的表现上都看得出来。有的人看来温良敦厚而实际狡诈，有的人外表谦恭而内心虚假，有的人给人的印象勇不可挡实则是一个十足怯懦的人。面对这种情况，他提出了一系列的选拔人才的方法，如从达变、知识、勇敢、性格、廉洁、信用等一系列科学的方法来判断，这一套方法不仅被他应用于当时的实际管理任务中，而且对于后人影响也很大。可以说诸葛亮是我国古代杰出的管理学家，他的"知人"方法对于经营者在用人上是有很大帮助的。

诸葛亮的方法在很大程度上建立在谈话的基础上，正所谓"闻其声，可以知其心"。具体来说他的闻声之法分为以下几个步骤：

首先是"问之以是非，而观其志"。就是要求领导干部亲自与下属讨论对一些重要事情是非对错的看法，来观察他的立场、观点是否正确，对事物的把握判断能力到底如何。

其次是"穷之以辞辩，而观其变"。就是要求领导干部就工作中某些现实问题的处理意见同下属不断地进行辩论，提出质疑，以此来考察他的智慧与应变能力。

再次是"咨之以计谋，而观其识"。就是不断地向下级干部提出咨询，请他们对一些重大问题提出谋略和决策方案，以考察其是否有能力和见识。

最后是"告之以祸难，而观其勇"。即告诉下级可能面临的灾祸和困难，来识别其是否能临难而出，具有义无反顾的英雄气概。

今天，我们已逐渐建立起一整套行之有效的对干部进行日常考核、定期测评和群众评议的制度和方法，但是前人和外人的有益经验仍然是我们取之不尽、用之不竭的一笔宝贵财富，这些做法显然是值得我们借鉴和学习的。

> 俗话说得好，识才就如同伯乐相马，要勤于考察，要见微知著。谈话、识人是一种有效的考察方法，是最古老的识才方法，也是最长久的识才方法。

2. 从衣着服饰上看出人的性格

一个人的服饰风格往往会与其性格紧密关联。作为一个企业的领导者，如果能对这方面的情况有所了解，对于成功地管理企业将会起到事半功倍的效果。我国著名的心理学家蔡子明根据着装类型的不同，将人们分为以下几种不同的类型：

（1）套装型

这种类型的人中男士喜欢穿西装，女士喜欢穿套裙，一看就知道他们是做事有条不紊的人，事业永远是他们心中的首位。不过当他们做到很累时，如果你可以在旁给予支持或帮助的话，他们将非常感激你。当然，一些因为工作关系而穿着套装者例外。

（2）名牌型

这种人的一个重要特点就是买衣服只讲求名牌，非名牌不穿。这种人又可以分为两类：一种是娇生惯养，家里比较富有的；一种是家里并不是太富有，而要别人觉得自己是富人的人。这两种人的相同之处在于他们的自尊心非常强，非常爱面子。他们纸醉金迷铺张浪费，似乎钱在他们眼中一文不值，但其实对他们来说最重要的就是钱，因为没有大量的金钱，就无法支持他们的生活。如果与这类人在一起，一定不可以送便宜的东西给他们，因为他们真的很现实。

（3）运动型

这种人喜欢穿运动服装，也比较主动和积极。通常他们都比较喜欢运动，有毅力和恒心，就算失败了，也会很快振作起来，迎接下一次挑战，所以这类人很值得信赖。

（4）潮流型

这种类型的人永远站在潮流前沿，不管衣服是否适合自己的风格，总之今天流行什么，他们就穿什么。他们把自己埋没于多数人中，并乐在其中，以此捍卫孱弱的自我。一般来说，这种人不甘寂寞，性情多变，没有什么个性，也没有太多的优点。由于他们的自尊心强，很需要赢得其他人的认同，要得到这种人的欢心，就是要多鼓励他们。

（5）舒服型

喜欢穿T恤衫、牛仔裤的人比较随便，凡事最关心是否方便快捷，所以你会发现他们对衣、食、住、行都没有什么要求，他们对自己该穿什么从来不在意，来去总是那身装扮。这种类型的人同样缺乏主体性，也是体制顺应型，只要有可能，他们就想一帆风顺，终其一生。他们的优点是与人相处比较容易，正因如此，要令这类人喜欢你绝对不难，只要你对他们好，关心他们，他们自然会接受你。

在现实生活中，每个人不一定完全符合上面的要求，不过每个人都会有一种类型的服饰是自己的偏好。就算他们不注重衣着打扮，但也会买同类型的服饰。你不妨细心留意一下身边的人。例如，美国的一位服装设计师就进一步对服饰和性格之间的关联做了进一步的分析。他认为：

对白色衬衫有偏好的人：男性往往缺乏爱情，清廉洁白，是现实主义者；女性，尤其是年轻女性，往往希望自己年轻纯洁，能吸引异性，有好人缘并给人以别致的感觉。

喜欢穿细条服装的人：待人温和、自尊心强、往往有矛盾的内心和外在。

喜欢穿背后或两旁开叉的上衣的人：具有领导气魄且表现欲极强。

对运动服、牛仔装感兴趣的人：性格中不受拘束的成分多一些，我行我素，更为年轻、活跃、精力充沛。

喜欢穿宽松尺寸衣服的人：意欲掩饰身材缺陷，同时有扩大自己势力范围的欲望。

喜欢传统服装如中山装的人：庄重，性格含蓄，某种意义上说是传统保守型的人士。

喜欢T恤的人：虽树敌很多，却是努力求上进者。

喜欢穿粗条整套西装的人：一般对自己没有信心，但却爱好摆空架子。

喜欢穿西装的人：大多开朗、积极、大方、自信、交际广泛，属活跃型人物。

爱穿垫肩衣服的男士：意欲显示和夸大男性的威严，女性喜欢垫肩则是为了强调自己具有坚强的性格。

生活中人们的装束千变万化，丰富多彩。他们的穿着不只是由经济实力决定的，某种程度上也反映出他们的性格。

3. 背后闲话暴露出皇帝的新衣下的真实

古人说"谁人背后不说人，谁人背后无人说"。也许你本人就经常在说别人的闲话，有关专家研究显示，常在背后说人闲话是一种心理需求，也有助于减压。

什么样的人最容易被人议论？无非是优秀者和不幸者。优秀者通常先是被人艳羡，继而又掺杂着嫉妒。不幸者大家于唏嘘感慨中带着同情，同时又带着庆幸："自己还不是最差的"，这就是现在网上非常流行的"把你不高兴的地方说出来，让大家高兴一下的由来"。

不过现实生活中，人们热衷于或嫉妒或艳羡地论人短长，其实并非出于恶意，大多只是一种心理转移，目的是排解自己的压力。有调查显示，朋友、亲戚等认识熟悉的人往往是自己议论最多的人，而且许多是负面评价，但这不代表我们讨厌他们，相反我们却非常喜爱他们。但是，总是在背后说人长短，就是真有心理问题了。这类人的性格特点是抑郁、性格内向，天生猜疑、敏感、过分依赖别人，这种不健康的性格往往会形成人际交往障碍。

谁没有遇到过爱说闲话的同事呢？尤其在办公室里，这种人很普遍。有些人酒足饭饱喜欢拿别人开涮，有些人爱愤世嫉俗，看不惯就批评。后者固然要比前者友善，但无论是说哪种坏话的同事，当你知道坏话的对象是你时，该对他或她摊牌还是一如既往地与他们相处下去呢？

小吴是一家企业的新员工。他一毕业就进了这家知名的公司，羡煞了不少同学。小吴觉得工作环境十分理想，同事对他也很好。但后来，他发现办公室里那位漂亮的姐姐小马总在背后说他坏话。经打听得知，原来这位姐姐最大的爱好就是背后说人坏话，办公室里的每一个人几乎都被她说遍了。不巧的是公司结构重组，小吴和小马分到了一组。同事们都为小吴捏了一把汗，小吴自己更加不知怎样应付这位爱说人坏话的同事。后来小吴得知，原来是因为他年轻并且很受大家的喜欢，这引起了这位老员工的不满。

小吴的例子鲜明地说明了这样一个道理：办公室里被人"说闲话"的对象都是些"新丁"，他们或学历高，或技术好。一般这种人的出现，都会对办公室带来危机感，有人因此怕丢失自己原来所处的重要位置。从闲话中可以看出真实的信息，因此不管是领导还是其他的员工都应该从中吸取教训。

从其背后透露出的信息来看，遭人说闲话不一定是一件坏事。尽管遭人说闲话从感情上讲当然是件很痛苦的事情，但客观上讲，如果同事说的坏话的确针对你工作上的不足，这也是领导了解下属情况的一个窗口，当事人除了反省还应感激。当然了，不能一听到别人说自己坏话，就只顾在自己身上乱找缺点，对号入座。其实，不幸被莫须有的坏话套上时，首先就得把自己的自卑心理压下去，分清坏话的实质面目，不能动不动就举白旗。而作为一个领导者的责任就是不仅要在员工之间相互说闲话时，从中提炼出有用的信息，而且应该采取更加有效的措施在这个影响扩散之前将其破坏性的一面去除。

背后说他人闲话是人类的一种重要需求，排在吃饭、喝水之后，性欲之前。背后议论他人是一种比较普遍的现象，但是这些闲话却往往能够暴露皇帝新衣之下的真实情况。

4.
无声胜有声的身体语言

心理学研究发现：在两个人之间面对面的沟通过程中，50%以上的信息交流是通过无声的身体语言来实现的。相对于书面语言和口头语言来说，身体语言是国际性的，不同国家的人在语言不通的情况下借助身体语言能够进行交际。有些时候，身体语言足以表达所有的信息，语言反倒是多余的。其实有许多身体的姿势是世界性的，例如西方电影中常见身体姿势表示欣赏、理解、困惑、接纳、拒绝、傲视、防卫、敌对，在我国的电影中也通用。例如，卓别林的一些喜剧短片使用的全部是姿势、动作、表情等身体语言，照样被全世界所接受。

当然了，我们不能忽视文化对身体语言的影响，例如不同的民族对同样的身体语言有不同的理解，比如，当一个人表达同意对方的观点时，大多数欧洲人会采用点头微笑的方式，而不同意时则是摇头，但是在中东人们的表达方式却恰恰相反。

身体语言包括姿势、头部动作、面部表情、目光和其他用于交际中的身体动作。有专家提出，人能发出多达万种不同的身体信号，任何想将它们分门别类的企图只能是不自量力。所以，我们只能从传递交际信息的常见姿势中诠释一些行为代码与文化含义。

姿态动作的幅度和速度以及姿势和坐立习惯也能反映出不同的文化背景和心态。

第二次世界大战时期，德国人曾经组织过一群假的美国大兵，以袭击盟军的后方。他们找了几个在美国生活多年的德国人来训练和带领这些队伍。他们都能说漂亮的美国英语，几无破绽，队长特别提醒士兵们，要用英制单位，立正的时候千万不要磕脚跟，那是普鲁士风格的立正，美国人绝对不做。还有敬礼，一定要松松垮垮、吊儿郎当，不要太标准。这些假大兵穿上美军制服，到盟军后方去搞乱交通、破坏铁轨和电线，袭击油库，初期取得了一些战果，不过很快就被美国人发觉。一位美国军官曾问过他警惕的手下："为什么你能发现这些人是德国人？"该军士非常得意地说："咱们美国大兵超过半英里就一定要坐吉普车的，他们说自己是从3英里外走过来的，肯定是德国人了。"

不同文化在姿态动作上的表现常常导致交往失当，甚至会使交际完全中断。了解这些差异并采取必要的补偿手段，对于人们在跨文化交际中互相理解，避免误会，对于填平文化沟壑，无疑具有十分重要的意义。

有一个心理学家研究发现，人们通常使用的主要身体运动语言及其重要意义有：摆手：制止或否定；双手外推：拒绝；双手外摊：无可奈何；双臂外展：阻拦；搔头皮或脖颈：困惑；搓手和拽衣领：紧张；拍脑袋：自责；耸肩：不以为然或无可奈何。

在日常生活中，我们也经常使用身姿来进行沟通。如与上级谈话，我们的坐姿自然就比较规范，腰板挺直、身体稍稍前倾，有些人则干脆"正襟危坐"。如果我们对别人的谈话表示不耐烦，则坐的姿势就会后仰，全身肌肉的紧张程度就会明显降低。无论什么人在讲话，只要看一眼听者的姿势，就会明白他的讲话是否吸引听众。

身体语言是表达一个人内心世界的无声而真实的语言，它在人际沟通中有着口头语言所无法替代的作用。我们通常可以从一个人的身体姿态来推断出其学识、性格、社会地位和职业等。

5.
心灵的窗户，观其眼神以观其人

心理学家的研究告诉我们，人内心的隐秘、心中的冲突，总是会不自觉地通过变化的眼神流露出来。泰戈尔有一句话说得好：任何人"一旦学会了眼睛的语言，表情的变化将是无穷无尽的"。

在人的一生中，应用得最出色的要数目光语了。很多时候，人们能从眼睛中了解事物的大致面目来，因为眼睛乃"五官之王"。从医学观点来看，眼睛是人类五官中最敏锐的器官，它的感觉领域几乎涵盖了所有感觉的一半以上，比如说，人们吃食物时绝不仅靠味觉，同时会注意食物的色、香以及装食物的器皿等。如果在阴暗的房间里用餐，即使有可能吃的是鱼翅熊掌、燕窝海参，也会产生不安的感觉。相反，如果在一流饭店或餐厅用餐，用精致的器皿装食物，并重视灯光的调配，定会增加饮食者的胃口，吃得津津有味。可见眼睛在生活中的作用。

从某种意义上来说，眼睛似乎会说话，透过一个人的眼睛就能看出他心中所想。人的很多秘密往往是从眼睛中泄露出来的，这是每个人都很难隐瞒的事实。孟子曾在他的书中写道："存乎人者，莫良于眸子。"他认为只要能够读懂人们眼睛中的秘密，就不会被人欺骗了。眼神有动有静，有散有聚，有流有凝，有上扬，有呆滞，有阴沉，有下垂，仔细参悟以后，通过眼神必可使人情毕露。所以对于一个领导者来说，留意下属的眼神，并对其眼神中所透露出的信息正确解读，将会大大有益于管理。

我国历史上不乏成功地从眼睛识人的例子。有人就成功识破曹操的奸诈本性，曹操在历史上的名声并不太好，是著名的奸雄，但就他本人的才能而言，在当时也算得上是一个极其难得的人才。如果他不篡取王位，不显露本性，仍像未夺得朝政大权之前那样勤奋忠心地工作，俭朴地生活，说不定会成为一个流芳百世的周公式的人物。

曾任太子少傅的彭光看到曹操之后，悄悄对大儿子说："曹操神清而朗，气很足，但是眼神中带有邪狭的味道，专权后可能要坏事。我又不肯附庸他，这官不做也罢。"从眼神上来分析，"神清而朗"，指人聪明俊逸，不会是一般的人；眼神有邪狭之色，说明为人不正，心中藏着奸诈意图。于是上书，称自己"昏乱遗忘，乞骸骨归乡里"。曹操可能也感觉到彭光看出了一些什么，但抓不到把柄，只得恨恨地同意了他的辞官，却又不肯赏赐养老金。彭光回乡后数年就死了，通过归隐乡野而成功地避免了祸患。

一个成功的领导者，如果具有从眼睛中看透心理活动的本领，在管理上往往能够事半功倍，无往而不胜。总体上说，眼神清的人，通常比较清纯、澄明、无杂念、端正、开明。眼神浊的人，往往昭示此人昏沉、驳杂、粗鲁、庸俗和鄙陋。而生活中，常有那些仪表不俗、举止轩昂之辈，想一眼识破其所思所想，可能就比较困难了。美国一位著名的心理学家罗伯特针对这种情况提出了不少建议。他在一本书中分析道：

（1）下属目光呆滞黯淡，通常说明他是个没有斗志而索然无味的人，你可以努力激起他的工作欲望。

（2）下属目光忽明忽暗，说明他是工于心计的人，很难接受语言的诱惑。

（3）下属目光飘忽不定，通常表示这是个三心二意或拿不定主意、紧张不安的人。

（4）下属眼睛闪闪发光，通常表明对方精神焕发，是个精力充沛的人，对会谈很感兴趣，同时也意味着他是很难应付的人。

（5）下属目光炯炯有神，一般而言他是个有胆识的正直之人。

心理学家埃伯斯在《领导者如何了解下属的心理》一文中写道："假如一个下属眼睛向下看，而脸转向旁边，表示你被拒绝了；如果他的嘴是放松的，没有机械式的笑容，下颚向前，他可能会考虑你的提议；假如他注视你的眼睛几秒钟，嘴角乃至鼻子的部位带着浅浅的笑意，笑意轻松，而且看起来很热心，那么这个下属就值得信赖。"从眼睛识人，是一种领导者判断下属的良策。

俗话说"眼睛是心灵的窗户"，从一个人的眼睛中就可以大致读懂他。从眼睛的"窗户"向内心深处张望，就可以了解一个人的心理动向，所以，领导者应努力具备眼睛识人的能力。

6.
喜欢揭人之短的员工是公司的隐患

在公司中我们经常会遇到喜爱揭人短处的人，他们非常可恶，通常恶人先告状，令人很尴尬和难堪，尤其是他们还善于找"后台"来撑腰。这个"后台"就是支持他的某些领导，他们懂得怎样得到领导的重视，搜集小道消息或情报并传递给领导，让领导能更清楚地了解公司内的实际情况。这种人也许偶尔会对领导有作用，但是长此以往，会破坏公司和谐的气氛，从而影响公司的长远发展。对这种人不可鲁莽行事，如果作为上司去和这样的下属硬拼，那就正中他的下怀，聪明而且正确的做法是先冷静剖析事件形成的原因，再分析他的性格，以静制动，最后再找机会主动出击，分别找到相关人士做必要的沟通。

另外，作为上司应该尽量营造一种宽松和谐的工作氛围。出现这样的事件，作为下属的直接管理者应该主动从自己身上找原因，平时多给下属创造广开言路的机会，加强上下级间的沟通。

王丽芳是一家企业的文职人员，她性格内向，不太爱说话，不属于那种爱拨弄是非的人，可就某件事情征求她的意见时，她总是在揭别人的短，说话总是很刺人。

一次，老板交给王丽芳一个难度很大的任务，并向她事先声明"这件事难度大，你敢不敢承担，敢不敢接受挑战"。尽管王丽芳明白自己的实力，但她觉得在公司众人中，老板主动找她征求意见，说明老板器重自己，一咬牙就接受了。结果，由于老板给的期限较短，王丽芳没能按时完成任务，因此她遭到老板批评，并受到了经济处罚。

她感觉非常委屈也很气愤。王丽芳认为：既然任务这么艰巨，做不完本是预料中的事。自己当时那么努力，没做完也不该算是工作失误。

"老板真过分，这么短的时间里，让我干那么难的活儿，我都说做不了，可他非让我做，这老头太不近人情了。"事后，王丽芳跟身边同事都这么抱怨。结果不久，一个同事添油加醋地将这话传到老板耳中，并说她能力低下等等。一段时间后，老板又给她新任务，还好，这回她完成得相当顺利。正当王丽芳高兴时，老板又把一个难度更大的任务交给她。王丽芳无法完成，无奈之下只好走人。

这种爱揭人之短、喜欢打听别人秘密的员工，有点风吹草动便草木皆兵，防范心理极强。有点小事就爱添枝加叶，描绘得有声有色。若搜寻不到告密的"素材",就要兴风作浪,搬弄是非。对这类员工领导应当要妥善应对,消除隐患。

喜欢揭人短的员工非常喜好嫉妒,他们与其说从自己身上寻找快乐,不如说从别人身上寻找痛苦,这些人是公司中的隐患。

7.
慧眼识人,言谈举止看出人的本性

在日常生活当中,善于观察的人能从偏颇的语言中知道对方性格的特点,就像孟子所说:错误的言辞我知道它错在何处,不正当的话我知道它背离在何处,躲躲闪闪的话我知道它理屈在何处。其实从言辞分析其性格,说起来很简单,但是这其中却蕴含着很大的学问。

例如,有的人言辞锋锐,抓住对方弱点就不放手,但其看问题往往一针见血,能说到点子上,展现了其非凡的才能。如果领导在用人时,考虑他在这方面的优点,这种人就会成为公司中难得的人才。

有的人侃侃而谈,宏阔高远却又粗枝大叶,不大理会细节问题,这种人往往志大才疏。优点是考虑问题志向远大,善从整体上把握事物,大局观良好,缺点是理论缺乏系统性和条理性,论述问题不能细致深入,做事往往不能考虑周全。

有的人不屈不挠、公正无私、原则性强、是非分明、立场坚定,缺点是处理问题不善变通,显得非常固执。这种人如果巧妙地运用,往往也能够发挥巨大的作用。

有的人知识面宽,随意漫谈也能旁征博引,各门各类都可指点一二,显得知识渊博，学问高深，正像古人所说的"才高八斗"。这种人的缺点是脑子里装的东西太多，系统性差，往往眼高手低，如能增强分析问题的深刻性，会成为优秀的，且博而精的全才。此外这种人往往反应不够敏捷果断，属于细心、长于思考型人才，如能加强果敢之气，对新生事物持公正而非排斥态度，会变得从容平和，有长者风范。

有的人接受新生事物很快，听到新鲜言辞就能在日常工作中活学活用。缺点是没有主见，独立性不强，如能沉下心来认真研究问题，形成自己的一套思路，无疑会成为业务高手。

有的人独立思维好，好奇心强，敢于向权威说不，敢于向传统挑战，开拓性强。缺点是冷静思考不够，易失于偏激，可利用他们做一些有开创性的事。

有的人言语温润，性格柔弱，不争强好胜，不轻易得罪人，可以说是一个老好人。缺点是意志软弱，胆小怕事，雄气不够，怕麻烦，如能增强毅力，知难而进，勇敢果决，会成为一个刚柔相济的人。

单单了解以上这些语言与性格之间的关联是不够的，关键是要活学活用，正如一位德国著名哲学家所说"对于一个优秀的人才来说，单单掌握理论是不够的，重要的是将这些理论化为现实的力量"。对于一个领导者来说，其在这方面首要的步骤是，学会如何从谎话中识别人。

小时候父母就教导我们，不要说谎，并反复告诫我们，说谎是人变坏的开始，但是不论是生活中还是工作中说谎都是很难避免的。这种说谎的艺术随着年龄的成长而日渐成熟，小时候我们说谎时明显会用手遮住嘴巴，并且脸会羞愧地变红，潜意识里想阻止谎话从嘴里出来，长大后这种手势则变得精练而又隐蔽。许多成人会用假咳嗽来代替，还有的则用大拇指按住面颊，或用手来回抹着额头。女性说谎最常见的是用手撩耳边的头发，似乎企图把不好的想法撤开。再如，你去同事家串门，尽管主人表示欢迎，但却多次看表，那表明此时你的来访打扰了他；告别时，尽管他再三挽留，而身体准备从沙发上起来，眼光瞟向门边，则表明你的离开是时候了。

心理学家研究证明，一个人说谎时，身体就会呈现出矛盾的信号：面部肌肉不自然，瞳孔收缩与放大，面颊发红，额部出汗，眨眼次数增加，眼神飘忽不定。尽管说谎者总是企图把这些信号隐藏起来，但是往往很难如愿，而且一个人在电话里说谎比当面说谎要镇定从容。根据这一特点，老板在与下属谈话时应该尽量当面谈，与下属面对面，目光直视，这样就会让其体态语言暴露无遗，很容易看出他是否在说谎。在谈话时不让他有身体的依傍，从而解除他的防备心理，这样会使他谈话时坦白一些。

有时，对方谈吐的速度、口气、声调、用字等，都蕴藏着极为丰富的第二信息，撩开罩在表层的面纱，能探知一个人内心的真实想法。一般来说，如果对方开始讲话速度较慢，声音洪亮，但涉及核心问题时突然加快了速度，降低了音调，十有八九话中有诈。因为在潜意识里，任何说谎者多少有点心虚，如果他在某个问题上支吾其辞，吞吞吐吐，可以断言他企图隐瞒什么。倘若你抓住关键的词语猛追不放，频频提问，说谎者就会露出马脚，败下阵来。

在这方面，我国晚清杰出的政治家和军事家曾国藩就是一个很好的例子。他指出，人的言辞往往流露了一个人的本性。他在日记中记载道："天地之所以不息，国之所以立，圣贤之德业，所以可大可久，皆诚为之也。故曰诚者物之终始，不诚无物。"对一般人来说，"知己之过失，即自为承认之地，改去毫无吝惜之心，此最难之事。豪杰之所以为豪杰，圣贤之所以为圣贤，便是此等处磊落过人。能透过此一关，寸心便异常安乐，省得多少瓜葛，省得多少遮掩、装饰、丑态"。

至于用人之道，曾国藩指出："观人之道，以朴实廉介为质。有其质而附以他长，斯为可贵。无其质，而长处亦不足恃。甘受和，白受采，古人所谓无本不立，义或在此。"可见曾国藩着重强调从言谈举止之中去分辨一个人，他进一步分析道："将领之浮滑者，一遇危险之际，其神情之飞越，足以摇惑军心；

其言语之圆滑，足以淆乱是非，胡楚军历不喜用善说话之将。"

由以上可见，曾国藩观察人才时，以朴实廉正耿介为最本质的标准。有了根本再使其有其他特长，这就是难能可贵的。没有根本，其他特长也不足倚重。甘甜的味道容易调和，洁白的底色容易着彩，古人所说的没有根本不能成器，就是这个意思。

作为一个领导要认真学习曾国藩用人、识人的艺术，更要用真诚之心自我约束，虚心与人相处，这样公司的事业就会蒸蒸日上。

人的言辞往往流露出一个人的本性，通过言谈举止来分辨下属是一个最直接也最经济的办法，同时也是一种复杂的艺术。

8.
自言自语背后的不自信

我们每一个人，每一天都在自己跟自己说话，跟自己交流。虽然绝大多数情况下并没有出声，并没有念念有词，但除了没有动用声带以外，和有声的自言自语的区别并没有你想象得那么大。我想，没有人会把一个人思考时的那种"自己跟自己说话"看成不正常。

人是一种有思想的动物，同时又是一种社会动物。虽然在男人心情莫名不好的时期中，很多男人不那么"社会"了，这主要是因为，男人在相对不自信、自我感觉不好时，非常忌讳让别人知道或者看出自己和自己力求维持的形象的不同。但是，他的大脑并没有闲着，而且，因为人有思想、有语言、有倾诉和交流的心理需要，还会在自己一个人的环境内造出一个"社会"来，于是就有了自言自语。这不奇怪，你看唐代大诗人李白，明明是一个人喝闷酒，还要"举杯邀明月，对影成三人"，把一人独饮变成一个酒会。只可惜，我们多数人没有李白那么浪漫、洒脱。

但是有人可能因自言自语的习惯，导致无法与组织、团体中的其他人相处。总之，一个自信的人，绝不会自言自语。首先，我们要搞清楚什么是"自言自语"。这种人往往需要与他人交流和沟通，否则，自己最基本的心理需求得不到满足，郁闷得不到排除，就会"憋"出各种各样的问题。这些问题的初期症状最容易在小有所成的男人中年人身上出现，从另一方面来看，对于这些人来说，也许是一件好事。它就像一面镜子，能帮助我们注意到自己忽视了什么，从而及时做出调整。

一般来说，一个人自言自语正常与否，不取决于是否出声，而是在了解该人的通常习惯和特点的基础上，注意它与该人本身的"个人正常值"之间的变化的大小。比如，一个人从来不出声地自言自语，而近来却经常不由自主地自言自语、唠叨不停。这种行为和他通常的"个人正常值"出入太大，那么就有可能是问题的体现。或者，自己那不出声的自言自语，频率变得越来越勤，也越来越激烈，可能搞得自己烦躁不堪，甚至有了头疼、失眠、失去食欲等生理症状，那么这种情况就必须引起重视了。心理学将这种无声的、越来越勤、越来越激烈的自言自语称为"思维爆炸"。

南方一家电视台有一个著名栏目的主持人就有这个毛病。他是一个观众非常喜欢的主持人，但是不知道为什么，每一个月他都会有那么几天经常自言自语，感觉浑身不自在、不舒服。有时没声，有时有声。其他人看到了都觉得非常别扭。比如去买菜、遛弯时自言自语，被别人看到自己嘴在动，有时甚至出声，难免让人觉得这人有毛病。本来这个主持人没在意，但因为别人的反应，他也开始觉得有点不对劲。而且他还发现，有时自己会在自言自语中把自己的情绪"说"坏，把自己"说"伤了，让自己烦躁不堪，甚至有了头疼、失眠、失去食欲等生理症状，搞得自己非常憔悴。

后来这个主持人多次去看医生，医生的诊断结果是他的压力太大需要放松，这些症状表现显然是他生活中的一些其他问题。这个主持人其实自己也非常清楚自己的症状是因为工作压力很大，但是没有太多应对压力的办法。同时，他也没有好朋友可以任他宣泄，在人际交往和交流沟通方面也比较胆怯。电视台的领导了解了这个情况后，主动去找他谈话，并给他打气和减压。经过领导的开导和鼓励，后来他慢慢地克服了这个毛病，以更加高昂的斗志投入到工作之中。

观察爱自言自语的人，我们可判断出，这种人多半是不自信、自卑感很强，易受他人影响的人。

9.
人前炫耀是一种自卑

在生活中我们经常会碰到这样的人，他们非常喜欢人前人后地炫耀，或者是其身上穿着的名牌服装，或者其才华横溢的能力，或者其出色的工作业绩。总之，炫耀的东西多种多样，而炫耀的情况会因男女而有差异。

对于一个男性来说，他经常炫耀的对象主要分为智能与体能两方面。例如职位、工作能力、学历、成绩等，这些是智能上的炫耀；而体能上的炫耀，则以爱好某项竞技运动等为主。而女性炫耀的对象，则有关服装、化妆品、丈夫、男朋友、孩子，甚至男性对自己的好感等。更有甚者，没有可炫耀的对象，就搬出自己的亲戚朋友，甚至只有一面之缘的人，也成为其炫耀的内容。

这种种表现，其中有的是"自卑情结"引出的"自卑补偿"。自卑情结一般是在人幼年时种下的。孩子的认知像一张白纸，"笨蛋"、"残废"等一种种有关自尊的伤害，都会在他的心灵里扎根，长出自卑的树来。"自卑情结"植根于人的潜意识中，很可能连他本人都没有意识到，但它总会有所表现，有的直接表现为退缩，有的却与之相反，表现为更加争强好胜。心理学家阿德勒称这种现象为"自卑补偿"。

"自卑补偿"让很多人获得了成功。比如，拿破仑、纳尔逊身材矮小，但却在军事上大有作为；阿德勒，自小驼背，在蹦跳活跃的哥哥面前自惭形秽，但他却奋发努力，在心理学上成果辉煌。但有的"自卑补偿"却让人陷入了种种心理障碍。

王某在一家民营公司工作，在工作之余，她喜欢夸张地炫耀。父亲只是厂里车间一个班长，她却说他是厂领导；妈妈是街道干部，她说她在政府部门担任要职。所在部门若有活动，她便指手划脚乱指挥，好像只有她最能干；工作上总喜欢和别人争论，而且不占上风不罢休；同事聚餐，她抢着点菜买单，而且还会把菜谱介绍得有声有色。

据了解，王某小时候因是女孩而不被父母喜欢。小学三年级时，因拿了邻居家的手表而受到父母的打骂。尽管她认识到了错误并进行改正，但事后父母仍揪住此事不放，一旦她稍有不对，就讽刺她，还在左邻右舍面前令她难堪。

在这个案例中，王某小时候父母的责骂与毒打、社会舆论的评头论足、说长道短，都增加了她的心理压力，诱发了她的自卑心理。她之所以总想表现出博学多识，永远都正确，喜欢与持对立观点的人辩论，是因为消极的自我暗示在她的潜意识中总是不断地出现，让她不由自主地想在炫耀中或与别人的冲突中证明自己的价值。

虚荣心理的产生往往是那些缺乏自信、自卑感强烈的人进行自我心理调适的一种结果。某些缺乏自信、自卑感较强的人，为了缓解或摆脱内心存在的自惭形秽的焦虑和压力，试图采用各种自我心理调适方式，其中包括借用外在的、表面的荣耀来弥补内在的不足，以缩小自己与别人的差距，进而赢得别人对自己的重视和尊敬，虚荣心便由此而生。

几乎每个单位中都会有这样的炫耀型员工，他们时而过火的炫耀会让同事和管理者哭笑不得。管理这类型下属的原则是你不必动怒。因为自以为是的人到处皆有，这很正常，不必多虑。要知道，一个人就是有再多的才能也不会在各个方面超过所有的人，谁都既有长处又有短处。

对于这类下属，首先应仔细分析下属这样表现的真实用意。一般下属只有在怀才不遇时才会表露对上司的不满。如确实如此，就要为之创造条件展现其才能。当重担压在肩头时，他便会收起自己的傲慢态度。

如果他的炫耀确属自己的性格缺陷，可以旁敲侧击地提示他，而不必直接用"穿小鞋"的行动压制他。因为他们会越压越不服，长久下来，矛盾会越来越严重。对不谙世故者可予以适当的点拨，语重心长、有理有据的谈话可以改变对方的认识。

每个人多少都会有表现欲，最常见的就是在日常生活中炫耀自己，但是这种人前的炫耀往往是与其自卑联系在一起的。

第六章

换位思考术
——忧他人之忧，乐他人之乐

作为一个企业的领导者，经常会碰到这样的情况，许多下属工作缺乏应有的热情，尽管自己处处为下属着想，但是许多人并不领情，总爱和领导玩"猫捉老鼠"的游戏。这些现象的背后，其原因是错综复杂的，但究其根源，是企业的领导没能站在下属的角度来审阅公司的发展战略和自己的领导方式，不曾认真去了解下属在战略贯彻执行和公司发展过程中看到什么、想到什么，更没有真正去了解每位下属需要什么。

1.
营造融洽而有人情味的和谐氛围

作为企业的领导者,不妨在紧张的工作之余走出办公室,到下属那里转一转,去拍拍他们的肩膀,或者递上一支烟,关心一下他们的工作和生活。无论多忙,你都要定期抽出时间与下属沟通交流,你可以召集一些下属中午和你一起吃盒饭或者喝个下午茶,你也可以采取一对一、面对面的方式与他们沟通。只要你用心了,形成了习惯,一段时间后,下属的工作积极性就会调动起来,你就会得到意想不到的收获。

上面所说的就是所谓的情感管理,但是情感管理也不是一件简单的事情,作为一个领导者,进行情感管理还有一些技巧和方法需要遵循。在现代快节奏、高压力的职业环境中,贴近下属的内心生活越来越重要,但如何进行情感管理,真正地想下属之所想,急下属之所急,为他们排忧解难,从而激发下属的积极性,管理学家给我们提出了不少好的建议。

首先要尊重和认同下属,这是情感管理中最重要的部分。在现代企业中,员工的自尊心都比较强,希望被尊重和认同成为他们工作是否快乐的最基本要素。很多企业都在企业文化中强调"以人为本",其实以人为本就是要把所有人都视作公司大家庭中的一员,要公平地对待他们,要关爱他们,要让下属感受到被重视。具体来说就是要真诚地关心下属,不要靠发号施令和权威来管理下属。现在很多企业都崇尚民主化管理,实行"职务无称谓"制度和"平等共事"的机制,原因也正在于此。

作为一个公司的领导要衷心地让下属感受到被重视。奥地利著名心理学家阿德勒说过,"人类本质中最殷切的需求就是渴望被肯定"。在工作中,作为管理者要经常给予下属最真诚的认同和肯定，要让他们时时感受到来自上层的重视。当他们做出成绩时，要让他们感觉到上级是重视自己的，这样下属一定会有更高的工作激情。如果下属做出了成绩，管理者没有什么表示，既没有物质激励，就连几句勉励的话都没有，下属肯定感觉不到重视，必定不利于以后的工作。

甲骨文公司是世界领先的信息管理软件开发商，因其复杂的关系数据库产品而闻名。该公司放权给每一个人主导自己的工作，所以企业领导的官僚作风比较少。公司中没有严格的制度，每个人上下班的时间基本上由自己决定。即使是高层领导、部门经理基本上也没有"特权"，依然要自己回复电子邮件，自己倒咖啡，自己找停车位，甚至每个人的办公室基本上都一样大。

该公司实行"零隔膜政策"，也就是说，任何人可以找任何人谈任何话题，当然任何人都可以发电子邮件给任何人，哪怕是领导。一次，有一个新的下属开车上班时撞了查理·菲利普停着的新车，她吓得不知所措，急忙问部门经理该怎么办，部门经理给她的建议是只要给菲利普发一封电子邮件道歉就行。于是她战战兢兢地发出了电子邮件，在之后的一小时内，菲利普不但回信告诉她别担心，只要没伤到人就好，还对她加入公司表示欢迎。

这个女职员后来对菲利普非常感激，于是她发奋地工作，经过不懈的努力终于做到甲骨文的副总裁，后来成为菲利普强有力的助手。由于她的努力以及在管理方面的得心应手，终于让查理·菲利普得以从捉襟见肘的管理状态中逃脱出来，成为一名专职的程序员。她的出现可以说为甲骨文增添了更多的活力与激情。可以说正是由于菲利普的宽容和平易近人的风格打动了这位女职员，最终使她成长为一个杰出的企业领导者，为甲骨文公司的发展开辟了一个新天地。

此外，在一个现代企业中创造一种沟通无限的工作氛围，也是非常重要的。现代企业应该营造一种自由开放、人人平等的氛围，除企业正规的交流途径之外，公司要鼓励各种自发、非正式的交流沟通渠道，这将会大大地减少下属之间、部门之间的误解和隔阂，形成一种积极而和谐的人际关系，增强企业的凝聚力和创新能力。

现代企业管理已进入到一个以人为本的管理新时代，其重要内容不再是板着面孔式的条条框框的限制，而是一门融进了管理者对员工、对事业献身精神的独特的艺术。比如，通用公司像一个和睦、奋进的"大家庭"，从上到下直呼其名，无尊卑之分，互相尊重，彼此信赖，人与人之间关系融洽、亲切。公司的最高首脑与全体员工每年至少举办一次生动活泼的"自由讨论"。

1990年2月，克莱斯勒的机械工程师阿诺德·汤姆在领工资时发现少了300美元，为此他找到顶头上司，而上司却无能为力，于是他便给公司总裁写信。总裁认为这不是一件小事情，他后来说道"我们总是碰到令人头痛的报酬问题，这已使一大批优秀人才感到失望，而现在这种情况不能持续下去了"。于是立即责成最高管理部门妥善处理此事。

几天后，公司补发了汤姆的工资，事情似乎可以结束了，但他们利用这件为员工补发工资的小事大做文章。第一是向汤姆道歉；第二是在这件事情的推动下，了解哪些"优秀人才"待遇较低的问题，调整了工资政策，并向当时著名的《纽约时报》披露这一事件的全过程，在美国企业界引起了不小轰动。

事情虽小，却能反映出克莱斯勒公司的"大家庭观念"，反映了下属与公司之间的充分信任。从这方面看，克莱斯勒之所以能够在美国这种激烈竞争的环境中生存下来，并长期屹立于美国汽车业的三巨头并非是偶然的。

在处理与下属的关系中，做好情感管理是关键，精明的管理者会恰当地处理好与下属的关系，对于下属要找出机会和时间与他们拉近关系，鼓励他们、关心他们、感动他们，在公司营造一个融洽而有人情味的和谐氛围。

2. 提高效率的下属帮助计划

下属帮助计划又称下属心理援助项目、全员心理管理技术（简称EPA）。原来是由美国人发明的，最初用于解决下属酗酒、吸毒和不良药物影响带来的心理障碍，后来它成为企业为下属设置的一套系统的、长期的福利与支持项目，旨在帮助解决下属及其家庭成员的各种心理和行为问题，提高下属在企业中的工作绩效。

现代社会是一个"以人为本"的社会。高压下的下属不可能释放出最大的潜能；高压下的下属肯定缺乏创新精神；高压下的下属不可能真心实意地为企业着想；高压下的下属出错率、事故率、工伤率都会成倍增加。如今的企业所担负的责任不仅是获得利润，还要为社会做贡献，为下属谋福利，企业也有责任给下属减压。这不仅是为了下属的个人利益，也是为企业自身的发展提供动力。西方许多企业正在不惜人力、财力为下属减压做努力。他们知道，尽管这是一项很大的投入，但在这一点上获得的竞争力特别有利于企业的长治久安与稳步发展。

因此作为一个成功的企业应该在减轻员工压力上下一番工夫，在管理学上企业的这些行为被称为下属帮助计划。下属帮助计划（简称EPA）。最初用于解决下属酗酒、吸毒和不良药物影响带来的心理障碍，后来被用来调整所有人的心态、生态、形态和状态，也就被顺利地引入企业管理之中。正如美国管理家希尔斯所说的EPA不仅是下属的一种福利，同时也是对管理层提供的福利。下属心理援助专家可以为下属和企业提供战略性的心理咨询，确认并解决问题，以创造一个有效、健康的工作环境。

通过改善下属的职业心理健康状况，能给企业带来巨大的经济效益。美国的一项研究表明，企业为 EPA 投入 1 美元，可为企业节省运营成本 10—20 美元。

做好 EPA，给下属减压是一个比较复杂的技术，但是具体来说主要分为两点：一是提供良好的环境氛围，如今的和谐社会建设就是缓解压力的极佳的环境氛围。二是提供专门的技术性服务。在美国，EPA 协会首先是研究压力的一个专业机构，专门对压力给企业、社会带来的一系列问题进行研究，同时也对企业起到一定的指导作用。

简单地生活、任劳任怨地工作——长期以来，这是公司的模范员工，然而不久之前，上海一家公司的员工小王加班时猝死，在全国引起轩然大波，"过劳死"的话题再次引起人们的注意。风波过后，新的思考开始出现：面对竞争越来越激烈、压力越来越大的工作环境，我们是否该考虑为下属减压？其实这种情况不仅中国有，世界很多国家都意识到这个问题，并且出台了各种措施。

在美国人的常规意识里，工作和生活是绝对分开的，个人生活不应被工作打扰。尽管如此，很多美国公司还是有心理热线和法律热线，下属有问题时，即使是一些私人问题，都可以随时寻求帮助，而且绝对保密。硅谷的很多公司会主动安排活动，让下属感到在这里上班很愉快。比如苹果公司总裁每月安排一次午餐会与下属沟通；Jave 公司将每周的一天下午定为下属社交时间，夏季还会组织烤肉聚餐和海滩娱乐活动；雅虎公司则在公司内提供按摩、剪发、洗车、换机油、看牙等服务。

但是近年来，随着经济竞争加剧，为了保住工作，很多美国人开始加大工作强度，到点不下班或周末加班越来越普遍，这也使得减压和过劳死这样的问题受到越来越多的关注。很多老板开始意识到，要想让下属踏实尽心地工作，提高工资并不是唯一的手段，帮他们减压也是很重要的一个方面。

针对这些新情况，美国的一些公司及时采取了措施，其中最重要的就是弹性工作制度。这种制度近年来也被我国的部分机构所采用。这种制度始于20世纪80年代，很多公司为了让下属既完成工作又能安排好生活，在保证每天8小时或每周35小时工作时间的前提下，让他们自行确定上班时间。2006年的统计显示，全美有29.1%的男性和26.7%的女性享有弹性工作待遇。美国著名调查公司的老总汤姆森认为，弹性工作制度不仅是福利，也是增进生产力的有效工具。弹性制度在不同的公司实行起来也不同，例如有的公司考虑到有的下属因为每周的某天下午要带孩子上学习班，其他日子就多工作一会；有的下属为避开交通高峰时间，每天从早晨7点干到下午4点；如果有的下属因为离公司比较远，可以一周工作4天，每天多干两小时。还有一些公司更进一步，连上班总时间也不规定。总之，许多公司的领导只要求下属在规定时间内完成工作，对上班时间没有严格要求，很多工作甚至可以在家中完成。

通过对下属的辅导，对组织环境的分析，帮助领导处理下属关系的死角，清除可能影响下属绩效的各方面因素，进而增强组织的凝聚力，提升公司形象。

3. 设身处地，将心比心

有一段时间社会上盛行一个口号，"理解万岁"，如果从另一个角度来理解，实现人与人之间的理解是件难事，尤其是上司和下属之间，站的角度不同，分析问题的出发点不同，看事情的角度不同，利益取向不同，自然对某一件事物的理解也就不同了。上司们很少会设身处地地站在下属的角度来想问题，而是习惯于从自己的角度来考虑和判断问题，这自然容易导致领导与下属之间的理解不对称，继而导致管理工作难以有效开展。如果领导主动站在下属的角度，为下属排忧解难，下属就能将心比心，反过来替领导排忧解难，帮助领导提高业绩。

如今的管理已经进入第五代的"求快乐"管理，期望企业达到"企业人格化，人格魅力化"，很多老板都知道在管理中要关心下属，但是在运用"关心"这个办法时有些走样，甚至觉得是吃力不讨好，事倍功半。

关心下属，最重要的是要站在他的角度去关心他，这种关心还不能破坏公司的基本规则。首先是让下属尊重你，其次才是喜欢你。企业不是慈善机构，关心的目的还是为了给企业创造价值。领导是通过别人来工作的，只有真正关心下属，他才会为你效劳，这个道理几乎人人都懂，但往往在具体操作时却走了样，存在几个误区：

第一个误区是，不少领导者把关心理解为对下属施以小恩小惠。很多人一厢情愿地认为，所谓关心下属就是小恩小惠，例如，下属昨天加班太累了，第二天上班可以晚来一些，或逢年过节给下属送点小东西。这种做法并不能真正建立起你的影响力。关心下属一定要体现出是你在关心他，而不是组织在关心，这一点非常重要。

第二个误区是，开空头支票。激励下属好好干，有时必须做出承诺，然而言必信，行必果，作为领导更应该一言九鼎。如果情况特殊或者有变，或自己判断失误无法兑现，最好向下属道歉并说明原因，得到他们的体谅。

第三个误区是，认为关心下属就是关心他们的工作。这种做法会令下属非常反感，他们会认为你只关心业绩，甚至会认为你在怀疑其工作能力。

第四个误区是，认为关心下属就是对下属有求必应，就是不批评下属。作为经理，你只能尽量满足下属那些与组织目标一致的需求，对不合理的需求必须予以回绝，甚至还要批评。批评也是关心的一种方式，它可以促使下属反思自己的作为。但批评一定要选择恰当的方法，避免伤害下属的自尊心。

在余华的小说中有这样一个故事：

某个犯人被单独监禁在偏远地方的一个监狱。监狱领导为了防止他自杀或做出一些不理智的行动，拿走了他的所有物品，包括鞋带和腰带。这个犯人用左手提着裤子，在单人牢房里无精打采地走来走去。为了表示抗议，他采取了绝食行动。但是就在他奄奄一息时，嗅到了一种万宝路香烟的香味，正是他喜欢的那种牌子。

透过门上一个很小的窗口，犯人看到门廊里那个孤独的卫兵深深地吸一口烟，然后美滋滋地吐出来。这个囚犯很想要一支香烟，便用右手指关节客气地敲了敲门。只见卫兵慢慢地走过来，傲慢地说道："想要什么？"囚犯回答说："对不起，请给我一支烟，就是你抽的那种。"但是卫兵并没有理他，只是嘲讽地看了他一眼就转身走开了。

但是囚犯却不认为自己没有权利吸一口烟，于是他又用右手指关节敲了敲门。这一次，他的态度是威严的。那个卫兵吐出一口烟雾，恼怒地扭过头，问道："你又想要什么？"囚犯回答道："对不起，请你立即给我一支烟。否则，我就用头撞这混凝土墙，如果监狱当局把我从地板上弄起来，让我醒过来，我就发誓说这是你干的。当然，他们决不会相信我。但是，想一想你必须出席每一次听证会，你必须向每一个听证委员会证明你自己是无辜的；想一想你必须填写一式三份的报告；想一想你将卷入的事件吧。所有这些都只是因为你拒绝给我一支劣质的万宝路，只要你给我一支烟，就可以避免这所有的不利情况。"

卫兵在权衡了得失利弊之后，从小窗里给了他一支烟。可以说正是这个囚犯看穿了士兵的立场和禁忌，才达到了自己吸一支香烟的愿望。这个例子对于我们的管理者来说，确实有一定的启示。

古人教导我们要将心比心，设身处地地为他人着想。作为领导，在处理许多问题时，要学会换位思考。你站在下属的角度，为下属排忧解难，下属就能替你排忧解难，帮你提高业绩。

4. 细节主义，勿以善小而不为

主动关心下属的工作和生活情况，主动跟下属交心交流，当下属碰到困难时，在合理范围内提供帮助——这都是作为领导的一种责任。培养与下属之间的亲密感，不让自己陷入孤立的境地，是管理者自我心理定位的第一步，但要做到这一点却不是一件简单的事。现在有一种很流行的观点，叫细节决定成败，倡导沉下心来做事，踏踏实实工作，力图把工作做细做到位。而注重细节，从细节之中透视下属，或者在细节的巧妙布置上来感动下属，正是新时期领导应该具备的一个技巧。

近来，社会上的浮躁气息越来越重，例如一些年轻人非常羡慕明星们纸醉金迷的生活，热衷于投身娱乐界，企图一步登天，迅速成名。于是，整个社会上，名人官司此起彼伏，吆喝声、叫卖声、吵架声甚嚣尘上。急功近利，他们就很难沉下心来踏踏实实地苦读寒窗，苦练内功，积蓄力量。

因此，细节主义应运而生，很快在社会上流行起来。它对急功近利的浮躁风气当头棒喝，倡导踏踏实实工作，把工作做细做实。客观地说，这种观点在抑制时下那种浮躁情绪，倡导务实作风方面的确有其积极作用。从这个意义上讲，细节主义的产生具有很强的现实针对性。

对于企业的老板来说，细节主义已成为一个香饽饽，哪个老板不希望下属踏踏实实工作呢？因此细节主义在老板人群中很有市场，老板们又竭力将细节主义推销给下属。在老板们的推动下，细节主义很快又在下属中流行开了。很多老板甚至不惜花钱将细节主义的书买回去人手一册发给下属们去读，当作下属"洗脑"的培训教材，更有甚者，专门聘请相关的专家来做讲座。结果是细节主义大行其道，在全社会广为流行。

法国的一家企业达能因为收购娃哈哈之事，而在社会上引起了轩然大波，暂且不论最后的结果如何，达能能够有收购娃哈哈（中国矿泉水领域的大哥大）的想法，就说明其长期以来在中国的经营是成功的。据报道达能在中国的公司，上级鼓励下属自我管理，上下班不用打卡，提倡平等，公司不论职位高低出差一律乘经济舱；公司甚至在经济不景气的情况下也不随意解雇员工；每到下班的时间就开始播放音乐；尤其是他们还比较尊重中国的传统节日，每年的中秋、元宵节均放假……这些做法和细节，赢得了中国下属的好评，从而也促进了公司的发展。

达能非常强调平等，在采访达能中国区总裁秦鹏时，笔者发现他走的时候细心地把自己用过的杯子收拾好，其实当时还有达能其他下属陪同采访。事后，达能的那名下属告诉笔者，原来公司有规定，谁用完会议室，谁就要收拾好，可见平时总裁收拾也很正常。达能从来不设管理层专用车位，所有下属出差一律乘经济舱，办公座位的面积也相差无几。达能成功收购了许多公司，其中收购对象的公司文化是一个很重要的决策参考指标。达能曾经对一个收购对象非常感兴趣，但是听说这家小公司已经有总经理和高级经理专用餐厅、专用停车位，达能就觉得不合适。

达能也非常注意在一些细节之上关怀每一个员工。例如，有一年西班牙发生骚乱，达能中国有位下属在西班牙巴塞罗那开会。为了防止员工遭受不必要的伤害，公司老总通过达能全球紧急救援电话，很快让该下属得到妥善安置，同时还安排了一个能讲普通话的人帮助他与西班牙当地的医生沟通。后来公司的发言人说道,"在异国他乡,能得到一个说母语的人的帮助,下属就安心多了"。

达能相信"成功会导致成功"。如果公司有创造成功的环境,那么当下属进入这个环境之后,就更能获得成功。关迟认为达能中国人力资源政策的核心就是帮助下属获得成功,达能对每个领导的要求,就是让其下属取得更大的成功,因此,达能中国激励政策、薪资福利都是以此为目的的。达能总是喜欢告诉下属:"你不是为你的老板工作,而是为达能工作。"为让有才华的下属能够真正脱颖而出,达能每个季度都要把绩效最好的人员名单公布出来。通过这些措施增加透明度,这样就避免了升职时的"暗箱操作"。

能够做到这一些,可以说达能对于员工的吸引力就非常强了。所以他们才敢于在中国招聘员工却从来不登招聘广告,而只是在达能的网站上公布招聘信息。关迟说他从没有担心过招不到人,每年应聘者都成千上万,可以说达能的成功是细节之上的成功。

> 管理的精义就在于关心。人都是讲感情的,将心比心,是赢得下属亲近和忠诚的不二法门。

5.
送出赞美的"精神薪资"

目前对于绝大多数企业员工来说,尽管薪酬高低是决定个人工作努力程度的最重要因素,但并不是最直接的因素。提高实物薪资自然皆大欢喜,但对于因实力不济而力不从心的中小企业来说,"精神薪资"同样也能达到良好效果，记住，一句祝福的话语，一声亲切的问候，一次有力的握手，都将使下属终生难忘，并甘愿受你驱遣。其实下属们所希望获得的除了物质薪资外，还希望得到精神薪资，也就是领导的赞赏和尊重。每个职员都想得到上级的重视和能力认可，这是一种心理需要，与下属常常谈谈话，沟通思想，对于形成群体凝聚力，完成任务、目标，有着重要的意义。因此，企业领导者应该重视非物质报酬之外的精神薪资并给予更多的关注，切实把人力资源作为单位的第一资源，向执行力要效益。

成功的领导者注重谋求与下属建立私人化的关系，他们往往刻意营造和下属之间的亲密感觉，比如下班出去喝一杯，或者出差回来给下属们带点小礼物，经常找下属谈心，交流一些感受，聊些大家共同感兴趣的话题，诸如此类加深感情的活动。长此以往，你就会走进下属心里，并占据一席之地。如果你与下属建立了相互欣赏、相互喜爱的亲密关系，下属会甘愿在工作上主动分忧，完全不让你操心。

有一位著名企业的部门经理，其领导艺术十分高超。他手下有几个下属，他对每个下属的管理方法是因人而异，但每个人都感觉到自己特别被他器重：他外出时，每次都把他办公室的门卡交给下属甲；他太忙时，会委托下属乙帮他处理一些无伤大雅的私事，下属乙甚至知道他银行卡的密码；下属丙薪水不高，很喜欢听音乐，这位经理自己是个发烧友，他会把自己用过的还很新的音响送给下属丙。不用说，他所在的部门在每次的年终评比中都是名列前茅。

怎样发挥精神薪资？著名管理学家黄兴德给我们提出了一些建议。比如，适当地赞美下属。给下属1分钟赞美比给下属10分钟批评要管用。赞美是清泉，滋润下属干涸焦虑的心田，多一次赞美，企业的发展就会多一份动力。

一个普通公司职员在路上偶然遇到公司老板，出乎意料的是，这个老板不但没有对他视而不见，还和他打招呼握手并问候他，虽然这是领导不经意的一次举动，但是在他心里却产生了莫大的震动。回去后，这名职员心情久久不能平静。他认为，这是领导对自己的重视和认可。此后他的工作一直做得很出色，最终掌控了一个大型的企业。后来他也学着这位老板，时不时找下属谈心，谈心的面很广，谈工作、谈生活、谈发展，每次谈话，职员都受到很大的鼓舞。就是这个举动，增强了全员的凝聚力，使企业的所有工作做得有声有色。

再如，注意一些细节如生日祝福。发一封精美的明信片，几句祝福问候语，办一次简易的生日 Party，在下属生日时精心送上，将会给下属极大的安慰。逢年过节时，组织一些亲属活动，感谢亲属一年来的支持与关心，汇报一下公司业绩及来年目标，这可使下属在以后的工作中更加卖力。下属客人来访，你赶紧放下手头工作热情接待，比自己客人还亲，并亲自给宾馆打电话安排其住宿及伙食，当面赞扬下属的工作业绩，下属心里喜洋洋，面子十足，第二天会用十倍工作热情回报你。时不时地与下属一道吃个晚餐或一起喝杯咖啡，这不需要花你多少钱，其作用却是巨大的，这会给下属莫名的荣耀与冲动。另外当下属提出建议时，你微笑着洗耳恭听，一一记录在册，即使下属的意见不成熟，也一路听下去，并耐心解答，如此三番，下属的干劲就会被调动起来。

无论你提供多好的优惠条件，总不能阻止优秀人才的流失，这时最好的办法就是采取来去自由的政策，并承诺随时开门恭候其回心转意，将流走的人才变成自己事业上的伙伴、朋友、经销商，这对在岗职员来说也会达到知恩图报的效果。

目前对于绝大多数下属来说，薪酬高低并不是决定个人执行力大小的最重要的因素。下属们所希望获得的除了物质薪资外，还希望得到精神薪资，也就是关心、赞赏、尊重等。

6.
爱下属，下属才会爱企业

如果能在企业中营造出一种类似于家庭的氛围，使下属把公司当成一个家庭，自己是这个家庭中重要的一员，便能大大增强下属的主动性和参与性，使下属对公司前进的方向充满激情与责任感。我们都知道家庭是最自然的社会单元，对家庭归属感的强弱通常决定着你对家庭生活的满意度和对整个家庭发展的责任感。公司中也一样，下属强烈的归属感对建立优秀的公司文化有着举足轻重的作用，下属在其中不仅能够舒适地生活，而且还能有效地完成工作。在这种氛围里，下属不只是把自己看成公司的一名职员，更是公司的主人，从而更多地贡献自己的智慧和力量。

美国著名学者彼得·汤姆森曾大声疾呼：一边歧视和贬低你的下属，一边又期待他们去关心产量和不断提高产品质量，无异于白日做梦！每个下属都需要企业给予他们关爱，也需要从企业的温暖中提升自我的满意度。创造关爱的企业氛围，是给予下属良好的工作环境，给予下属足够的工作支持，是使下属安心工作的有效措施。下属利用企业的舞台，企业利用个体的资源，只有在互相关爱、共同奋斗的工作氛围里，双方的使用价值才会显示出来。相反，若企业内缺少这种相互诚信与关爱的工作氛围，那么，提高下属的工作热情、发挥其潜在能力就成了一句空话。

一个法国调查公司所做的调查发现，现代企业办公空间的风格，尤其在办公空间中公共区域的设计上，渐渐向家庭氛围靠拢，对他们的下属而言，办公室再也不是一个生硬冷漠的地方，而是一个带给下属舒适温馨的场所。例如，越来越多的办公空间中出现咖啡休闲区、头脑风暴室、午休区域，同时，零食和饮料也随处可见。谷歌和微软的办公室很好地代表着这个趋势。

研究还发现下属对自己办公空间的控制力也大大增强了。下属甚至可以决定是不是需要，以及什么时间到公司上班。有些下属就可以自己定义办公场所。在办公空间里，下属对周边环境的控制力也有很大增强。公司为了创造不同的工作场景，往往会要求设计师设计不同的功能区域：安静的，热闹的，独立工作的，团队协作的。下属也可以根据自己工作的需要，选择不同的区域。现代办公家具的设计和发展也向着灵活性不断进步，可调节的屏风和办公桌也让下属有很多控制力。

而且，漫步在现代办公空间中，可随处看到丰富的个性化色彩，在桌面上摆着一盆个性十足的小花，如家庭成员的照片，公司颁发的奖状，甚至自己宠物的照片等。如果你有机会参观 Opera 的办公室，你还可以看到设计团队的设计作品，甚至有的女员工办公桌上还摆着形态各异的芭比娃娃。这不仅很有创意地个性化了自己的办公空间，而且也表现了团队的精神和特色，可以增加下属的归属感，可谓是一举多得。

这种对于家庭氛围的营造不是只在于员工各自狭小的空间，整个企业的设计和布局也发挥着很大的作用。不少公司在办公空间设计过程中鼓励下属积极参与公司的每项决定。调查发现，公司总裁在做任何关于新办公室的决定时，都会耐心地向每位下属说明决定背后的数据支持和公司的取舍，而且下属可以采用投票的方式参与最后的决定。虽然最后的设计方案不能完全满足每位下属的要求，但是这个参与的过程却让大家紧密地站在了一起。

除了办公空间设计规划，恰当的公司奖惩制度也是增强归属感的有效手段。公司应该倡导团队内部和团队之间的协作，从而提高团队精神和团队凝聚力。公司应该善于强调团队成就，而不仅仅是个人成就。

在索尼集团，企业领导大力提倡社团活动，培养员工对于企业的归属感，他们组织了一系列的活动，如车间娱乐部、女子部等，促进人与人之间的关系。索尼对社团活动寄予的另一个期望是培养管理者的能力，因为不管社团的规模大小，要管理下去就需要计划能力、宣传能力、管理者能力、组织能力等。另外，整个索尼企业的活动也很多，综合运动大会、长距离接力赛、游泳大会等，每月总要举行某种活动。在这些活动中，有时总经理、董事等管理者还会亲自参加，与下属一起联欢。所有这一切，都在不知不觉中增强了企业的凝聚力。

总之，创造关爱下属的企业氛围，不仅能够提高下属的满意度，充分发挥下属的潜能，而且对于企业的发展有着重大作用。法国企业界有句名言："爱你的下属吧，他会百倍爱你的企业。"台湾的一些企业家也主张"爱下属，下属才会爱企业"的道理。对于一个管理者来说，可以创造出下属与上司共有的温馨氛围意义重大。

下属强烈的归属感对建立优秀的公司文化，增强下属的工作效率，提高下属的满意度都有着举足轻重的作用。

7.
了解下属，视下属为朋友

作为领导要了解下属，视下属为朋友，这是做好工作的前提。领导者的说服工作，在很大程度上，可以说是情感的征服。只有善于运用情感技巧，以情感人，才能打动人心。感情是沟通的桥梁，必须架起这座桥梁，才能了解到对方的内心，征服打动对方。领导者与对方谈话时，要使对方感到领导不抱有任何个人目的，没有丝毫不良企图，而是真心实意地帮助自己，为下属的切身利益着想。这样，沟通双方的心就接近多了，就会产生亲如一家的感觉。

总而言之，情感是交往的纽带，如果领导能够很好地运用，和下属交朋友，使自己成为下属真正的自己人。这方面，日本企业家做得非常成功。后来这个经验传到台湾，一位业界大哥就曾深有感触地认为在一个企业中领导就扮演着"管家婆的角色"，他说："身为总经理，如果有一万名下属，就要担一万个人的心。"再到后来，随着美国经济的衰落和日本经济的崛起，美国企业界开始学习日本的管理经验，开展了以"文化革命"为中心内容的"管理革命"，这在一定程度上增强了美国企业的竞争力。

当前，关心职员的"全面发展"已成为现代企业的典型特征。它主要体现在对公司职员的福利待遇、闲暇时间、文化生活、职业培训和发展机会的提供上。虽然这些"关心"和"尊重"是超管理的，但其效果却是双倍、几倍甚至几十倍于管理的。因此，关心职员"全人的发展"是总经理分内的事。因为这表现出现代企业家对公司职员"全人"的尊重，那些小恩小惠式的"感情投资"是不能与之相提并论的。

从某种意义上说，不了解下属的品行和能力就委以重任而导致工作失败几乎是必然的，这就是孙子兵法所说的"不知己不知彼，每战必败"。这种错误如果是由于轻信和失察而引起的，尚情有可原，如果是由于贪图私利所致，那就不可原谅了。如果一个领导者能够真正了解和把握下属的特点，并懂得在不同环境和任务中具体灵活运用，那么就会真正体会到"强将手下无弱兵"，并且为自己的下属感到骄傲。从组织的角度来看，组织的结构是与每位组织成员的人格取向、需求层次等特点密切关联的，因此了解下属，也便于组建起一个成员之间更相容、更具有内聚力的团队集体。

从管理方面来看，所谓了解你的下属就是了解你下属的人格取向、动机层次、性格气质、技术水平、优点和缺点等，以便为他确定适当的工作岗位，对他采取适当的激励手段，更好地发挥他的作用。

据历史记载，东汉光武皇帝刘秀经常屈尊礼贤，关心下属的生活疾苦。刘秀手下的猛将贾复作战勇猛，常置生死于度外，刘秀时刻关注贾复的生命安全。当听说贾复伤重时，说了这样一句话："听说贾复的夫人怀孕了，如果生的是女孩，我的儿子就娶她，如果生的是男孩，将来我的女儿就嫁给他。"由于刘秀有意不让贾复出征，使他具体战功不多，每当诸将论功时，刘秀都要替贾复说上一句："贾君之功，我自知之。"后来他就授予贾复太子太保，足见对他的赏识之心。冯异先前是王莽阵营中人，后又依附刘秀，在刘秀建立东汉政权的过程中立下了汗马功劳。冯异曾连续数年镇抚关中，威权日重，受到中人非议。刘秀便将诋毁他的书信交给冯异本人，冯异看后惊恐异常，上表自辩，刘秀安慰他说："没什么可以担忧的！"后来冯异入朝觐见，刘秀向满朝文武介绍："是我起兵时主簿也。为吾披荆棘，定关中。"回忆起几年前在河北逃难时，冯异为自己弄来豆粥与麦饭充饥，刘秀又感慨地说那是一份无法报答的厚意，这些话让冯异心里感到无比地温暖。正是靠着刘秀的这种知人善任和善于笼络部属，才振兴了摇摇欲坠的刘氏王朝。

"士为知己者死，女为悦己者容"，这是人们普遍存在的心理。管理者如果对这种心理加以利用，让部下视你为伯乐知音，那么他们就可能对你以死相报，上刀山下火海而无怨无悔。

领导者关心爱护下属，并对下属的疾苦时刻在心，对下属的才干了若指掌，才能赢得下属的爱戴。因此，如果想抓住下属的心，就要从内心出发去关怀下属，不必专门花费太多精力和时间，只需留心生活中的点滴小事，以诚动人即可。

8. 攻心为上，攻城为下

诸葛亮在七擒孟获后说道："攻心为上，攻城为下"，对于一个领导者来说，能洞悉人性才能所向披靡。在武侯祠诸葛亮殿正中有一副清代人题的楹联，对诸葛亮的一生作了一个经典的总结，联曰："能攻心则反侧自消，从古知兵非好战；不审势即宽严皆误，后来治蜀要深思。"这个对联被作为对怀念诸葛亮功绩的一个经典表述，发人深思。上联言诸葛亮的军事成就，而其主要特点是"攻心"。所谓"攻心"，即从精神上或心理上战胜对方，并使人心服。自古以来那些真正懂得军事的人并不在于"好战"，而是注意从精神上或心理上摧毁敌人，也只有这样，才能有效地解除敌对双方的对立情绪，从而保持长久的安定局面。

现代市场竞争亦如古之兵战。现代管理者必须懂得，管理的关键在于管

"心"，就是想办法激励人心，把下属的积极性调动起来，让他们把储存的潜能发挥出来。现代企业的管理者在这方面有必要向古人学习。当然了，这并非要求一个现代企业家将古人的做法照搬套用，而是要结合实际，活学活用。

众所周知，企业管理的核心是人，人是一切的根源，人管好了，其他一切都可以水到渠成。管人就是管人心，在企业管理中，往往是人心最不好管，"俘获"了下属的心，其他事自然都不足为虑。但人不是物，是有血有肉的高级动物，需求很多且很复杂，须认真加以研究，方能领略其奥妙之处，用起来才能得心应手。在这方面管理学家自然最有经验，他们给企业的管理者提出了几个建议。

首先，要了解下属的心，真心关爱下属。尽量地去了解下属的愿望目标，知道他在想什么，他想要什么，尽量创造条件满足他。在对企业有利有益的前提下，给他一方天地，给他提供内部创业的平台。另外作为一个领导者千万不要高高在上，不要以老板雇主自称。下属是企业的基础，企字掰开，上"人"下"止"，没有人了或人不行，企业自然就停下来了。把企业当企业做，把人当人看，尊重下属、关心下属是一个相当重要的理念，也是企业永续经营、长盛不衰的法宝。关心下属，下属才会把公司的事当成自己的事去做，正所谓"人敬我一尺，我敬人一丈"，下属一定会加倍地报答你，反之亦然。要让下属真心为自己而工作，学会自动自发，自我管理，而这是企业最需要的。只有生活上关心，工作上支持，他才会成长得更快，会创造更多的业绩。

其次，要学会善待下属，扮好自己的角色，尤其要做到公私分明。善待下属，但不能宠着下属，尤其在一些原则性问题上，要对事不对人，维护下属和企业双方的利益。具体来说，工作上严格要求，严格执行各项制度，进行规范化、标准化管理，才会产生好的绩效。只有照顾到双方的利益才可能合作得长久。溺爱下属，无条件地放纵下属，只会害了他们。

三国时期，司马懿手下有个叫贾充的谋士，很受司马懿的青睐。贾充一向自视甚高，轻易不肯表态，也不结交朋党，因此司马懿对他比较看重。司马师看中了贾充的智慧与影响力，便努力拉拢他，希望他能在争夺太子之战中拉自己一把。某天晚上司马师到贾充府上拜访，当面给贾充下跪，请贾充帮助他，并请求与贾充的女儿结为亲家。我们都知道，贾充的女儿非常丑陋且不贤惠。司马懿当时已经官封晋王，司马师是王子，他向贾充下跪，这一举动赢得了贾充的忠心。后来贾充给司马师出了主意，让他成功地博得司马懿的信任，并挤掉更得司马懿喜欢的其他儿子，成为司马懿的继承人。

由此可见，要善待下属，仅给予物质奖赏是不够的。只有付出你最宝贵的东西才可收买人心。最宝贵的东西是什么，是你的时间。你肯抽时间与他交流，向他说明情况，最能让下属有被重视的感觉。

管人就是管人心，在企业管理中，往往是人心最不好管。人不是物，是有血有肉的高级动物，需求很多且很复杂，须认真加以研究，方能领略其奥妙之处，用起来才能得心应手。

9. 理智与感情并用的管理方法

企业领导者经常要面对这样或那样的难题：比如说下属绩效差怎么办？下属闷声不响怎么办？下属牢骚满腹怎么办？这些管人的难题，要求企业领导者具有很高的管理技巧。我国古代的思想家孟子就曾说过："天时不如地利，地利不如人和。"企业管理就是以和谐为最高原则来处理各种人际关系。一个高明的企业领导者能够巧妙地处理管人中的各种难题，在建立和谐的人际关系的同时，提升下属以及企业的绩效。

美国著名管理专家、波音电气公司前总裁罗伯特·弗兰茨说："我不懂怎么制造飞机引擎，但我懂怎么管人"。一般来说，一个优秀的管理者应该同时采取理智和情感两种方法，这两种方法在不同的情况下灵活地运用，一定会取得理想的效果，例如蔺相如以退为进，折服一代名将廉颇，演绎将相和的历史佳话，这是以理服人的办法。刘备三顾茅庐，以真情感动诸葛亮，最终使其鞠躬尽瘁，死而后已，这是以情感人的方法。

理智型领导们一般说话不多，举止平和；高兴时不会手舞足蹈，悲痛时不会逢人诉说；认为对的，不会热烈地表示赞成，认为错的，不会竭力地表示不满。他们过于理智的头脑，往往让下属猜不出他们究竟在想些什么，但这往往能收到很好的效果。

除了保持理智之外，企业的领导者更要学会用真情打动下属的心。事实上，人们在做出某种决定时，是依赖人的感情和五官的感觉来做判断的，也就是说感情可以突破难关，更能促使反对者变成赞成者，这是潜在心理术的突破点。所以人是需要激励的，而激励的方式有多种多样，物质激励只是其中之一，但真正长久而深入人心的，往往是情感的激励。情感激励能够充分体现领导者对下属的重视、信任、关爱之情。

正因为在许多具体场合起作用的主要是情感，所以它对领导者做好工作十分重要。如果领导者能自觉地运用情感，那么其内心就会涌动起感情的力量，并用它去动员、感染、影响周围的人们，最终形成巨大的推动力。

古人说"文武之道，一张一弛"，就是说做一件事情，要两手抓，两手都要硬，不应该顾此失彼。对于一个领导者来说，就是要做到理智与感情并用，双管齐下，征服下属。

第七章

思想工作术
——做好员工的说服与宣传工作

在工作中,领导者往往是一个企业单位或团体中的核心人物,其特殊的身份和职务决定了必须具备较高的综合素质。而在这些综合素质中,沟通和说服是重中之重。领导者沟通效果的好坏,直接决定着管理工作的成效。

1. 信任是进行说服的基础

信任是为了简化人与人之间的合作关系。在心理学中,信任是社会影响概念中不可或缺的一部分;因为影响或说服一个信任你的人是容易的。

信任是进行说服的基础,没有这个基础,任何说服都不会取得理想的效果。同样一个十分有利于公司发展的方案,如果领导信任你,他就容易接受;相反,如果领导不相信你,他就难以接受。

在说服他人时,最重要的是取得对方的信任。只有对方信任你,才会正确地、友好地理解你的观点和理由。社会心理学家们认为,信任是人际沟通的"过滤"。只有对方信任你,才会理解你友好的动机;否则,如果对方不信任你,即使你说服他的动机是友好的,也会经过"不信任"的"过滤器"作用而变成其他的东西。因此说服他人时,若能取得他人的信任,是非常重要的。

为了让自己的说服更加有效,适时消除对方的戒备心理,对于整个说服过程的成功与否,往往能起到催化剂的作用。特别是当说服的对象持有顽固的见解时,直来直去地阐述自己的观点往往会碰壁,遇到这种情况最好能够采用这种方式。

其实,适时消除对方的戒备心理,与本书前文所述的迂回战术有异曲同工之妙。也就是说,把对方的注意力从他敏感的问题上引开,绕个弯子,再回到正题上来,这样可以消除对方的戒心,避免陷入僵局。正所谓:与人交谈,要让对方接受自己的观点,不要先讨论双方不一致的问题,而要先强调并且反复强调双方一致的事情。让对方一开始就说"是"、"对的",而不要让对方一开始就不同意。

下面这个历史故事就能很好地说明这个道理：

明武宗时，秦藩请求加封陕边地，而此地战略位置十分重要，与国家社稷的关系更是紧密相连，但是皇上受人撺掇，已经同意了该请求，并叫大学士们起草一个加封的诏书。梁文康承命起草了这份诏书，但他巧妙地采用正话反说的方法表达了劝阻皇帝、改变封地的意见。

他写道："过去皇太祖曾诏令说：'这块土地不能封给藩王，不是吝啬，而是考虑到它的地广物丰，藩王得到后一定会多养士兵马匹，也一定会因富庶而变得骄纵。如果此时有奸人挑拨引诱，就会行为不轨，有害于国家。'现在藩王既然恳请得到这块土地，那么就加封给你吧！但得此地之后，不要在此收聚奸人，不要在此多养士兵马匹，不要听信坏人挑唆，图谋不轨，扰乱边境，危害国家。否则，那时想保全自己的妻子儿女都不可能了。请藩王在此事上慎之又慎，不要疏忽。"果然，明武宗看到诏书后很忧虑，觉得还是不把此地封给藩王为好。

在说服他人时，要有诚恳的态度。诚恳，意味着诚挚、恳切，其本质是以对方为中心，一切为对方的利益考虑。在中国古代，有的大臣甚至会以"死谏"的方式来说服君主改变态度，这种不惜一死以竭力说服君主的精神，可以说是诚恳的极致了。对于现代的领导者来说，一个参天化地的坦荡胸怀，一定能使他诚恳地面对疑虑者、反对者。这种精神，就是一种最伟大的说服力。

当你作为一个领导，欲将某一困难的工作任务交付同事或下属时，明知可能不为对方接受，甚至还会引起他的非难，但此事又太重要实在非他莫属，要说服他十分困难，你不妨在进入主题前先说一句："现在我要向你说这么一句话，虽然明知你会感到不愉快！"对方听了以后，便不好意思拒绝或非难你，因为你毕竟是领导。先行自责，就等于在对方的手脚上加了枷锁，使他无法拒绝你，无法拒绝你的意见，从而接受你的难题，达到间接服人的目的。

领导行为从根本上说就是统领人、激励人、影响人、感化人的行为，领导者要想取得良好的角色行为效果，就要掌握相应口才的方式方法。而一切方法的基础在于信誉，在社会科学中，信任被认为是一种依赖关系。

2.
调查研究，了解对方的真正感觉

作为一个领导者，对管理工作，一是要有针对性。实际工作中应针对不同的人来明确任务，确定他们在近期内应实现何种转变，说服他们到底应该做什么及怎么做。如果企业家不为他们树立一个他们认为可以实现的目标，就会谈不拢，充其量也只能使他们消极服从。同时还应认识到，任何具有持久效果的转变都是渐进的，想使你的说服工作一蹴而就只会降低你的说服力。

二是要有系统性。领导者要说服人们最终具有奉献精神是一项系统工程，要人们产生奉献精神必须有一定的环境条件。

三是要有关联性。实际工作中，除了领导能影响员工外，员工们彼此也在相互影响。每一个人内在而隐秘的服从模式是复杂的，应认识到其背后都有更多的人，每一个人的头脑都与他接触到的不同的人享有某些共同观念，这种领导可能根本无从知晓的交互影响局面，既可能强化领导的说服力，也可能钝化、弱化领导的说服力。要对有待说服的对象有更多的了解，就要创造服从效应，善于利用这种关联效应。

领导者在说服别人时，所面对的被说服者可能有三种类型，即支持者、反对者、中立者。对于这三种可能的态度，如果细致地区分，还可以分为更多的类别。在说服时，必须针对以上不同的态度来区别对待。

如果说服的主要对象是中立者与反对者，在识别出他们持有哪种态度的同时，还应考虑到这些人的人数，因为说服的工作量及复杂性将随有待说服的对象之数量而同步增长。尤其是当这些人构成了可以识别的反对者"群体"或中立者"集团"时，他们内部之间就会因一种联带关系诱导出一种相互服从的群体关系。一旦反对者公开陈述其立场，并说服其他人也支持其观点，对这种反对者群体的说服就会变得极其艰难。

所以，对于有待说服的对象，不管是一个人还是一千人，在说服之前都应确定其所持的态度，估计其所持的立场，由此估算出相对于你所要求的目标与他们之间的距离。继而在准备进行说服时做好计划，预想到说服工作将可能是一个漫长的过程，从而保持充分的耐心。

人的内心世界里大都潜藏着自尊、好胜和虚荣。这种情感如果得到他人的鼓舞、激励，就能激发出超越常规的转变。对于说服对象来说，良好的过渡非常重要，它能使对方感觉被带入了一片平坦的大陆，而不是在泥泞的沼泽中艰难跋涉。雨果说过："对人说话时，若想了解对方的真正感觉，便看他的脸孔，因为驾驭语言容易，驾驭感情困难。"

孙子兵法有句话很有名，叫作"知己知彼，百战不殆"。在说服他人时，也要做到"知己知彼"。然而，"知己"容易，要想"知彼"，就要下点工夫了，关键是要摸清对方的底牌，也就是说要知道对方想要什么，才能够投其所好，说服他们。

那么怎样才能够摸清对方的底牌呢？方法就是加强调查，在说服之前要多调查，多获得对方的信息。只有多调查，多研究，才能够知道对方的真实想法。

美国人在与人交往时，尤其是在谈判时，就很注意摸清对方的底牌。

美国总统尼克松在访问日本时，基辛格作为美国国务卿同行。尼克松总统在参观日本京都的二条城时，曾询问日本的导游小姐"大政奉还"是哪一年？导游小姐一时答不上来，基辛格立即从旁插嘴："1867 年。"仅从这点小事就足以说明基辛格在访问日本前已深深了解和研究过日本的情况，阅读了大量有关资料以备不时之需。

美国人在与人交谈前总要把情况了解清楚，绝不贸然行动，所以他们的成功率较高，尤其是在谈判时。美国商人在进行任何商业谈判前都会先做好周密的准备，广泛收集各种可能派上用场的资料，甚至包括对方的身世、嗜好和性格、特点，使自己无论处在何种局面，均能从容不迫地应对。

在说服他人时，如果能够摸清他的底牌，知道他的需求，站在对方的立场，从关心、爱护他的角度出发，摆明他接受意见、停止行动的种种好处，对方就会愉快地接受劝说。那么，我们在调查之中应该注意哪些方面呢？

第一，了解对方的性格。不同性格的人，对接受他人意见的方式和敏感程度是不一样的。如：是性格急躁的人，还是性格稳重的人；是自负又胸无点墨的人，还是有真才实学又很谦虚的人。掌握了对方的性格，就可以根据其性格特征，有针对性地说服。

第二，了解对方的长处和兴趣。如有人擅长文艺，有人擅长语言，有人擅长交际，有人喜欢绘画，有人喜欢音乐，还有人喜欢下棋、集邮、书法、写作等，每个人都喜欢从事和谈论其最感兴趣的事物。在说服他人时，要从对方的长处和兴趣入手。首先，能和他谈到一起去，打开他的"话匣子"，也使他容易理解，从而顺利开始你的说服；其次，能将他的长处和兴趣作为说服他的一个有利条件，如一个伶牙俐齿、善于交际的人，在分配他作销售任务时可以说："你在这方面比别人具有难得的才能，这是发挥你潜在能力的一个最好机会。"这样谈既有理有据，又能表明领导者对他的信任，还能引起他对新工作的兴趣。

在说服对方时，要运用交际技巧说服对方放弃固执、愚蠢、鲁莽、不理智的举动，要把利害关系摆明，令对方心服口服。"天下熙熙，皆为利来；天下攘攘，皆为利往。"在说服他人时，你只要直陈利害，抓住对方切身利益的得失，找出双方的共同点，事情也就成功了。

成功的说服，是建立在为对方利益着想的基础上的。设身处地为对方设想，如果事先没有设想到对方会有哪些反应，就会遭到尴尬的窘境。所以必须站在对方的立场上考虑，研究你与对方的差异究竟是什么？是否能够消除？每一个人都有自己的利益需求，这是他最为薄弱的地方，如果在说服别人时能够将和他息息相关的利害关系摆出来，使他明白怎样做对自己有害、怎样做对自己有利，说服他就不会存在太大困难了。

在说服别人之前，应该弄清楚要说服对象的基本情况，在兵法上叫作"知己知彼，百战不殆"。

3. 为他着想，站在对方的利益上

做人要设身处地，将心比心。许多说服工作遇到困难，并不是因为我们没有把道理讲清楚，而是由于说服者与被说服者固执地据守本位，不替对方着想。如果换位思考，站在对方的立场开展说服或者沟通工作，对方也许不会拒绝，这样，沟通就会容易多了。领导者在说服下属时，尤其要注意这一点，并自觉运用到工作中去。

俗话说，设身处地，将心比心，人同此心，心同此理。领导者站在被劝说人的位置上用心考虑，同时又把被劝者放在领导的位子上陈说苦衷，就能抓住被劝说人的关注点，使他心甘情愿地把天平砝码加到领导这边。

领导要改变部下已公开宣布的立场，首先要做的就是尽量顾全他的面子，使对方不至于背上出尔反尔的包袱，下不了台。假定领导与下属在一开始没有掌握全部事实的情况下发生了分歧，作为领导，为了劝服下属，他可以给下属铺台阶。为人置梯，可以把被说服者从自我矛盾中解放出来，使他体面地收回先前的立场。在实际工作中，领导最好采取单独面谈的方式，让下属避开公众的压力，使其反省。这样部下定会顺着你给出的梯子，走下他固执的高楼，并且还会因为你保全了他的脸面而对你心存感激。

我们时常会碰到一些让人百思不得其解的问题：我们提出的观点，自己感觉对双方都有利，可是对方无论如何接受不了；我们感觉自己提出解决问题的方案是两全齐美之策，却一再遭到对方的拒绝。

大多数人习惯的做法是站在自己的立场看问题，很少会站在对方的立场想问题。首先想到的都是自己的利益，而不是他人的利益，首先考虑的都是自己的处境而不会考虑他人的难处。

老板的想法：我是老板，首先要考虑我的投资是否会有收益；在有了收益的情况之下考虑的是，我是否是最大受益者。作为投资人，最怕的是风险，员工在上班时间出了人身事故最是麻烦；不能及时出货，引发合同纠纷，让人头痛；货发了，资金不能及时回笼又让人苦恼不已，还要发员工工资、材料采购费、各种突如其来的花销等。

员工的想法：我是员工，辛苦为老板干活，一个月忙了20多天，有时还要加班，就拿那么一点工资，有时还要拖欠。天天上班，家里的事照顾不到，没有好好去旅游过，一天到晚干活，从来没有哪个向我说声谢谢。老板做一个项目就是几十万，而我一年到头还拿不到一个小小的零头。我是没有钱，我要是有钱，一定去投资，做老板去，再也不打工了。

没有设身处地为对方着想，没有换位思考，说话者跟交流的对象之间就如阴阳相隔的两个世界，大家很难找到"共同语言"；双方之间的交流，就如一个人说汉语，一个人说英语一样，要达到高效率的沟通，有着何等的难度。

相反，如果能多站在对方的立场想问题，思考问题，那看问题就能变片面为全面；看问题的深度就能达到多个层次；就能听得进对方的意见，在考虑自己的利益时，也能考虑到对方的感受。

老板如果能站在员工的立场想问题，就能在员工辛苦加班、辛勤劳作后说声谢谢。员工如果能站在老板的角度想问题，就能感谢老板给了自己这份工作，就能为老板分担一点公司的压力。业务员如果能站在顾客的角度想问题，就能发现自身的问题是什么，找到更多的办法为客户解忧，为对方提供更深层的服务。

在沟通中，多站在对方的立场想一想，就能更深入地了解对方的需求，更深刻地发现自身的问题，从而找到更多的共同语言，大大地提高沟通的效率。

要说服对方，就要考虑到对方的观点或行为存在的客观理由，即要设身处地为对方着想，从而使对方对你产生一种"自己人"的感觉。这样，对方就会信任你。

4.
动之以情，晓之以理

晓之以理，就是讲道理。简单的事情，小道理，一两个典型事例，再加上简明、扼要的分析，道理就可以讲清楚。复杂的事情，大道理，涉及多方面的因素，触动一点就牵动全局，必须全方位、多层次、多角度地进行一系列的说服工作，从多方面展开心理攻势，并以严密的逻辑推理，如水到渠成地得出结论。这个结论不宜由自己单方面推断出来交给对方，最好以征询意见的口气引导对方同你一起来推理，共同探讨得出结论。让他把你的意见、主张，当作自己寻求的答案，自愿接受，自动就范。这样的说服更高明。因为对于经过自己认真思考发现的真理，人们更坚信不疑。

晓之以理，要满怀信心，争取主动，先取攻势。当对方已明确、坚决地表示"不行"、"不干"、"不同意"之后，再想说服他，就要付出加倍的努力。当然，争取主动仍要运用委婉、商榷的语气，切忌盛气凌人、以势压人。

晓之以理，还要结合动之以情，通情才能达理。牧师布道宣传的是唯心主义的宗教，但因以情动人，往往能在催人泪下的同时，不露痕迹地对听众施加思想影响，使人不知不觉地接受其教义。这就是情感的力量。对于形象思维强于逻辑思维的少年儿童，对于多数平日没有深刻的理论思维习惯的人，要以事比事，将心比心，运用其自身或熟人的经验教训，再加上感情色彩浓厚的语言，去进行绘声绘色地诉说，易令人感到亲切可信，引发情感上的共鸣，从而为其接受道理扫清障碍，铺平道路。

所谓"衡之以利"就是权衡利弊得失，讲清利害关系。那些实惠观念很强的人，理难服他，情难动他，唯有"衡之以利"是切实有效的一招。且不论对国家、对社会的利害如何，就是只从个人实实在在的得失考虑，他也应趋利避害，以接受你的说服为上策。那些明事理、重情义的人，并不过分讲究实惠，但你仍应设身处地充分考虑对方的切身利害、实际困难，在此基础上进行说服，才称得上是真正的通情达理，也更令人心悦诚服。

古人云：感人心者，莫先乎情。领导者的说服工作，在很大程度上可以说是情感的征服。只有善于运用情感技巧，动之以情，以情感人，才能打动人心。感情是沟通的桥梁，要想说服别人，必须跨越这一座桥，才能到达对方的心理堡垒，征服别人。领导在劝说别人时，应推心置腹，动之以情，讲明利害关系，使对方感到领导的劝告并不抱有任何个人目的，没有丝毫不良企图，而是真心实意地帮助被劝导者，为他的切身利益着想。白居易曾写过这样诗："功成理定何神速，速在推心置人腹。"今虽非古，但情同此理。

平级之间、上下级之间或多或少都会存在"共同意识"，作为领导，为了有效地说服同事或下属，应该敏锐地把握这种共同意识，以便求同存异，缩短与被劝说对象之间的心理差距，进而达到说服的目的。

1915年，美国工业史上规模最大的罢工浪潮在科罗拉多州持续了两年，矿工们要求富勒煤铁公司提高工人工资。愤怒的罢工者砸坏机器，拆毁设备，因此导致了军队的干预并发生多起流血事件。当时该公司由洛克菲勒主持，所以人们对洛克菲勒充满愤恨，然而，他却出人意料地将罢工者争取到自己这一边了。他是如何达到目的的呢？

洛克菲勒用了几个星期时间谋求与罢工者建立友好关系，尔后向罢工工人代表发表了热情洋溢的讲话，并产生了奇妙的效果，缓和阻止了向他袭来的仇恨浪潮。他的讲话感人肺腑，他说："朋友们，我今天能为在你们面前讲几句话而感到自豪。我已拜访了你们的家庭,见到了你们的妻室儿女,可以这样说,我们现在在这里相聚的不是局外人,而是朋友!""假如我们相聚在两个星期之前,对你们中的大多数人来说我还是个陌生人。因为那时仅有个别人认识我,在拜访了你们的家庭并已和你们当中的不少人进行交谈后的今天,我可以有把握地说,我们是作为朋友在这里相聚的……"

洛克菲勒在这里运用的说服策略是相当成功的。假如洛克菲勒采取另一种方法,那么结果又会如何呢?如果他据理力争,摆出一大堆理由力求证明这些矿工是无理取闹,即使他能够驳倒对方,也将一无所获,甚至会加深仇恨和憎恶。

有些人成功,有些人失败,原因之一就在于说服的方式。晓之以理,动之以情,衡之以利,是最常采用的说服方法。

5.
在对方内心生根发芽

有效的谈话话题是能吸引对方谈话兴趣的话题,这种话题的展开使人感到轻松,自得其乐。也就是说,说服不是机械的灌输而是观众及态度的有机"移植",它只有在对方内心生根发芽,说服才能取得成功。同时,要注意哲理性,具有历史感、幽默感。

每个人的内心都有自己渴望的"评价",希望别人能了解,并给予赞美。身为领导者,应适时地给予鼓励慰勉,褒扬下属的某些能力,引导他们继续发扬,更加积极地工作。当下属由于非能力因素,借口公务繁忙拒绝接受某项工作任务时，领导为了调动其积极性和热情从事该项工作，可以把工作的特殊性和员工的独特性展示给下属，让他们感到受重用。这样一来就使对方无法拒绝，巧妙地使对方的"不"变成"是"。这一劝说技巧主要在于对对方某些固有的优点给予适度的褒奖，以使对方得到心理上的满足，减轻挫败时的心理困扰，使其在较为愉快的情绪中接受你的劝说。

民间有一句话："三人成虎"，意思是说，三个人对你说着同一件事情，哪怕是虚假的，你也会信以为真。

其实，如果你对自己反复诉说一件事，最后你也会相信这件事。只要不断地给自己暗示，反复思考、想象，认识便会在不知不觉中被头脑接受，甚至成为自己的信念。

"相信是一种力量"是一个重要观点，不管你信的东西是真是假，只要相信就会产生力量。上帝存在不存在不重要，重要的是你信，你相信上天有一双明亮的眼睛在注视着人间的芸芸众生。"举头三尺有神明"，于是，你会心存敬畏，从而远离罪恶。

正如古罗马大哲学家奥古斯丁所说的那样："信仰是夫相信我们所未看见的，而这种信仰的回报，是看见我们所相信的。"

印度有个笑话：一个弟子真正相信自己的师傅，他来到水边，高声喊道："师傅，请你给我力量吧！"居然真的拥有了超自然的力量，瓢水而过，踩着河面过去了。师傅来到河边一看，徒弟过河了，他也喊道："我是他师傅，是我！我要过河啦！"扑通，掉到河里淹死了——他怎么没有力量过河？因为他自己都不相信自己的那一套，所以没有力量。徒弟真信，反而有力量。

这个笑话在很多国家变成了无数现实的翻版。许多宗教成员，由于虔诚而产生的巨大力量，是我们常人无法想象的。

说服他人时，用语的色彩不一样，说服的效果就会截然不同。机械的灌输一定收效甚微，让他人在内心肯定并相信才是合理的方式。

6. 把握说服的最佳时机

说服别人是需要一定技巧的，其中最重要的是依循一定的步骤，步步为营，才能稳中求胜。

一是吸引对方的注意和兴趣。也就是说，务必要吸引劝说对方将注意力集中到自己设定的话题上。利用话语转移他的注意力，让他愿意并且有兴趣往下听。

二是明确表达自己的思想。明白、清楚的表达能力是成功说服的首要要素。对方能否轻松倾听自己的想法与计划，取决于领导者如何巧妙运用语言技巧。因此，准确、具体地说明自己所想表达的话题，就能够顺利地让对方在脑海里产生鲜明的印象。

三是动之以情。说服前只有准确地揣摩出对方的心理，才能够打动人心。通过你说服对方的内容，了解对方对此话题究竟是否喜好、是否满足，再顺势动之以情或诱之以利，不断刺激他的欲望。一般而言，人的思维和行动都是由意识控制的，不管他人和外界如何建议或强迫，也不见得能使其改变主意。因此，想要以口才服人的人，必须意识到说服的主角不是自己而是对方。

精通说服技巧的人，往往能够用语言这个"动力"牵引交涉的"火车"，沿着预设的轨道平稳而又快速地到达目的地。说服是艺术，能说会道，能言善辩者，能使难成之事心想事成，能在紧要关头化险为夷，能在为人处世时左右逢源，令人尊敬，业绩辉煌。马克·吐温曾说过："同样是说话，同样是阐述自己的思想，有人惹来了一身麻烦，有人却赢得了阵阵掌声，这就是表达的哲学。"

说服他人能否成功，是受多种因素制约的。其中，能否抓准说服的最佳时机是至关重要的。俗话说，干什么事情都要趁热打铁。趁热打铁，也就是要求办事要掌握火候，掌握时机。

孔子在总结教学经验时说过"不愤不启，不悱不发"的话，意思是说，教导学生要讲究时机，不到他追求明白而又弄不清楚的焦急时候不去开导他；不到他想说而说不出来的时候不去启发他。这个道理，推而广之，用在说服他人上，也是一样的。

大量的事实证明，抓住了最佳时机，一语值千金，事半功倍；反之，则一钱不值，事倍功半。正如一个参赛的棒球运动员，虽有良好的技艺、强健的体魄，但是他没有把握住击球的"决定性的瞬间"，或早或迟，棒就落空了。同样，一个人说话的内容不论如何精彩，但如果时机掌握不好，也无法达到说话的目的。

因为听者的内心往往随着时间的变化而变化，所以要对方愿意听你的话或者接受你的观点，就应当选择适当的时机。说服的最佳时机很难掌握，看不见也摸不着，而且随着人的思想和环境的不断变化稍纵即逝，所以说服者不得不精心研究、捕捉。时机对说服者来说非常宝贵，但何时才是这"决定性的瞬间"，怎样才能判明并抓住，它并没有一定的规则，主要是看当时的具体情况，凭经验和感觉而定。

明朝的魏忠贤把持朝政，对说服时机的把握可以算是典范。明熹宗朱由校长年不见大臣，除了声色犬马之外，还有一个特殊的嗜好，就是爱做木工活。他曾经亲自用大木桶、铜缸之类的容器，凿孔、装上机关，做成喷泉，还制成各种精巧的楼台亭阁，还亲自动手上漆彩绘，他常年乐此不疲。权奸魏忠贤便利用了这一点，每当朱由校专心制作时，他便在一旁不住口地喝彩、夸奖，说什么"老天爷赐给万岁爷如此的聪明，凡人哪能做得到啊！"皇帝听了更是得意，也更专心了。利用此有利时机，魏忠贤便以朝中之事向他启奏，他哪里还会对这些事有兴趣呢？便不耐烦地挥挥手说："我已经知道了，你自己看着办吧，别再烦我。"魏忠贤就这样把大权抓在了手中。

可见，时机掌握不好，会影响进言效果，也许一件好事会办砸；而掌握了最佳时机，适时地表现出个人的意图，往往会让对方于不知不觉间就被你说服。

在说服人时，要把时机选在对方心情比较平和时。因为一些人由于劳累、遇到不顺心或正在把注意力集中在其他事情上时，是没有心情来听你说话的。所以开口说话之前，应先看看对方的脸色，再决定该说什么话。

此外，从心理学观点来看，任何人都可能受一种所谓的"生物时间"支配，比如黄昏时分，精神一般比较脆弱，容易被说服。一般来说，女性较男性更为情绪化，当受了"生物时间"不协调的影响时，也较男性更易于陷入不安和伤感。

众所周知，煽动天才德国纳粹的头头希特勒，每每都将集会时间选择在黄昏时刻，由此可知他颇为了解人心的倾向。像这种巧妙利用"生物时间"的变化来攻击对方的做法，在商业谈判上也很有效。

譬如我们认为谈判困难时，最好就选择在傍晚时分；若是开会，可将会议拖延至傍晚；对成功的希望感到渺茫时，最好将交涉时间选定在傍晚。总之，在劝说别人或有求于人时，一定要注意时机；当领导不高兴时不要进言，可以等他心情好的时候进言。只有这样，才能把握说服的最佳时机。

依循一定的步骤，把握恰当的时机，即时出手，不能早也不能晚。
俗话说"打蛇要打七寸"，而说服就要选择恰当的时机。

7.
恰到好处的数据支持

说服的策略与艺术是不使辩论公开化，但无论如何这里都隐含着辩论，这些障碍只有通过为对方提供丰富而全面的信息才能消除。因此，你必须了解什么是支持你的主张的论据，并且把这些论据有效地加以组织，进行论证，从而有理、有力、有节地表达自己的意见。因此，有经验的演讲者除了拿出理论、观点、看法外，一定会拿出一些支持性的事实根据，做到言之有物，让听众很容易就能找到接收这些信息的参照物。这样的演讲者，用不着听众自己去找那些参照物，演说者已经为听众准备好那些经过精挑细选的参照物了。

有位演讲者，为了说明美国电视中危害青少年身心健康的节目之多，就拿出了一系列具体可感的数字，他这样说道——

调查表明，从一年级到十二年级的青少年学生，大约有一万多个小时是在听摇摆音乐中度过的，这比他们在校12年度过的全部时间只少1800个小时。有专业机构做过调查，平均每个观众一年里从电视节目中可看到8700个表示性行为的镜头，暴力场面达19600个。一般学生到高中毕业时，观看电视2万小时，就可以看到1.2万起谋杀。

这位演讲者成功地运用了数字的威力，使听众深切认识到青少年学生受到的毒害之深。如果这位演讲者去掉这样一些事实或数字式的参照物，听众就很难接受演讲者所主张的青少年受电视毒害的观点。

那么，怎样的事实才有说服力，才能引起听众的警觉呢？

首先是自己身边发生的事实。就地取材的事实既形象又生动，使现场的听众不由自主地投入到演讲中来。选用的事例中，讲远的不如讲近的，讲别人的不如讲亲身经历的。其次，一连串的事例比单独的事实更有说服力。多个看上去不相关的事例被演说者摆放在一起，就形成了"社会现象"，就会引起听众的关注。

演讲中，数字也有着神奇的威力，运用得好，能达到一般的事例达不到的效果。

1972年，来自纽约的一位女国会议员贝拉·伯朱格发表了一场呼吁给予妇女政治生活中平等地位的演讲。她说道："几个星期前，我在国会倾听总统向全国发表讲话，在我周围落座的有700多人。我听到总统在说，'这里云集了美国政府的全体成员，有众议员、参议员，还有最高法院的成员和内阁成员'。我环顾四周，在700多名政府要员中，只有17人是女的，在435名众议员中，只有11位是女的，100名参议院员中，只有一个是女的；内阁成员中，没有女的；最高法院中也没有女的。"

不能不佩服，国会议员贝拉·伯朱格用身边的事例，用了一连串的数据，像一把锋利无比的匕首，深深地刺向美国政治生活中女性地位严重不平等的现实。

在运用数字做论据论述观点时，首先要了解事实的真相，否则一切就会成为空话，一旦有听众提出异议，可能会让自己处于尴尬的境地。

同样，引用的事例也要适当，要与所说明的问题相照应，避免驴头不对马嘴的局面产生，也不要弄拉郎配式的事实。

需注意的是，列举事例是为了说明问题，不是点缀，不是卖弄学问，更不是故弄玄虚，事例太多，反而会让听众觉得不知所云，因此，一切要做到"恰到好处"。

在说服中尽可能地运用数据、事例，绝对是种行之有效的好方法。因为听者需要这些证据形象化脑海中的观点、加深对理论的印象。

8. 体态语言的运用

自然语言是成功说服的媒介，但也不能忽视肢体语言的功能。因为它是思想的工具，千变万化，要驾驭它的确需要艺术。爱默生曾说过："你要相信理解的魅力，它从一个眼神，一抹微笑中散发力量。"

领导者说服别人，总不能一律板着脸、皱着眉，这样子很容易引起被劝说人的反感与抵触情绪，使说服工作陷入僵局。在工作中，上级说服部下时，可以适当点缀些俏皮话、笑话、歇后语，从而取得良好的效果。这种加"作料"的方法，只要使用得当，就能把抽象的道理讲得清楚明白、诙谐风趣，不失为说服技巧中的神来之笔。

体态语言作为一种传情达意的交际工具，以自我存在的本体为前提，主体的我以"身"为其外在表征。人们常说的"身体力行"，即是一种身体语言。日常人际交往中体态语言是有一定规律可循的。了解这一点，不仅有助于理解别人的意图，而且能够使自己的表达方式更加丰富，表达效果更加直接，进而使人与人之间更和谐。在交际中常见的体态语言主要有：情态语言、身势语言、空间语言。

情态语言，是指人脸上各部位动作构成的表情语言。如目光语言、微笑语言等。在人际交往中，目光语言、微笑语言都能传递大量信息。人的面部表情是人内心世界的"荧光屏"。面部表情可以向对方传递自己丰富的心理活动，比如有魅力的笑能够拨动人的心弦，架起友谊的桥梁。笑与举止应当协调，以姿助笑，以笑促姿，形成完整、统一、和谐的美，使人感受到愉悦、安详、融洽和温暖。

身势语言，亦称动作语言，指人们身体的部位做出表现某种具体含义的动作符号，包括手、肩、背、腿、足等动作。在人际交往中，最常用且较为典型的身势语言为手势语和姿态语。手势语是通过手和手指活动来传递信息，能直观地表现人们的心理状态，它包括握手、招手、摇手、挥手和手指动作等。姿态语，是指通过坐、立等姿式的变化表达语言信息的"体语"。人的动作与姿态是人的思想感情和文化教养的外在体现。

空间语言，是一种空间范围圈，指的是社会场合中人与人身体之间所保持的距离间隔。空间距离是无声的，但它对人际交往具有潜在的影响和作用，有时甚至决定着人际交往的成败。人们都是用空间语言来表明对他人的态度和与他人的关系的。多数人都能接受的四个空间即：亲密空间、个人空间、社交空间、公共空间。

体态语言丰富而微妙，是人们心际的显露、情感的外化，好似一个信息发射塔。体态语言在人们的日常交际过程中往往起着不可估量的作用，从另一个层面反映着人的思想境界和精神面貌。一位运动员场上的身影，可浓缩一个民族的风采；一位商人从事国际贸易，形体语言可透出其所在国的实力；一位国家领导人，其体态语言里往往能读出那个国家的文明程度。

民谚道："一个目光表达了1000多句话。"心理学家认为，眼睛是心灵的"窗口"，它能作为武器来运用，使人胆怯、恐惧。目光中除了能看出上级与下级，权力与依赖的关系外，还能揭示出更多的东西。

体态语言专家们认为，和眼睛一样，嘴的闭合也会泄露真情。"哈哈"大笑，意味着放松和大胆；"嘻嘻"的嗤笑，是幸灾乐祸的表现；"嘿嘿"笑时，则意味着讥讽、阴险或者蔑视，这样笑的人多数为狂妄自大、自恃清高的人。

心理学家认为，有许多体态语言能让下属知晓上司的内心世界，了解他所说的是否就是他的真实想法。

双手合拢，从上往下压，表明上司想使其内心平静下来；双手叉腰，双肘向外，这是古典体态语，象征着命令式，同时也意味着在与人接触中，他是支配者；当上司舒适地向后靠，双手交叉在脑后，双肘向外，这是自负的表现；当上司伸出食指，则表明他是支配者，有进攻性；当上司的双手平静地放在背后时，则表明他具有优越性；当上司拍拍你的肩后部时，表明他真诚地赞许你；如果上司拍拍你的肩前部时，或从上往下拍，则表明上司倨傲而又显示宽容，这些动作表明他是支配者；两个食指并在一起，放在嘴边，其余手指交叉在一起，与两个食指形成了一个锥体，这表明在你讲话前，上司已做好了拒绝的准备；握紧拳头意味着不仅想威胁对方，还要为自己辩护。

一位精神病专家提醒那些抱过高希望者，"要想改变自己的体态语言，这需要很长的时间，因为一个人不可能在太多方面自我控制"。

在说服时，应当采用开放形态的体态语言，尽量促使对象采取开放式的体态，往往会有好的效果。

9.
讲大道理就是宣传真理

所谓大道理，就是工作应有的态度、方法等理论，然而在现实生活中，一些管理者在做下属思想动员时，眼睛往往只盯住鼻子尖上的"小道理"，却将大道理撇在一边，其结果自然是拣了"芝麻"，丢了"西瓜"。造成这种现象的原因有两点：一是自己不会讲。对大道理知之不多或一知半解，做别人的思想工作当然说不出什么"道道"来。二是不愿讲。大道理一般都比较"抽象"、"深奥"，要讲好不是件容易的事。

一家国营企业面临产品滞销的困境，干部职工压力很大，主管单位派出一名干部去给大家鼓鼓劲儿。在开讲之前，这名干部到厂里开了座谈会，了解到大家心气不高的原因。之后，他在职工大会上激情澎湃地说道："工人两个字叠起来，就是个天字啊。只要我们全厂职工团结起来，干部和工人拧成一股绳，群策群力，力量比天还要大，就没有过不去的火焰山。"由于他面对的是工人群众，开口就用生动的比喻肯定集体的力量，激发大家战胜困难的信心，这是大道理，但工人们想想，是这个理儿，台下继而响起了热烈的掌声。

讲大道理就是宣传真理，现在的员工很现实，但他们不是不信大道理，而是反感那种似是而非的空泛说教。所以，在讲话中要明确提出提倡什么，反对什么，观点鲜明。善于用身边的人和事为例去讲道理，让事实说话，比空洞的说教更让人信服。管理者应该在平日多看书、读报或调研中注意搜集资料，手里有资料、事例，讲起话来就有充足的论据来证明观点，增强讲道理的说服力。

所谓大道理，就是工作应有的态度、方法等理论，然而在现实生活中，一些管理者在做下属思想动员时，眼睛往往只盯住鼻子尖上的"小道理"，却将大道理撇在一边，其结果自然是拣了"芝麻"，丢了"西瓜"。

第八章

激发士气术
——比物质奖励更有效的鼓舞技巧

所谓士气,指的是行动、承诺、活力、热忱、战斗、主动、积极等心理或精神状态综合的冲力。士气是增强团队凝聚力与团队竞争力的重要因素。激发士气,好似一个弹簧所产生的冲力,能够将团队弹向目标。事实上,一个企业组织结构的建立就是用以激发员工的士气。主管必须有严格的行事作风,懂得无为之道,给员工表现的机会,还要懂得树立榜样,去激励部属。压力会使人们的日常生活更为刺激,给予员工压力,也是激发员工士气的药方。

1. "好"老板不如"坏"老板

在管理学中，我们常听人提起"好"老板不如"坏"老板这句话。这里的"好"和"坏"与我们平常理解的最大不同在于：它不是指一个人的品质，而是指一种行事风格，而且大多是"对内不对外"的行事风格。

无数证据表明，"坏老板"领导团队的执行力远远胜过"好老板"。因为"好老板"希望扮演所谓"人见人爱"的"和稀泥先生"：员工任务没有完成，他认为情有可原；员工犯了原则性错误，他认为不必大惊小怪；订单丢失了，他觉得没什么了不起……"坏老板"的表现却完全相反，甚至有时候会对员工的某个小缺点"锱铢必较"，甚至暴跳如雷。但是，所谓"好老板"往往是妇人之仁，相反"坏老板"才是真正的事业家。

同样，"坏老板"和"好老板"对自身的要求也完全不一样，"好老板"更容易原谅自己的错误和失误，习惯性地为自己寻找冠冕堂皇的借口，而"坏老板"则对自己的要求异常严厉，行事果断高效，注重行动表率，对客户的需求更加关注，对成功的欲望更加强烈，是"自然领袖"，他绝不允许在自己身上存在低级错误，甚至他会自我惩罚。

不过，"坏老板"和"好老板"有一个共同的特点，就是都希望用"自己的风格"来塑造一个良好的工作氛围，但结果往往大相径庭："好老板"塑造的组织文化是"弱势文化"，侧重防守；"坏老板"塑造的组织文化是"强势文化"，侧重进攻。依据《哈佛商业评论》中的调查：强势组织文化平均所创造的经营绩效是弱势组织文化的一倍以上。

微软的比尔·盖茨和鲍尔默对着完不成任务的员工骂粗话、对着不能迅速领会他们意图的员工讽刺挖苦是常有的事；华为的任正非更是取笑他的财务总监"你最近进步很大，从很差进步到了比较差"，甚至对新员工说："进了华为就是进了坟墓"；联想的柳传志在一次CCTV《对话》节目中就坦诚自己办企业时拍过不少桌子，骂过不少娘；被誉为中国企业现代企业管理教父的张瑞敏说过"伟人首先是恶人"；甲骨文的拉里·埃里森和戴尔电脑的迈克·戴尔是IT业的著名"恶人"；被喻为全球第一CEO的杰克·韦尔奇更是有个杀伤力极强的绰号"中子弹杰克"。

你可以骂这样的老板简直"坏透了"，但你不得不佩服这些"坏老板"创造了高执行力、高绩效，而且是当代最卓越的企业。

创造好公司需要"坏老板"，因为"坏老板"有更坚强的神经，更有与众不同的思维模式，敢于打破常规的圈囿，能突破习惯的桎梏和传统的束缚。商业竞争毕竟是一场"打硬球"的游戏，狭路相逢"坏"者胜，归根结底是"坏人"和"坏人"之间的竞争。

而现实中，绝大多数老板是介于"好"与"坏"之间，所以他们的企业都是平庸的企业，而那些失败的企业往往是由那些"该好时却坏，该坏时却好"的老板所经营的。

下面是做一个严格老板所必须遵守的八大原则：

第一，"坏"得要真诚和真心：如果老板被员工贴上伪君子的标签，那么再怎么"坏"也让员工不服气、不信任。

第二，"坏"前要先"好"：只有你曾经对人"好"过，比如：关怀员工、帮助员工提升能力等，你的"坏"才是对人恨铁不成钢的"坏"，而不是对人嫌弃厌恶的"坏"。

第三，"坏"得有资本：你要"坏"，首先得是某一方面的专家，最好还是资深的；或者具有其他超常能力，比如：知识面广博、判断力敏锐、人格魅力超群等，否则你压根就没有"坏"的资本。切记职务权威并不是"坏"的资本。

第四，"坏"之前要掌握足够多的信息：如果你经常"坏"错了人，那你的"坏"只不过是员工茶余饭后谈论的笑话。

第五，"坏"要对事不对人。即对工作严厉，对人友善：可以讽刺挖苦但不可以侮辱人格。而且，就算对事也要区分是否原则性的问题，否则就会变成小鸡肚肠的"坏"。

第六，"坏"的对象也要有所选择：尽量对自己的直接下属的人"坏"，对间接下属则要"好"，因为直接下属平常和你近，了解你的脾气，当然平常你所给他的"好"也会最多，这样"坏"起来就有了基础。

第七，"坏"出一种风格：霸道强悍但不飞扬跋扈，强势命令但不颐指气使，金刚怒吼但不气急败坏，前者是领袖的气势，后者是小人得志的嘴脸，故宁做"恶人"，不做"小人"。

第八，"坏"得要有艺术：不是为"坏"而坏，要"坏"得让人心领神会，要"坏"得让人心服口服，要"坏"得让人肃然起敬，要"坏"得幽默风趣，要"坏"得有人格魅力，要"坏"得富有人情味，要"坏"得铁腕柔情，要"坏"得被人喜欢。

有的老板对没完成任务的员工随便原谅，对犯了原则性错误的员工也不严厉处罚，这样的老板虽然受部分员工欢迎，但并不是个"好老板"。老板强硬的行事风格往往对公司的管理起着至关重要的作用。

2.
给优秀人才注入成功的催化剂

对员工要抱以最高的期望,让他们充满信心地去迎接挑战。所以,如果你是一名管理者,那就请你给每位员工一个展示才华的机会吧!

特朗普集团总裁詹姆斯谈及自己在这方面的经验时曾说:"20多年前,我雇佣马修·卡拉马里当了本公司的一名保安。我很清楚,他的能力远远超出了这个职位的需要。他一步步走到今天,成了特朗普集团的副总裁,还兼着特朗普房地产公司的首席执行官。他是一位忠诚而值得信赖的员工,但是如果没有给他新机会、压担子的话,他这一面的才能可能永远都不会表现出来。"

不要低估任何一个人,给他们一个机会,为其注入成功的催化剂,这样,每个人都会获益。但是也要记住:你不是生活在一个理想的世界里,总有一些人会拼命地整垮你,因此你要尽力去网罗那些最优秀的人,为你所用。要创造出一个良好的工作环境,奖励那些工做出色并忠于你和你的公司的优秀人才。对人高标准、严要求,这样他们就会发奋图强。每个人都会犯错,当他们犯错时,不要太严厉,对于那些想要做得更好的人,永远都要记得给他们机会。

个人自己能做的事情是有限的,如果要在生命中成就真正的大事业,必须有人来帮助你。能否拥有最优秀的人才,是决定你事业成败的关键。唐纳德说得很对:"你必须小心谨慎,保证避开那些最差劲的人、引进最优秀的人才。"

近几年,我们有些企业发展速度很快,公司的组织结构逐渐复杂,也就出现了许多中层干部。管理专家认为，中层干部是企业的核心人才，是承上启下的中坚力量，充分调动他们的积极性，可以带活整个企业的管理工作。因此在员工管理方面，重点应是对中层干部的管理，在一定程度上，管好了他们，就等于管好了整个企业。

首先，对中层干部要实行目标管理，使他们明确自己工作的方向。并且，要为中层干部提供一个公平竞争的机会。有人曾经在一家公司对中层干部做过问卷调查，原来以为大家可能对报酬太低意见最大，结果在"影响中层干部积极性发挥的因素"这个多项选择题里面，有58.2%的人选择了"对于业绩不佳、平庸无能的中层干部，公司没有进行及时惩戒或罢免"这一项；有43.6%的人认为"干部任用的制度和做法不公正"；有39.5%的人认为"对于贡献突出、业绩卓著的中层干部，公司缺少表彰和奖励"；有34%的人认为"干部能上不能下"，"得不到应有的报酬"。

GE公司非常重视对中层干部的绩效考核。每年4～5月开年会时，最高领导会前往GE的12个业务部门，对公司的3000名高级经理（实际上也就是GE的中层管理干部）进行现场评审工作，对最高层的500名主管则进行严格的审查。会议评审从早8点开始，晚上10点结束，业务部的CEO及高级人力资源部的经理参加评审。这种紧张的评审能使这些部门的管理者识别出未来的领导者，制订出所有关键岗位的继任计划，决定哪些有潜质的经理送到GE的培训中心接受领导才能的培训。

一个企业的激励机制跟评价体制有关，评价体制跟职责界定有关，职责界定又跟企业流程有关，而流程最终是组织结构问题。企业的组织结构应该是规范和科学的，这样产生的分配机制才是合理和有效的。

管理者不要低估任何一个员工的能力，给他们一个机会，为其注入成功的催化剂，这样，公司里的每个人都会获益。

3.
劝将不如激将

《孙子兵法》中有这么一句话："怒而挠之"，意思是说对于易怒的敌将，要用挑逗的方法来激怒他，使其失去理智，轻举妄动。对此，我们常称之为激将法。

激将是富于戏剧性的谋略，常见于诸多典籍中。没有人轻易服输，英雄人物之所以能够做出惊天动地的事，往往就因为他们争强好胜。这一点，正是激将的心理基础。

西凉马超率兵攻打葭萌关，张飞大叫入帐请战。诸葛亮佯装没听见，故意对刘备说："马超智勇双全，无人可敌，除非往荆州唤云长来，方能对敌。"张飞一听急了，立下军令状，诸葛亮方才同意。决死一战的张飞与马超在葭萌关下酣战一昼夜，斗了二百二十多个回合，一举打掉了马超的锐气。如果没有军令状的刺激，张飞的潜力就很难挖掘出来，很难和马超打个平手。

人争一口气，佛争一柱香，古往今来，为争一口气的人们总是不惜牺牲一切。

诸葛亮最擅长这一套，几乎所有人都被他激过，激张飞就不止一次，连孙权都被激过。激孙权表面上看是险招，但诸葛亮早已准确洞悉孙权的心理——既不愿屈服，又担心打不过曹操。诸葛亮说他如果不能早下抗曹决心，还不如干脆投降，我们单独对付曹操得了。气得孙权拂衣而起，退入后堂。本来孙权就不服,让他投降曹操,反而刺激了孙权固有的斗志。三国之中蜀处于劣势,正是使用了激将法,帮助诸葛亮强势地完成了使命。

如果不用激将,而是百般讨好,就很难达成联吴抗曹的战略构想,与此看来,激将其实是稳招。

管理者在确定目标后,最重要的事就是激发部下的斗志。

卡耐基在这方面堪称高手,他曾用年薪百万美元聘请查尔斯·斯瓦伯出任卡耐基钢铁公司的第一任总裁,那是总裁中最高的待遇,而斯瓦伯对钢铁生产并不十分内行,这100万就是对一个生手的推动力。斯瓦伯上任后,发现属下一家钢铁厂产量排在末位。该厂规模和其他厂一样大,厂长软硬兼施,员工仍然非常懒散。斯瓦伯便向厂长要来一支粉笔,把日班的产量6吨写在地上。前来接班的夜班工人,看见一个巨大的6字,得知是总裁所写。第二天早晨,当斯瓦伯又来到车间时,看到昨天他在地上写的6字,已经被夜班工人改成了7字。

成功需要激情。人们都是有惰性的,都要面子,成功往往来源于外力的推动。在斯瓦伯的激将法下,日班和夜班相互较劲,钢铁产量逐步提高。不久,该厂的产量在卡耐基公司的所有钢铁厂中已首屈一指。

思想指挥行动,激将是激励手段中的一种。卡耐基用100万激发斯瓦伯,斯瓦伯用点子激发工人。会不会激将,体现了一个管理者水平的高低。杰克·韦尔奇说:"激励你的同仁光靠物质刺激是不够的,必须每天不断想出新点子,来激励并挑战他们。"

很多时候,劝将不如激将,人总是有自尊的,找准这个点,通过巧妙的刺激,可以促其做出超越常人的反应。

《西游记》中,猪八戒来请悟空出山救师傅,因悟空是被唐僧撵走的,就有点儿拿架子，但一听八戒说那妖精要剥他的皮、抽他的筋、啃他的骨、吃他的心，气得抓耳挠腮，于是就下山救师去了。八戒并没有瞎编，但他对师兄所说的话是有选择的，因为悟空的个性他再熟悉不过了。激将的方式很重要，决定了最后的成败。

激将不是激化矛盾，它是利用别人的自尊心和叛逆心理，以"刺激"的方式，激起不服输情绪，将其潜能发挥出来，从而得到不同寻常的说服效果。淮阴无赖侮辱韩信胆小，扬言要么你杀了我，要么你从我胯下钻过去。还好他遇到的是韩信，要换作项羽或刘邦，其命休矣。一流的激将术首先应该是善意的，如果损人利己，终有暴露的一天。很多时候，激将之所以奏效，不是对方不明就里，而是被施计人的激情和良苦用心所触动。

激将一般都是遭贬，切忌滥用。男人易受斥责影响，女人易受颂扬影响。对男士适当刺激往往会产生好效应，而对女士则多表扬少批评。激将与年纪也有关，血气方刚的青年，渴望建功立业，鲁迅一激，响者云集；而到了晚年，只想归隐山林，神游方外，千言万语他也无动于衷。老奸巨猾、十问九不应的人很少被激得起。激将法对老于世故、过于沉稳、保守及生性多疑的人尤其难以奏效。

激将法虽然有效，但是使用此法要适可而止。每个员工承受外界环境的刺激或压力都有一定的限度，在此限度内，给予刺激、压力的强度和"内驱力"成正比，即人们常说的"越激越奋发"，压力变动力，那就能产生激将的作用；如果超过了这一限度，就会导致与期望相反的效果，强弩之末不能穿透一张白纸，既没本事又没勇气，激将法其奈我何？如此看来，激将是高贵的。

　　孟子说："一怒而天下定。"树怕剥皮，人怕激气。所谓激将，就是说点刺激的话激发出别人心底的英雄气概，去执行艰难的任务。

4. 将"无为而治"运用于管理工作

"无为而治"是道家的政治哲学,主要是说统治者应尽量克制欲望,不要劳民扰民,对政事少干预,顺其自然,垂拱而治,这样做就会收到"无为而无不为"的效果,使社会得到大治。后来,人们进一步把这一原则用在君臣关系方面,于是便发展成一套颇具特色的帝王权术学。

用现代管理学的语言来诠释"无为而治"的含义,它是组织中一种至高的管理艺术,在此种管理艺术的指导下,领导者通过合理授权,组织成员无论其职位的高低和差异,都能充分发挥其潜能和智慧,成员的自由和尊严得到充分的尊重,成员的个人意愿能与组织的目标一致,从而达到一种既能实现成员个人需求又能实现组织目标的和谐状态。

在现实生活中,大凡优秀管理者实施管理策略的时候,无一不是对"人"本身的特点进行充分研究的。对于那些被管理者,一定要给予他们充分的自由和权力,这样在工作时才不至于畏手畏脚,事事向上级请示。工作如果放不开,不但个人能力得不到充分发挥,而且还会影响工作效率。

但并非每位高层领导都懂得给部属充分放权的道理,他们常常在某些方面管得过多过细,甚至不该管的地方也颐指气使,以致大大挫伤了员工的积极性。

有的管理者心胸狭窄,只相信自己,对其他人都不信赖。不仅对员工的能力不放心,而且对他们的人品也不放心,所以大事小事都是自己在忙。其实,老板的工作越忙,整个企业的工作效益就越低。因此一家企业能不能做强、做大,跟管理者的做事风格有很大的关系。

尊重人性，尊重人的价值和尊严，是任何一个时代的管理者、任何一项管理工作都应充分考虑的问题。在人的主体地位不断得到提升的今天，尊重人性更是管理工作的基础和前提。而在这一方面，道家"无为而治"的管理理念对我们是有启发的。这一理念告诉我们，管理工作不可违背人的自然本性，不能无限制地榨取民力。这一理念要求管理者在把握宏观原则的前提下，放权给部下，充分信任他们，尊重他们的积极性、主动性和创造性。

奇美实业董事长许文龙就深谙无为而至的管理之道，他一手创立的奇美实业不但已是全球最大 ABS 制造厂，而且还被视为全球最有竞争力的企业之一。

奇美没有管理部门，决策都以口头交办，董事长每周只上班两天且无专属办公室，开会像聊天闲话家常，10年前即已全面实施周休两日等，然而它的经营业绩和获利能力却令那些管理制度规章都十分严谨、周密、完备的企业惊叹不已，望尘莫及。许文龙说："凡是人，没有不愿受尊重的。俗语说：'我敬人一尺，人敬我一丈'。我对待员工皆出以尊重，受到尊重的员工自然会激发出自重，懂得自重的员工还需要管理吗？而员工的自重，就是对我最高的尊重！"

许文龙的"不管理"策略，可说是结合了简单与人性，在化繁为简，执简御繁的概念下，尊重员工，让员工自律自重，进而将个人的潜能充分发挥。奇美员工的工作效率和成本控制之所以优于竞争者，靠的就是这一套不管理策略。

在任何一个机构中都存在着领导与被领导的关系。领导者的工作是宏观的、全局性的，主要是制定大政方针、谋划发展战略、把握发展方向，而非什么事都管。处理好"为"与"不为"的关系，有所为，有所不为，是领导者应具的领导艺术。只有善于在小事上"无为"，才能在大事上更好地"有为"。抓好大事则会事半功倍，专管小事则可能事倍功半。这就是道家"无为而治"给我们提供的"抓大放小"的领导策略将"无为而治"运用于管理工作中,就要求管理者要遵循自然规律,严格按规律办事;要善于因势利导,顺其自然,为当为之事,不为不当为之事。按照老子的思想,管理者可分为四层:最高层的管理者按"道"办事,他虽实施了管理,却使人感觉不到他的存在;第二层的管理者按"德"办事,他不谋私利,一心为民办事,能给成员带来实惠,成员爱戴他;第三层的管理者依"法"行事,人们畏惧他,但并不真心拥护他;第四层的管理者按"欲"行事,他什么都不懂,却什么都想管,人们痛恨他。在老子看来,只有第一层的管理者才达到了"无为而治"的最高境界,才能取得最好的管理效果。这一理念告诉我们,最高水平的管理是顺应物性和尊重人性的管理,最高明的管理者是在悠闲自得之中将管理对象治理得井井有条。

"无为而治"的权术,主要表现为深藏不露、诡谲多变,这就是道家和法家所极力称道的帝王南面之术。无为而治对现代管理学亦有很多重要的启发,比如管理者要懂得放手让下属去干,不要事必躬亲,这也是成功管理者所必备的能力。

5.
小事糊涂,大事认真

经营企业就是经营人,而经营人的关键在于老板要懂得做人。好老板要学会小事糊涂,大事认真。当然,这种糊涂不是老板真的糊涂,而是要学会装糊涂,要信任员工,不能太斤斤计较。不要老是盯着小细节不放,不该管的事不要管。因为世上没有完美的人和完美的事,人生不如意十有八九,所以不要老是抱怨这里不如意，那里不如意，这样会严重打击员工工作的积极性。如果员工做错了事，老板能原谅他，包容他，那么他会感动，会对企业更忠诚。相反，如果老板过分批评和惩罚员工，他们反而会为自己的过失找借口。人非圣贤，谁能无过，好老板要给员工改过自新的机会；包容并不代表纵容，放权并不等于弃权，好老板要给员工成长的时间和空间。

一个好企业，一个好老板，一定要懂得小事糊涂，大事认真，员工有过错，有责任，让他们自己反省，你不要过分追究，甚至需要安慰他们，给员工力量、信心和机会。只要员工不是给企业带来灾难性的损失，就不需要过分追究，有时候，装糊涂的老板才是真正聪明的好老板。

一家企业老板之所以累，没有别的原因，就是因为他不信任人，自然就没有人愿意为老板分忧解难，最后老板累死，员工玩死，企业等死。因此，好老板要学会欣赏人、肯定人。即使员工有些小问题，也要多包容，提醒他们下次注意，千万不要把问题扩大化，否则，企业里没有人会忠心为你干活了。

要发挥下属员工的聪明才智，企业老板即使不糊涂，也得装出几分糊涂才行。这可不是任何人都能做到的，谁都怕被别人当成傻瓜，所以，郑板桥才说"难得糊涂"。

上司老板保留了"几分糊涂"，也就为下属员工的聪明才智的发挥提供了空间。项羽因太聪明才成为孤家寡人，最后自刎于乌江。刘邦正是因为有"几分糊涂"，萧何、张良、韩信、陈平……才有了广阔的舞台。所以，即使自己智力超群，远远超出下属员工一大截，也必须保留"几分糊涂"。

在决策制定过程中，下属员工所提出的意见即使存在偏颇，也要装作不明白，按照下属员工的思路提出问题，引导下属员工进行自我思考，让他们自己修正自己的意见，找出正确的答案来。这样既能让下属员工的价值得到充分的实现，又能保证他们的意志选择与企业发展的目标一致。

这种难得糊涂，相对于下属员工，其实就是为他们提供一个发挥作用，实现自我价值的机会。他们不仅会因为有这种机会而毫无保留地发表自己的意见，开动脑筋思考问题，而且还会增强对企业组织的忠诚和归属感，企业的凝聚力也会因此而提升。相反，企业老板和上司如果当众指出下属员工意见的偏颇，会使他们失去面子，这也就等于在企业组织内部树立了一个不公开的敌人。

中国人很看重面子，让下属员工没有面子，他们的心也就不再会与老板贴在一起了。

因此，糊涂的老板并不糊涂，聪明的老板也并不聪明！好老板一定要学会小事糊涂，大事认真。

> 好老板需要小事糊涂，大事认真。小事糊涂并不是指人不明事理，而是一种管理境界。

6.
发挥好榜样的力量

美国著名心理学家、组织行为学家卡尔德鲁认为，人人都有一种互相攀比的心理，所以当一位员工看到另一位跟自己在各方面都差不多的员工因为做了某事而受到表彰或晋升时，他就会去效仿那位员工——这也正是优秀员工的榜样作用所在。特别是在那些需要员工每天都时刻警惕自己的业务水平的企业当中，优秀员工的榜样作用尤为明显。行为有时比语言更重要，领导的力量往往很多不是由语言而是由行为动作体现出来的，聪明的领导者尤其如此。

可以说，在任何组织和企业中，模范员工都代表着一种强大的力量，一方面是因为这些员工本身通常都具有极强的生产力，他们大都已经在自己的工作岗位上做出了超出常人的成绩；另一方面是因为这些员工能够在自己周围形成一种强大的气场，可以不断促使身边的员工自发地努力工作。所以从这种角度上说，模范员工对任何组织和企业都是一笔宝贵的财富。

榜样员工是在实践中逐步成长起来的，是从企业内部成员中脱颖而出的优秀人物，是榜样员工的自身素质与企业优良的客观环境共同作用的结果。

在培育和造就榜样员工时，企业应做好以下三个方面的工作。

第一，企业领导要善于发现和挖掘榜样员工。榜样员工在成长的初期通常并没有什么惊人的事迹，但他们的价值取向和信仰的主流往往是进步的，是与企业倡导的价值观保持一致的。企业管理者要善于透过员工的言行了解他们的心理状态，以便发现具有员工楷模特征的"原型"。

第二，企业领导要注意培养榜样员工。发现具有员工楷模特征的"原型"后，要为他们成长为榜样员工创造必要的条件，开阔他们的视野，增长他们的知识，扩展他们的活动领域，为他们提供更多参与企业文化的机会，以便增强他们对企业环境的适应能力，使他们更深刻地了解企业的文化价值体系。

第三，企业领导要着力造就榜样员工。通过对榜样员工的言行给予必要的指导，让他们在经营管理活动或文化活动中担任一定的实际角色或象征性角色，让他们得到一定的锻炼。当榜样员工基本定型后，企业应该认真总结他们的经验，积极开展传播活动，提高他们的知名度和感染力，最终使之为企业的绝大多数员工所认同，发挥其应有的激励作用。在这里必须指出的是，在对榜样员工进行宣传的过程中，绝不能人为地对其"拔高"，因为纸终究是包不住火的，当人们知道事情真相的那一天，就是榜样员工失去激励作用甚至是发挥反作用的那一天。

福特公司的所有车间都公开推举一个"模范工人"，推举完成之后，张贴到每个车间最醒目的位置，并将其作为新的车间工作标推。除此之外，公司还定期举办各种形式的讨论会，对"模范工人"在生产过程中的各个细节做法进行推广和研讨。就这样，一段时间之后，当"模范工人"的做法成为整个公司的标准作业方式之后，新一轮的讨论又开始了……直到现在，这一经典的激励方法仍在发挥着它持久的生命力。

在企业内部，寻找榜样员工需要注意哪些方面的内容呢？

首先，要根据企业需要，树立不同层次的榜样员工。在任何一家企业中，都有各种各样的员工，他们拥有不同的背景，成长的道路也不尽相同。因此，企业在树立榜样员工时，不能搞"一枝独秀"，而应做到"百花齐放"。不同类型的企业员工需要不同的榜样员工来激励和引导。企业管理者在树立榜样员工时，应该善于树立不同层次和不同类型的榜样。只有这样，不同类型的员工才能在"百花"之中找到最适于自己学习的榜样，榜样员工的激励效果才会更为显著。

其次，树立榜样员工一定要真实。从某种意义上说，榜样员工在生活中的多数方面和其他人并无二致，人们对此已达成共识。因此，企业在树立榜样员工时，不能胡乱虚构，不能任意拔高，更不能一好百好。如果其他员工知道榜样是不真实的、是虚构的，这比没有榜样还要坏得多。因为假相一旦被揭穿，员工就会有逆反心理，从而消极怠工，对企业所做的一切都持怀疑态度。

再次，不能神化榜样员工。企业树立员工榜样是为了让员工去学习，既然目的是为了让其他员工学，那就要他们"能够学"。企业如果把榜样神化，变成不食人间烟火的神仙，员工们就会感到望尘莫及。榜样员工也是人，也是有肉有血，有七情六欲的人，他们离不开现实生活的土壤，更离不开深厚的群众基础。因此，企业在树立、宣传榜样员工时并非越完美越好，而应本着能够为大多数人所接受，并乐意仿效为最佳。

榜样的力量是无穷的，树立一个好榜样，能够引起人们在感情上的共鸣，给人以鼓舞、教育和鞭策；能激起人们效仿和学习的愿望；能丰富人的感情，端正人的思想，指导人的行为。

7.
把压力转化为动力

爱好篮球的人都知道，拍篮球时，用的力越大，篮球就跳得越高，这就是"拍球效应"。拍球效应的寓意就是：人承受的压力越大，其潜能发挥的程度就越高；反之，人的压力较轻，其潜能发挥的程度就较小。

有一位经验丰富的老船长，当他的货轮卸货后在浩瀚的大海上返航时，突然遭遇到可怕的风暴。水手们惊慌失措，老船长果断地命令他们立刻打开货舱，往里面灌水。"船长是不是疯了，往船舱里灌水只会增加船的压力，使船下沉，这不是自寻死路吗？"一个年轻的水手嘟囔着。

看着船长严厉的脸色，水手们还是照做了。随着货舱里的水位越升越高，船一寸一寸地下沉，但狂风巨浪对船的威胁却一点一点地减少，货轮渐渐平稳了。

船长望着松了一口气的水手们说："百万吨的巨轮很少有被打翻的，被打翻的常常是根基轻的小船。船在负重时，是最安全的；空船时，则是最危险的。当然这种负重是要根据船的承载能力界定的，适当的压力可以抵挡暴风骤雨的侵袭，但如果是船不能承受之重，它就会如你们担心的那样，消失在海面。"

老船长就是运用了压力效应，才使得人船俱存。那些得过且过，没有一点压力的人,就像风暴中没有载货的船,一场狂风巨浪便会把他们打翻;而那些负荷过重的人,不是被风浪击倒,就是沉寂于忙碌的生活。

有个关于猎狗和兔子的寓言故事:一条猎狗将兔子赶出了窝,一直追赶它,追了很久仍没有捉到。一只羊看到此情景,讥笑猎狗说:"你们两个之间,个子小的反而跑得快得多。"猎狗回答说:"你不知道,我们两个跑的目的是完全不同的!我仅仅为了一顿饭,它却是为了性命。"该寓言故事深刻地揭示了这样一个道理:压力能产生动力,压力越大,动力越强。如果猎狗再不吃饭就要饿死了,那么它的表现肯定与当时不同。

人当然需要压力,我们可将压力转换成动力,这样就会在动力的驱动下产生自己想要得到的结果。压力伴随着人的一生,谁都不可能避免。它就像呼吸一样永远存在,只有呼吸停止了,压力才消失。有压力才有动力,人要是活在一个没有压力的环境下,就容易颓废,就很难有进步,如同水没有落差就不会流一样。

给下属压重担。工作任务永远必须在能力之上,给部下加压,让其负起重担,本身就是一种信任和重托,唤起人的崇高感、使命感和责任心,这样他将会全力以赴、一心一意为企业服务。

压力有多大,动力就有多大,二者相辅相成。在管理中,管理者必须给被管理者一定的压力,才能调动被管理者的积极性,激发起斗志。

8. 赏不避小，罚不避大

赏罚分明是管理中的一种艺术。古代军事家说："善治军者，赏罚有信。赏不避小，罚不避大。"在中国军事史上，以"罚不避大"整严军纪，振奋军心的典型事例不胜枚举，如孙武演阵斩宠姬、穰苴立表斩庄贾、周亚夫细柳严军纪、诸葛亮挥泪斩马谡等历史佳话。

三国时代的诸葛亮与司马懿在街亭对战，马谡自告奋勇要出兵守街亭，诸葛亮心中虽有担心，但马谡表示愿立军令状，若失败就处死其全家，诸葛亮这才勉强同意他出兵，并指派王平随行，且交代在安置完营寨后须立刻回报，有事要与王平商量，马谡一一答应。可是军队到了街亭，马谡执意扎兵在山上，完全不听王平的建议，而且没有遵守约定将安营的阵图送回本部。等到司马懿派兵进攻街亭，围兵在山下切断了粮食及水的供应，使得马谡兵败，街亭失守。事后诸葛亮为维持军纪而挥泪斩马谡，并自请处分降职三等。

纪律是一切制度的基石，组织与团队要能长久存在，其重要的维系力就是团队纪律。建立团队纪律首要的一点是：领导者自己要身先士卒维护纪律。

"纪律可以促使一个人走上成功之路。"怡安管理顾问公司的张华博士曾说过："领导者的气势有多大，就看他的纪律有多深。"一个好的领导者必定是懂得自律的人，而且也一定是可以坚持及带动团队遵守纪律的人。

对于那些违反规章制度，犯了错误的员工，必然要照章办事，该罚则罚，毫不手软。如果赏罚不明，就不能充分调动下属的积极性，发挥他们的潜能，也不利于事业的发展。

有的领导者，在平日的行为上对部属的管理十分严厉，不假颜色，但在实际行动上却很仁慈。例如，当部属犯错时，面恶心善的领导者虽然会疾言厉色，但却不会采取"恶行"，如减薪、解聘等惩罚手段来处罚部属。有的领导者则恰恰相反。在平时，他可能会和颜悦色地解释教导部属，但是，当部属犯错时，他绝对是依法行事、纪律严明，不容部属有任何侥幸心理。必要时，在人事的处理上毫不因循。面善心恶的领导者可以立威立信，因为部属知道领导是不讲人情只讲是非的。面恶心善的领导者很难立威立信，因为部属知道领导仁慈，犯了错最多被说说而已。哪种领导方式可以达到较好的绩效，也就不言而喻了。

《左传》记载：孙武去见吴王阖闾，与他谈论带兵打仗之事，说得头头是道。吴王心想，"纸上谈兵管什么用，让我来考考他"。便出了个难题，让孙武替他训练姬妃宫女。孙武挑选了一百个宫女，让吴王的两个宠姬担任队长。

孙武将列队训练的要领讲得清清楚楚，但正式喊口令时，这些女人笑作一堆，乱作一团，谁也不听他的。孙武再次讲解了要领，并要求两个队长以身作则。但他一喊口令，宫女们还是满不在乎，两个当队长的宠姬更是笑弯了腰。孙武严厉地说道："这里是演武场，不是王宫；你们现在是军人，不是宫女；我的口令就是军令，不是玩笑。你们不按口令训练，两个队长带头不听指挥，这就是公然违反军法，理当斩首！"说完，便叫武士将两个宠姬杀了。

场上顿时肃静，宫女们吓得谁也不敢出声，当孙武再喊口令时，她们步调整齐，动作划一，真正成了训练有素的军人。孙武派人请吴王来检阅，吴王正为失去两个宠姬而惋惜，没有心思来看宫女训练，只是派人告诉他："先生的带兵之道我已领教，由你指挥的军队一定纪律严明，能打胜仗。"孙武从立信出发，换得了军纪森严、令出必行的效果。

做人难，做个优秀的管理人才更难。特别是担任管理职务的中层干部，往往会遇到孙武这样的问题，制定的政策在推行时因触及了一些人的利益而无法实施。这些人或是比自己职位高，或是有很多自己开罪不起的背景，他们形成的阻碍会让你进退两难。

正所谓"慈不掌兵"，管理者就应该坚持正确的原则，虽然推行的结果可能是得罪一些高层人士导致自己的职位不保，但如果你的政策推行不下去，那你的前途同样受阻。这就是我们通常所说的机会成本，它所运用的是经济学最常用的一种理论：博弈论。其实只要你是客观公正地执行政策，而不是过多纠缠于自己的私利，那成功的机会还是很大的。

作战之计已定便执行，决定发兵便马上行动；将帅不需怀疑计划，士兵也不需乱想心疑。

赏罚不明，就不能充分调动下属的积极性，发挥他们的潜能，也不利于事业的发展。

第九章

合理引导术
——学会有效协调内部关系

许多立志于建立高效团队的管理者谈到"冲突"都闻风色变。的确,在传统意义上冲突被认为是造成不安、紧张、不和、动荡、混乱乃至分裂瓦解的重要原因之一。冲突破坏了团队的和谐与稳定,造成了矛盾和误会,但将冲突完全消灭也是一件不恰当且不可能完成的事。因此,笔者认为,冲突其实是一种有效的沟通方式,建设性地处理冲突有时反而能实现共赢,成为团队高效的润滑剂。

1.
合理利用竞争

管理者应向下属说明企业竞争力的重要性。强有力的竞争，可以促使员工发挥高效能的作用。因此，在对下属的管理中，引入竞争机制，让每个人都有竞争的意念，并能投入到竞争中，这样组织的活力就不会衰竭。

每个人都有上进心、自尊心，耻于落后。心理科学实验表明，竞争可以增加一个人一半或更多的创造力。竞争是刺激人们上进的有效方法，也是激励员工的最佳手段。没有竞争，就没有活力。没有压力，组织和个人都不能发挥出全部的潜能。

竞争中要注意的问题是规则要科学、合理、公正，要防止不正当竞争，培养团队精神。有些竞争不但不能激励员工，反而挫伤了员工士气。如果优秀者受到揶揄，就是规则出了问题，不足以使人信服。不可否认，竞争确有负面的影响，尤其在员工素质较差时，可能会出现一种无序的恶性竞争或不良竞争，影响企业的发展。但竞争的好处也是显而易见的，利大于弊，领导者还是大胆地鼓励竞争吧！只有平庸的人才害怕竞争。

竞争中任何一点不公正都会使竞争的光环消失，如同一场裁判偏袒一方的足球赛。如企业竞选某一职位，员工知道领导早已内定，还会对竞选感兴趣吗？如进行销售比赛，对完不成任务的员工也给奖，能不挫伤先进员工的积极性吗？失去了公正，竞争就失去了意义，只有公正才能达到竞争的目的。

凡是竞争激烈的地方，大多会发生不正当竞争，如：不再对同事工作给予支持，背后互相攻击、互相拆台；封锁消息、技术、资料；在任何事情上都成为水火不相容的"我们和你们";采取损害公司整体利益的方法竞争等等,这些竞争势必破坏团队精神。企业的成功依赖于全体员工的团结,而不正当的竞争足以毁掉一个组织。

为了避免不正当竞争的弊端,首先要进行团队精神塑造,让大家明白竞争的目标是团队的发展,"内耗"不是竞争的目标;其次是创造一个附有奖励的共同目标,只有团结合作才能达到;第三是对竞争的内容、形式进行改革,剔除能产生彼此对抗、直接影响对方利益的竞争项目;第四是创造或找出一个共同的"敌人",如另一家同行业的公司,以此淡化、转移员工间的对抗情绪;最后是直接摊牌,立即召见相关人员把问题讲明白,批评彼此暗算、不合作的行为,指出从现在开始,只有合作才能受到奖励,或者批评不正当竞争者,表扬正当竞争者。

无论你的企业是盈利的还是非盈利的,都必须面对高利润企业的高效率竞争,但是企业内部的竞争若是不当,会变成内耗无穷的纷争,若不及时反省管理原则,企业随时都有可能被这种无谓的内耗拖垮。

2.
及时找准泄漏点

当发生火灾时,只有找到致火因素,是电路着火还是油路着火,根据不同情况采取不同灭火措施,才能有效灭火;当发生漏水事故时,仅仅用密封胶去堵,是远远不够的,必须找到泄漏点,找到泄漏的根源,才能彻底防漏。

攻击敌人,攻心为上。打击他的信心,哀莫大于心死,其心既死,战斗力则无。断粮草断水源，切断供应，自然后继无力，难以为继。一方攻城，另一方死守，攻城的一方兵强马壮，粮草充足，守城的一方全是老弱病残，难以支撑，唯一的指望就是援军友军的到来。这时攻城的一方就会另派伏兵，将援军堵在外围或消灭在半路，那么守军立刻就会失去斗志，束手被擒。

某老板提前一个月通知一个员工被解雇了，此后他天天上班无所事事，四处闲逛，搬弄是非，在员工之间产生了很坏影响。于是老板下令搬走他的电脑，注销他的账号，收回他的门禁，他不能上网，不能随意走动，只好乖乖地办完手续，灰溜溜地走了。

当员工发生骚乱事件时，老板一定不要立刻卷入其中，更不要火冒三丈，火上浇油，这样不仅无助于问题的解决，反而会使情况变得更加严重，情形变得更为糟糕。面对困境时老板应沉着冷静，查明原因，对症下药，这样问题必将迎刃而解。

火力太猛，难以相敌，可以避其火锋，找到火源，将其消灭，则火情自减。釜底抽薪，立竿见影，扬汤止沸，事半功倍。

3
真理在握，虽千万人吾往矣

解决关键问题。在企业中经常会发生这样的问题：某个问题总是能连续引发某些人之间的冲突，或者是某几个部门之间的冲突，这时就需要管理者出面来考虑调整某些工作的流程，或者是制定一些能够缓冲矛盾的制度加以规范。

上级强制仲裁。一个组织中的冲突并不是那么容易化解的，若是出现不正常的特殊情况，比如恶意的冲突等，就需要请示上级的管理人员，要求高层运用职权来解决。

美国总统林肯，在他上任后不久，有一次将六个幕僚召集在一起开会。他提出了一个重要法案，而幕僚们的看法并不统一，于是七个人便热烈地争论起来。林肯在仔细听取其他六个人的意见后，仍感到自己是正确的。在最后决策时，六个幕僚一致反对林肯的意见，但他仍固执己见，说："虽然只有我一个人赞成但我仍要宣布，这个法案通过了。"

表面上看，林肯这种忽视多数人意见的做法似乎过于独断专行。其实，他已经仔细地了解了其他六人的看法并经过深思熟虑，认定自己的方案最为合理。而其他六人持反对意见，只是一个条件反射，有的人甚至是人云亦云，根本就没有认真考虑过这个方案。既然如此，自然应该力排众议，坚持己见。所谓讨论，就是从各种不同的意见中选择出一个最合理的。既然认为自己是对的，那还有什么可犹豫的呢？

在企业中，经常会遇到这种情况：新的意见和想法一经提出，必定会有反对者。其中有对新意见不甚了解的人，也有为反对而反对的人。一片反对声中，领导者犹如鹤立鸡群，限于孤立之境。这时，领导者不要害怕孤立，对于不了解的人，要怀着热忱，耐心地向他们说明道理，使反对者变成赞成者；对于为反对而反对的人，任你怎么说，恐怕他们也不会接受，那就干脆不要寄希望于他们的赞同。

决断，是不能由多数人来做出的。多数人的意见是要听的，但做出决断的，是一个人。重要的是你的提议和决策是对的，只要真理在握，虽千万人吾往矣。

4.
讲制度的同时也要对人有情

冲突一旦发生很容易让人头脑发热、情绪激动，在这种情况下，作为管理者要及时调节双方的情绪，让他们明白一个团队目标的实现需要大家的共同努力，而不应该把个人的情绪带入工作当中。如果有人出了差错，管理者千万别急着抱怨这个问题，应强行控制一下自己的情绪，第一反应应是：检查这条"路"。国内有位著名的管理咨询师讲述了这样一个故事：

有一次令我印象深刻的经历。我们要为一家企业提供一次内部员工训练。按惯例，作为训前调研我与该公司总经理进行了一次深入的交流。这家公司的办公室在一幢豪华写字楼里，落地玻璃墙，非常气派。交流中，透过总经理办公室的窗子，我无意间看到有来的访客人因不注意，头撞上了高大明亮的玻璃大门。大约过了不到一刻钟，竟然又看到了一个客户在同一个地方头撞玻璃。前台接待小姐忍不住笑了，那表情明显的含意是："这些人也真是的，走起路来，这么大的玻璃居然也看不见，眼睛到哪去了？"

这一幕，我与总经理都同时注意到了，彼此相视一笑，我问："以前这儿也有过撞玻璃的事吗？"他答道："好像也有过。"因为他们公司是我们的老客户，大家非常熟悉，我开玩笑似地问道："请问，您认为这里有什么问题？"他知道我不会随便问这个问题，立即反问我："请问易老师，你看到了什么问题？"我继续开玩笑道："有一点是肯定的，那就是你们的玻璃擦得实在太干净，以至于走路的人误以为这里没玻璃。"说完，我们两人会心地哈哈大笑。

其实我们知道，解决问题的方法很简单，那就是在这扇门上贴一根横标志线，或贴一个公司标志图即可。然而，问题的关键是，为什么这里多次出现问题可就是没人来解决呢？这一现象背后真正隐含着的是一个重要的解决问题的思维方式，即"修路原则"。

当一个人在同一个地方出现两次以上同样的差错，或者两个以上不同的人在同一个地方出现同一个差错，那一定不是人有问题，而是这条让他们出差错的"路"有问题。此时，作为问题的管理者最重要的工作不是管人——要求他不要重犯错。

如果我们照以前那样的方式思考问题，你会发现，只要这条路有问题，你不在这里出差错，也会有其他人因它而出错；今天没人在这里出差错，明天还会有。比如，有一盆花放在路边，若有两个人路过时，都不小心碰了它一下，正确的反应是：不是这两个人走路不小心，而是这盆花不该放在这里或不该这样摆放。

一般认为，如果一个人在同一个地方摔两次，他会被人们耻笑为"笨蛋"；如果两个人在同一个在方各摔一倒，他们会被人耻笑为两个笨蛋。而按照"修路原则"，正确的反应是：是谁修了一条让人这么容易摔倒的路？如何修正这条路，才不至于再让人在这里摔倒？

如果有人重复出错，那一定是"路"有问题。比如，对他训练不够，相交流程不合理，操作性太过复杂，预防措施不严密等。

邓小平有一句名言：好的制度，能让坏人干不了坏事；不好的制度，能让好人变坏。管理者想要执行顺利，一方面，要尽量提升人的素养，不那么容易被"路障"绊倒；更重要的要把"路"修好，让它不容易绊倒别人。只要发现有问题，立即"修路"，这样因为"路"越修越好，就会使问题就越来越少，进步越来越多。

管理进步最快的方法之一就是：每次完善一点点，每天进步一点点，每个人每一次都能因不断修"路"而进步一点点。

所有的管理者在批评人时都有一句口头禅，那就是对事不对人，但以我之经验，很多管理者实际在抱着这样一个美好的愿望和美妙的借口，在对人而不是对事。管理者往往能摆出很多事实说明我在对事不对人。那么评价一个管理者在处理问题时到底是在对事还是在对人？如何才能做到对事不对人呢？笔者愚见：如果管理者最后把事情解决了，类似的事情解决了，并且在以后不对当事人产生主观评价，那就是对事不对人。如何才能做到对事不对人呢？即对其行为要"厌"、要"恶"；但对其人要"尊"、要"爱"，这是处理复杂人际关系的一条重要原则。

管理就是一种严肃的爱，按制度办事与讲情面是不可调和的矛盾；关键看你处理得是否巧妙与恰当。既能坚持制度的严肃性，又不伤人的感情，这才是一个领导的高明之处。

在日常管理工作中，每个员工都有可能出现错误，碰到这种情况时，应当对事不对人，做到对事无情，对人有情。比如，你的同事，你的下属，有做得不对的地方，你就要从讲原则的角度出发，该批评的批评，该处罚的处罚，这样既可以做到一视同仁，也能对其他人起警醒的作用。同时只有对事讲原则，才能不破坏规矩和制度。

事情是人做的，对事无情，有可能伤害对方的心，所以，处事要做到对人有情。对人有情，既能说服对方，又能使对方心存好感，从而赢得人心。对事不对人，对事要按制度办事，而对人却要讲情面。如果对事无情，对人也无情，自然会遭到对方的反感，难以达成解决问题的目的。

西洛斯·梅考克是美国国际农机商用公司的老板。他是一个坚持原则的人，如果有人违反了公司的制度，他一定毫不犹豫地按章处罚。但这并不意味着他不讲人情，相反，他非常体贴员工的疾苦，能够设身处地地为员工着想。

有一次，一位跟梅考克干了10年的老员工违反了工作制度，酗酒闹事，迟到早退,还因此跟工头大吵了一架。在公司的规章制度中,这是最不能容忍的事情,不管是谁违反了这一条,都会被坚决地开除。当工厂的工头把这位老员工闹事的材料报上来后,梅考克迟疑了一下,但仍提笔批写下了"立即开除"四个字。

梅考克毕竟与这位老员工有过患难之交的感情,他本想下班后到这位老员工家去了解一下情况,不料这位老员工接到公司开除的决定后,立刻火冒三丈。他找到梅考克,气呼呼地说:"当年公司债务累累时,我与你患难与共,3个月不拿工资也毫无怨言,而今犯这点错误就把我开除,真是一点情分也不讲!"

听完老员工的叙说,梅考克平静地说:"你是老员工了,公司制度你不是不知道,应该带头遵守……再说,这不是你我两个人的私事,我只能按规矩办事,不能有一点例外。"

梅考克又仔细地询问了老员工闹事的原因,通过交谈了解到,这位老员工的妻子最近去世了,留下两个孩子,一个孩子跌断了一条腿,住进了医院;另一个孩子因吃不到妈妈的奶水而饿得直哭。老员工是在极度痛苦中借酒消愁,结果误了上班。

了解到事情的真相后,梅考克为之震惊,"你怎么这么糊涂呢?我们不了解你的情况,对你关心不够啊!"梅考克接着安慰老员工说:"现在你什么都不用想,快点回家去,料理你夫人的后事和照顾好孩子。你不是把我当成你的朋友吗?所以你放心,我不会让你走上绝路的。"说着,他从包里掏出一沓钞票塞到老员工手里。

老员工被老板的慷慨解囊感动得热泪盈眶,他哽咽着说:"想不到你会这样好。"

梅考克嘱咐老员工:"回去安心照顾家吧,不必担心自己的工作。"

听了老板的话,老员工转悲为喜说:"你是想撤消开除我的命令吗?"

"你希望我这样做吗?"梅考克亲切地问。

"不!我不希望你为我破坏公司的规矩。"

"对，这才是我的好朋友，你放心地回去吧，我会适当安排的。"

梅考克在继续执行将老员工开除的命令，以维持公司纪律的同时，将他安排到自己的一家牧场当了管家。梅考克这样做，不仅解决了这个老员工的忧难，使他的生活有了保障，更重要的是他这样做，赢得了公司其他员工的心。大家认为梅考克这样关心员工，是他们值得为之拼命工作的人。从此，员工们同梅考克一起，为国际农机商用公司的强盛同舟共济。

当许多管理者一味地强调制度时，他们往往会忽略人情的重要性。有时，人情的威力远远大于冷冰冰的制度影响，只有在讲制度的同时，又给员工以关心和爱护，才能真正激发员工，管好企业。

管理者想要执行顺利，一方面，要尽量提升人的素养，不要那么容易被"路障"绊倒；更重要的是把"路"修好，让它不容易绊倒别人。

5.
保持一定的距离

军旅生涯使戴高乐建立了一个座右铭："保持一定的距离"，这也深刻地影响了他和顾问、智囊和参谋们的关系。在他十多年的总统岁月里，他的秘书处、办公厅和私人参谋部等顾问和智囊机构，没有人的工作年限能超过两年以上。他对新上任的办公厅主任总是这样说："我使用你两年。正如人们不能以参谋部的工作作为自己的职业，你也不能以办公厅主任作为自己的职业。"这就是戴高乐的规定。

这一规定出于两方面原因：一是在他看来，调动是正常的，而固定是不正常的。这是受部队做法的影响，因为军队是流动的，没有始终固定在一个地方的军队。二是他不想让"这些人"变成他"离不开的人"。这表明戴高乐是个主要靠自己的思维和决断而生存的领袖，他不容许身边有永远离不开的人。只有调动，才能保持一定距离，而唯有保持一定的距离，才能保证顾问和参谋的思维和决断具有新鲜感和充满朝气，也就可以杜绝年长日久的顾问和参谋们利用总统和政府的名义营私舞弊。

古代有个人，在城里开了一家当铺。有一年年底，有位穷邻居将衣物押了钱，却空手来取，伙计不给他，他就破口大骂，人们都说这个人不讲理。

但是，那个穷邻居仍然是气势汹汹，不仅不肯离开，反而坐在当铺口。

当铺老板见此情景，从容地命令店员找出那位邻居的典当物，加起来共有衣服四五件。伙计不明白老板的意思，他解释道："我明白他的意图，不过是为了度年关。这种小事，值得这样面红耳赤吗？"

随后，老板又指着棉袄对穷人说："这件衣服御寒不能少。"又指着外袍说："这件给你拜年用。其他的东西不急用，还是先留在这里，等你有钱再来取。"

那位穷邻居拿到两件衣服，不好意思再闹下去，只好离开了。

谁知，当天夜里，这个穷汉竟然死在别人的家里。

原来，穷汉和别人打了一年多的官司，因为负债过多，不想活了。但是，死后他的妻儿将无依无靠，于是他就先服了毒药，故意寻衅闹事。他知道当铺老板富有，想敲诈一笔安家费，结果老板以圆融的手法化解了，没让这个穷汉得逞。于是他就转移到另一户人家里去无理取闹，最后，这户人家对他大发雷霆，还让家丁打了穷汉一顿。没想到穷汉当场就死了。后来，这户人家只好自认倒霉，出面为他发落丧葬事宜，并赔了一笔钱给穷人的妻儿。

事后有人问那位当铺老板："难道你是事先知情才这么容忍他。"当铺老板回答说："凡是无理挑衅的人，一定有所依仗。如果不能远离他们故意设置的是非，那么灾祸就会立刻来了。"

所谓"得饶人处且饶人"，那个当铺老板并不是先知，而是他懂得为自己和他人留后路，所以得到了好的回报。对于穷汉来说，决意寻死，没有什么好损失的，所以豁出去了，决定找个有钱人闹个天翻地覆。

不能远离是非的人，可能就在此被卷进了烈焰般的是非旋涡之中，一起烧得灰飞烟灭。你可以说他倒霉，但也是因为他不够冷静有见识，所以不会主动避让，或是逃得不够远，才会有不良后果。

做人要厚道，固然是老生常谈，但仔细想起来却是再实在不过的道理；为人态度谦恭有礼，行事多给别人一分尊重，无理取闹之人自然就闹不起来，自己也就得以远离是非了。

俗话说，距离产生美，但是对于一个成功的企业家来说，适当地与下属保持距离不仅能够给下属产生一种神秘的美感，并且也可以维护好一个领导的形象。

6.
克制"螃蟹效应"

西方人对"解决问题"十分重视，却不明白"解决了一个问题往往会引发更多的问题"的道理。管理之所以越弄越复杂、越来越困难，便是不断解决问题所引起的后遗症日趋严重所致。

在篓子里放一只螃蟹，这只螃蟹很快就爬出去了，但如果放进一群螃蟹，就算没有盖子，它们也爬不出去，因为只要有一只往上爬，其他的螃蟹便会攀附在它身上，把它拉下来，这就是"螃蟹效应"。在一个团队里，如果成员之间像这些螃蟹一样，为各自利益而互相打压，那这个团队永远也不可能前进。

你是如何理解"螃蟹效应"的呢？你的身边是否存在或你曾经历过"螃蟹效应"的团队？如何才能成功避免"螃蟹效应"的发生？

"螃蟹效应"是可悲的，但它却在许多企业中存在，严重时会形成一种恶性循环，并严重损害整个团队的利益，最终对谁都不会有利，但"螃蟹效应"是很难避免的。

"螃蟹效应"产生的原因在于：

（1）人总是自私的。这种自私心理导致了主观倾向，我们总认为自己比别人怎么样，特别是能力相近的人，在职场中总不愿意别人比自己强。这种自私心理是产生"螃蟹效应"的首要因素。

（2）与同龄人相比，人总是很好强。这种好强心理让我们谁也不会服谁，总想在某些方面超越竞争对手，于是相互间总会形成牵制，有形和无形的争斗就展开了，"螃蟹效应"也就应运而生。

（3）人才的聘用制度不健全。目前，许多企业和政府部门的人才聘用制度不科学，导致合适的人不能进入合适的岗位，许多有能力的人得不到晋升，而一些专攻权术的人却能平步青云，这是"螃蟹效应"产生的客观原因。

（4）权力和责任不能对等。出现"螃蟹效应"，还在于权力和责任的不对等，权力大、职位高，有时承担的责任反而小了，所以心理上大家都向往权力，都想往上爬，于是一只螃蟹向上爬去，其他的螃蟹总会想办法去阻挠。

（5）团队缺乏协作的文化氛围。从前面几点可看出，要想避免"螃蟹效应"几乎不太可能，但可用有利于团队建设的理念和文化来引导人产生协作精神，协作的结果会让我们看到1加1大于2的效应，这种效应会让我们自私的心理得到克制。

企业人际内耗的主要危害：一是影响内部团结；二是影响工作效益；三是影响企业氛围。企业的人际内耗是十分有害的，应该引起每个管理者的注意。克服内耗要理顺的内部关系有很多，但最重要的是理顺人际关系，因为人际关系是企业基础管理的中心环节。管理者要想理顺人际关系，须注意以下几点。

第一点，管理者应破除对企业人际关系掉以轻心的思想，要清理阻碍人际关系的不良偏见，解决好对新型人际关系的认识问题，树立正确的人际观，在思想观念上提高克服内耗的自觉性。

第二点，企业的人际关系是庞杂的，既有高级领导层，又有中层主管，还有广大普通员工，且各层次又有不同的人员方位。这就要求管理者对人际系统的层次方位全局在胸，不断强化人际"制高点"，居高临下，带动企业克服内耗。

第三点，管理者在影响人际距离因素上要有所发掘，不断改善人际环境。良好的人际环境的建立，必须依靠人际距离的缩短才能得以实现，因此，管理者只有深入研究企业内部影响人际距离的自然、空间、相似、性格和利益等相关因素，积极发掘和创造人际关系的发展条件，努力克服内耗。

第四点，职工的个性千差万别，决定了处理人际关系方法的非定量化和非程序化。因此，管理者处理人际关系既要有科学性，又要有艺术性，二者的有机统一是增进人际交往的实际技能。正确处理企业人际关系的技能极为广泛，诸如催人奋进的表扬和奖励，治病救人的批评惩处，深察入微的体贴关心，循循善诱的启发教育，关怀备至的真切爱护和真心实意的协商对话等等，都是一些行之有效的技能方法。

老百姓都知道"家和万事兴"，对于一个企业来说更是这样，内部的和睦是维持其发展壮大至关重要的条件。

7. 如何对待小圈子

每个公司里都普遍存在一种现象：小圈子，不同的小圈子一起繁衍出一个公司的企业文化。只要有公司存在，就有小圈子生根发芽的土壤。而小圈子的荣辱兴衰，也能从一个侧面反映出这个公司在人事上、管理上、文化上的变更交替。

从踏进写字楼的那一刻起，你已经不再是自然人，而是不自觉地扮演起一个不折不扣的社会人的角色。既然是社会人，就要不可避免地面对各种矛盾、困窘的袭扰。这个时候，约上公司里几个谈得来的同事出去小聚一时，彼此倾诉内心的苦闷，聆听对方的点拨，能使你疲惫的身心得到片刻的放松，那种释怀的愉悦，便显得弥足珍贵。而这三两成群的小圈子也在一次次的重复交往和吐故纳新中悄然形成。

张先生在一家IT公司行政部工作，在老板的心目中，销售、市场、研发等部门是公司的一线部门，属于老板的嫡系，而人事、行政、办公室等部门的地位类似于庶出，每当裁员风声趋紧时，这些部门的员工最容易得到老板的"眷顾"。由于都处于共同境遇，这几个部门的人自然走得近些，久而久之，也形成了一个小圈子。他们在纷纭复杂的公司环境中相互观照，渐渐成了无话不谈的铁哥们。在一次裁员前夕，他们几个在小酒馆里激情相约：敢动咱们中的一个，就给他集体撂挑子！

然而，当张先生真的得知自己即将被解聘时，那些个昨晚还"对天盟誓"

的同仁却把当初的承诺忘在了脑后。除了愧惜、安慰之外，只有一句听起来还有几分务实的话："我也不知道还能为你做些什么？"这些"铁兄弟"对一起撂挑子的"兵谏誓言"却只字不提。通过这件事情，张先生感到小圈子的力量是多么地薄弱。毕竟人都是现实的，危机时刻首先想到的只能是明哲保身。

对于公司的管理者来说，公司里形成诸多的小圈子，在他们眼中纯属员工私事，不足挂齿。尤其是形成两个泾渭分明的小圈子时，公司管理者才会高兴呢！毕竟两个小团体的不同风格，对于自己的管理艺术是一个很好的锻炼。两派如果掐起来，也一定会请自己充当裁判。高明的管理者多采用抹稀泥的做法，各打五十大板。越是这样，自己的宝座才坐得踏实安稳！因此，对于上司来说，多几个小圈子也没什么不好的。

毋庸置疑，小圈子有时候也容易成为办公室流言的发源地，不和谐因素的大卖场。更有甚者，由于对职业化理解程度的差异，不同小圈子中的个别人还会相互攻击贬损，一时间弄得公司内部谣言四起，人心惶惶。不仅对公司的企业文化建设不利，而且对每一个人的成长也造成了负面影响。因此，正视它的存在并加以正确引导，使之形成一个个风格各异但却能产生向心力的团队，更是考验一个企业管理者管理艺术高下的一块试金石。

作为管理者，你可以看看华为是如何对待员工形成的"小圈子"的。

华为老员工与新员工，是两个极；垄断行业与其他非垄断行业，是两个极。在许多企业，有的部门甚至有的员工配有小汽车，可以公车私用，上下班代步或者干脆就跟私家车一样，其他的部门或员工却没有。

同一个公司，有富裕阶层和相对贫困阶层，有干部阶层和群众阶层，有资深员工——既得利益者，有新员工——一无所有者。这是老板的策略，人为地拉开员工与员工的差距，让一部分人先阔起来，以造成一种竞争的态势，可以刺激员工的上进心，创造财富。

这种策略有两种主要用途：其一，有利于瓦解帮派。例如当贫困阶层对富裕阶层产生不满时，可以把他变成富裕阶层，当他的处境改变，他的想法就会发生一百八十度的大转弯；其二，可以制造落差，刺激竞争，提高劳动生产力，提高单位成本的产出率即效益。

但同时应该注意到，这个策略也有副作用，会产生矛盾，可能发生派系斗争。如果老板没有能力控制，最好不要搬起石头砸自己的脚。

只要有公司存在，就有小圈子生根发芽的土壤。能否成功地瓦解小圈子，是考验一个企业管理者管理艺术高下的一块试金石。

8. 善用回避和冷处理

《三十六计》中说："阳乖序乱，阴以待逆。暴戾恣睢，其势自毙。顺以动豫，豫顺以动。"第一句"阳乖序乱"，有两种不同的译法，一曰"敌方内部矛盾激化以致外人都能看出其造成的混乱"，二曰"表面回避对方秩序的混乱"。笔者认为后者翻译更为恰当。因为"乖"字除了有"戾、不和"之意外，也有"违背、分离、隔绝"之意，而且如此译法，与"阴以待逆"上下一致，顺畅。整段注解的意思为：表面回避其乱，暗中等待其变。当其内部暴乱失去控制时，不攻而自毙。

某研究所所长要增加一个副所长来协助自己工作，准备在各室主任中挑选，考察期为一年。其中有一个科室，一正一副两个主任，两人一个是双学位的大学本科毕业，另一个是硕士毕业，工作能力都很强，研究成果也不少。为了争取研究所副所长的职位，二人各不相让。这本来很正常，但双方却不是正当竞争，而是互相指责。发展到后来，两人表面相安无事，谁也不理谁，但暗地里的勾心斗角已经发经到了一触即发的边缘。另一个科室的候选人以为这是个大好时机，就向研究所所长做了详细的报告，认为自己比这两个主任更有资格担任副所长一职，协助所长抓好研究所的工作，但所长心中的目标人选仍然是那两个正副主任。不过，他并未言明，而是表现出对另一科室候选人的兴趣，接连几天，不停地找另一科室候选人谈话。那两个正副主任见到这个情形，突然一下子醒悟过来，二人握手言欢和好如初，工作上配合得更好了。最终正主任因为在各方面能力更强一些，当上了副所长。

为什么止于隔岸观火，而不是登岸临火火上浇油？首先，你得付油钱，也许不多，可能承受；其次，你还要去"浇"油，无论怎么浇法，都得费点脑筋出点力气；而最主要的在两点：第一，即使你很在意，没有引火烧身，但靠近火焰，被烤的滋味未必好受，更有可能被烤糊烤焦了，也容易被点着。第二，"发火"的是人，当你带着杀气而至，他们会不寒而栗，激灵灵打个冷颤，可能立刻就会清醒，停止内讧。所以，管理者好的策略，是坐山观虎斗，待两人在斗争中把问题展现得淋漓尽致时再做判断。

回避和冷处理是一种巧妙而有效的策略，尤其是当冲突各方情绪过于激动时，需要时间使他们恢复平静。

9. 内外平衡，相互协调

哲学上认为：事物的发展是内外因共同作用的结果，内因起着决定性作用，但外因绝对不可忽视。传统的管理模式比较重视企业的内部管理问题，直接目的是强化和提高企业的管理效率和效益，这当然是必要的。但现代企业管理是以市场为导向的，如果忽略了外部环境的影响，就会失去企业与外部环境之间的"平衡"，这也就意味着要丧失现有的市场。企业内部与外部环境的平衡已上升为企业管理的重要内容。因为企业的命运在市场手中，市场是企业利润的最终决定者，这是现代企业进行市场竞争的根本法则。

老板的心态很复杂，是一种自信与自卑的综合体。一方面靠自己的努力做到今天的成就，对自己的能力水平高度认可，并且坚信自己会有更大的成就。另一方面，随着事业的发展，他所面临的内部管理难度及外部市场风险也越来越大，面临着一个又一个自己未曾到达的新高，面对着更高的操作管理要求。盘子越来越大，管理难度必然是越来越大。

在很多比较微妙的内部管理问题上，老板绝不会把话说得很透彻，考虑到平衡多方面的关系因素，很多言谈只是点到为止，所以作为下属员工，你也别指望老板能把什么话都讲清楚，你要自己去理解。能及时理解老板没直接表露出来的意思的员工是老板最喜欢的。

管理十几个人，年营业额百万的小公司老板可以说是游刃有余，但企业一旦发展到成千上万的员工，资产营业过亿，已经牵涉到社会责任和数千人饭碗时，老板内心还是有点紧张的，所产生的压力会时刻压在老板头上。有时对未来就会茫然，难免会否定自己。灿烂的辉煌是自己一手创造的，黑暗的深渊也是自己一手造成的，这一反一正，也就给老板带来了巨大的压力！

H电脑公司是一家科技应用企业。公司创办时，董事会破格从地产公司电脑服务部聘任优秀员工A为公司经理。理由是：A在电脑应用及智能化工程实施方面的技术水平较高，属内行。A上任3个月，工作积极、勤奋，带领员工刻苦钻研技术业务，但他不知道怎么经营和管理，公司经营停滞不前。董事会决定将其撤换掉，但处理方法不当会挫伤A，并对其产生负面影响。

董事们提出了各自的想法。董事C的看法：把他增选进董事会，然后兼任公司技术负责人。董事Z的看法：让他做分管技术的副经理，享受经理待遇。董事Y的看法：我们需要的是懂管理、能带领员工扩大经营规模、创造效益的经理，既然他不行，那就撤职让他专干业务。企业对人的管理不必太顾虑，该怎么办就怎么办。董事S的看法：把他调回，给他3000元苦劳奖，开个离职欢送会，大家吃顿欢送饭。董事长H的看法是：A是一个有技术的优秀员工，是我们企业的财富，是我们没有给他摆好位置，这是我们的失误。A正是公司最需要的专业人才，公司正要依靠这样一些技术尖子来发展，调走他会影响到公司技术工作。目前我们选定的经理J虽有经营管理经验，但技术业务不太熟，需要A的帮助。增选A进董事会不合适，若他作为董事兼技术总负责，而不是董事的新任经理在领导工作中会有难度。但是若简单把A撤换掉，会产生很大的负面影响。我的意见是设总经理，由我兼任。设两个总经理助理，拟聘的经理J任总经理助理负责公司日常的经营管理工作，A任总经理助理兼技术部经理，对年轻的优秀员工A我们应采取积极培养的方针，通过传、帮、带，使他既在业务上保持高水平，又在经营管理方面能有所突破。

H的意见通过后立即得到了实施，公司的经营状况有了起色，A依然积极勤奋。半年后，H退位，J任总经理，A任副总经理分管技术，公司运转良好。

205

管理工作是一项需要多动脑子的事，在考虑问题时需要面面俱到，切不可只看到事情的一个方面就轻易下决定。一切应以企业的发展、员工的合理利用为目标，考虑周全了，才能做出比较完善的决定。

现代企业的经营运作，管理是核心内容，尤其是一些大企业。在多层的纵向管理和多部门的横向管理中，人员的复杂性和机构的繁琐性往往成为影响工作的主要因素。在这方面，中小企业更灵活，但受到规模、技术、品牌等因素的制约，中小企业往往难以突破"分一杯羹"的瓶颈。因此，在经营发展中，建立合理的管理模式已成为企业获得利润之外的首要任务。

目前，我国的中小企业缺乏一种稳定的管理模式，这与企业的传统模式、规模大小、经营范围、企业文化以及领导人自身的水平有关，管理工作没有固定的标准，往往是"头痛医头，脚痛医脚"，因此，建立一种平衡的管理模式是不无裨益的。平衡管理模式是指在企业运作过程中，组织与环境之间、组织系统要素之间相互联系、协调发展，权利与责任相互制约，人际关系与企业制度和谐稳定，组织结构与整体性完全统一，利益与风险达到最佳结合的双赢的管理模式。

为什么企业要建立平衡管理模式？

（1）**企业运作的风险性**

现代企业的发展中，从市场到人才，处处面临着竞争，一旦某个环节出现问题，将会全盘皆输，因此必须时刻想在别人前面。余世维曾说：凡是你忘掉或想不到的事情，你的敌人会告诉你。因此，避免或减少风险，必须在管理上做出调整。

（2）**员工的流动性**

工作中人际关系的变化和工作对象的调换会给我们带来一定的不适应，但如果导致企业的利益受损或经营模式的改变，的确是得不偿失。因此，保持企业内部稳定，维持正常的工作秩序，需要一种平衡模式。

（3）时代的进步性

面对激烈的市场竞争，一场新的企业变革迫在眉睫，实践证明：谁先改革谁生存，谁先进步谁强大。把企业作为一个整体的平衡管理模式迎合改革的需要，使它适应现代企业的经营发展模式。

组织内外平衡是指企业内部的组织系统与外部环境之间保持一种稳定和谐的关系，企业不因外部环境的变化而陷入困境，双方是相互促进的协调关系。

第十章 令行禁止术
——赏罚分明才能树立领导威信

古人有言曰:"文武之道,一张一弛",这句话说的是中国古代贤明的君主周文王、周武王治理国家的方略。父子俩一个演白脸一个演红脸,宽严相济,结果收到了很好的效果。对于当代企业的领导者和管理者来说,应该学习和活用这样的经验,在具体的管理中让下属感到有奖有惩,赏罚分明。

1. 物质奖励提高员工的积极性

在现代企业管理工作中，对于员工给予一定的物质奖励尤其重要。企业的管理者为什么要对员工进行物质奖励呢？很明显，企业对员工的奖励是以约束其按照组织经济绩效最大化的原则为目的的，最终还是为了企业的长远发展。也就是说，企业对员工进行奖励是有目的性、有针对性的，最终是希望其能以企业组织所设想的方式行事。企业的奖励政策与企业规章制度构成了一个渠道，员工在这个渠道内去通达企业组织目标及其个人目标。因此，可以说奖励的目的在于激发员工的干劲，最终服务于企业的绩效。

瑞蚨祥是一家北京的老字号，其创始人叫孟鸿升。由于瑞蚨祥百年以来始终坚持"至诚至上、货真价实、言不二价、童叟无欺"的经营宗旨，赢得了消费者的信赖，最终成为一个享誉海内外的中华老字号。瑞蚨祥的成功自然与老板的经营分不开，但是孟鸿升善于应用物质奖励来鼓励员工也是一个重要的原因。孟鸿升运用物质利益激发员工的工作积极性，方式主要有两种：一是红利均沾，二是入股合伙制。对于没有资本的员工，采取年底分红的方式；对于有本钱的员工，采取入股合伙的方式。

对有功劳者，孟鸿升特设一种类似于现在的股票的东西，每年从赢利中抽出一份特别红利，专门奖给对瑞蚨祥有贡献的人。这种股份是永久性的，一直可以拿到本人去世。有一次，瑞蚨祥对面的一排商店失火，火势迅速蔓延，眼看就要扑向瑞蚨祥门前的两块金字招牌。一个名叫吴思的伙计毫不犹豫地用一桶冷水将全身淋湿，快速冲进火场，抢出招牌，他的头发、眉毛都让火烧掉了。孟鸿升闻讯，立即当众宣布给吴思一份功劳股。这个事件对其他伙计的鼓励很大，从此以后，他们对瑞蚨祥的事业更加兢兢业业。

企业的管理者都应该注意到物质奖励的重要性，但是同时也应该警惕，给与下属不合理的物质奖励不但不会有助于工作而且还会适得其反，甚至使工作更糟。

原因就在于奖励变成了另一种形式的惩罚。看看企业的奖励计划吧，奖励的金额变得越来越低，奖励的标准变得越来越高，奖励就已经成为了一种惩罚。这个时候企业内部最容易形成对组织毫无意义的非正式组织，员工会用自己的形式来进行对抗和保护，例如降低产量和减少业务成交量。奖励的作用是激励，而不应当成为一种惩罚，因此在进行奖励计划设计时一定要注意这一点。

要明确一个观点：任何矛盾的产生都是源于利益的冲突。利益是驱动人们采取某些行为方式的一种力量，因此利益的分配、再分配会使团队中的关系变得复杂。曾经有这样一个案例：一个销售企业的管理者为了使部门内有一种竞争环境，决定在部门内实行竞争管理模式，每个月对销售量最高的人员进行额外的奖励。过去在部门内，由于没有这种竞争模式，因此大家是一个整体，也乐于互相帮助。但是采取了奖励措施后，当有人向团队内的其他人进行求助时，很多人会以种种理由躲避。因为大家都知道如果客户给销售人员打电话，就意味着合同基本可以签订下来了。由于奖励变成竞争，大家都不会转告当事的销售人员，某个客户打电话找他。由此引发的公司客户流失，企业形象受损等情况十分严重。更有甚者，去偷取其他人员的客户资料，甚至在客户面前诋毁自己公司的销售人员。这些都是由于奖励造成了一种竞争，而竞争最后又演变成了一种矛盾，这种奖励措施适得其反，带来了很坏的效果。

对于一个企业员工来说，他参加工作的目的首先不是为了赢得什么，更多的时候是为了养家糊口，所以要发挥下属工作的积极性，首先要给予必要的物质奖励。

2.
精神奖励给员工前进的动力

在员工眼里，究竟哪种奖励最得人心？用什么方式奖励员工能达到老板要求的最佳效果？这一直是萦绕在管理者心头的一个斯芬克斯之谜。

对于一个优秀的企业管理者来说，发奖金当然是年末必做的事情，但是仅靠金钱上的鼓励并不能真正起到鼓舞人心的作用，也无法完美地体现公司的企业文化，只有达到物质奖励和精神鼓励的平衡，员工才会完全信服、全心全意地为之努力效劳。不少公司都非常注重在公司创造一种类似于家庭的氛围，例如不少公司都有一个传统节日叫作"员工家庭日"，这是一个让同事之间联络感情、让员工家属更加理解员工工作的绝好平台。在每年的这个日子里，企业的管理者都会邀请员工的家人或朋友前来一起搞联欢。平时大家工作很忙，8小时都在努力工作，彼此沟通和交流的机会不多，联欢会能促进友谊和情感；让大家的家属和朋友也参与进来，使他们同样可以感受到集体的其乐融融，以后对公司的工作也会更加理解更加支持。

在企业组织里，如何调动员工的积极性，给予他们精神奖励有很多方法。首先要做的是经常表扬员工，满足他们的自尊心。尤其是需要当众表扬，或者单独面对员工口头称赞。背后称赞员工由别人传到被表扬者的耳里，这也是一个有效的方法。

另外在与员工的接触中要注意一些细节，如通过微笑、点头、目光注视进行肢体性赞许；通过赞许性拍掌进行肢体表扬；伸出大拇指进行肢体表扬。记住员工的电子邮件，发送电子邮件给员工进行书面表扬；单独写信给员工进行书面表扬；通过内部刊物对员工进行表扬；通过企业内部公示牌进行表扬；通过张贴表扬信进行表扬；利用文件的形式进行表扬；利用有影响力的报刊杂志刊登进行表扬；利用电视广告、广播、电脑广告进行宣传性表扬。不过要记住，无论是口头表扬还是书面表扬，表扬内容一定要具体，讲究技巧。不然表扬的效果不会很明显，而且会让被表扬的员工觉得老板很虚伪。

美国的JAVE公司是硅谷一家著名的高科技公司，这家公司为我们树立了一个好的榜样。为了充分调动员工的积极性，JAVE公司将物质奖励和精神奖励相结合，从而使员工将自己的切身利益与整个公司的荣辱联系在一起，最大程度地发挥员工的积极性。该公司有时还会做出一些出人意料的决定，以增强公司的凝聚力。一个员工的名片上有一些蓝颜色镀金边的盾牌，这是他25年工龄荣誉徽章复制图样，同时上边还印着烫金的压缩字：国际商用机器公司，25年的忠诚。这就巧妙地告诉你，公司感激你25年来的努力工作，员工拿着这张名片，可以同认识他的每一个朋友分享这一荣誉。JAVE公司有个惯例，就是为工作成绩列入前100名的销售人员举行隆重的庆祝活动，而排在前10的销售人员还会荣获金圈奖。

为了体现这项活动的重要性，选择举办联欢会的地点也很讲究，例如到具有异国情调的夏威夷举行。1986年一个著名电视制片人参加了该公司金圈奖颁奖活动，他说由于公司重视，他们组织的这个活动具有很高的水平，当然，对于那些有幸获得金圈奖的人来说，就更有荣耀感了。有几个金圈奖获得者在他们过去的工作中多次获得这个奖项，因而在颁奖活动期间，分几次放映有关他们本人及家庭的纪录影片，每人约占5分钟，影片质量与制片厂的质量不相上下。颁奖活动的所有动人情景难以用语言描述，特别应指出的是，公司的高层领导自始至终参加，这更能激起人们的热情和荣誉感。

对于公司来说，这件事做起来并不难，但是它在员工的心目中激起的感情波澜却是巨大的，由此可见，JAVE公司在给予员工精神鼓励方面显然很有经验。

物质奖励是满足员工的物质需要，精神奖励是给员工以精神上的动力，以满足其心理动因的需要。两者相比，后者有时候发挥的作用往往更大，将二者结合起来，必能相得益彰，发挥神奇的作用。

3.
恩威并施，"胡萝卜加大棒"

对一个企业管理者来说，在企业中要学会扮演母亲在家庭中的角色，要具备慈母的手，慈母的心，对部属和员工要维护和关爱。因为他们是你的同路人，你们有着共同的目标，在某种程度上他们甚至是你的依靠。只有如此，才能团结他们，达到目标。

所以作为一个企业管理者，要关心下属的生活，了解他们生活中存在的困难，尽可能为他们提供帮助。企业管理者更要用心去聆听下属的建议，对于合理的建议努力实现，这样能驱使下属更积极努力地工作。

但是，企业管理者又不应该只是一个母亲，他还必须学会做一个父亲。在关爱下属的同时，对于他们的错误却不可姑息，必要时还要采用严厉的手段。这种严厉基于人类的基本特性，韩非子曾经说过"慈母多败子"。有些人不需要别人的监督和责骂就能自觉自发地做好工作，不出差错，但是大多数人都喜欢挑轻松的工作，拣便宜的事情，只有别人随时督促，给他压力，才会谨慎做事。对这种人要严加管教，不可放松。当下属失职时，不能放在一边，视而不见，否则会继续纵容其犯错；对于下属的失职，要给予严厉的训示，让他认识到错误给企业带来的危害，这样才能保证以后不再犯错。想让下属认真、积极主动地工作，就要给他们一个驱动力，就像汽车要加汽油来驱动一样，企业管理者可以用利益来驱动下属。

所以实行大棒政策也是领导者的责任，作为一个优秀的企业管理者，该是自己的责任就要承担，这样才能赢得下属的尊敬，一个没有担当的人是无法有效领导团队工作的。另外需要注意的是在实施控制时，既要施之以恩、施之以德，感化影响、说服指导，从而赢得部属的信赖；又要施之以威、施之以权，查验所为，奖优罚劣，使部属有敬畏之感。无论用人或训练人才，只有做到宽严得体，才能驾驭好下属，有效发挥他们的才能。

实际上，企业管理者这种将母亲的关爱和父亲的严厉结合在一起，既给下属好处，关心他，同时又对下属严格要求，规范其行为，使得整个团队齐心协力，共同前进，这种方法就是所谓"胡萝卜加大棒"的政策。对于一个成功的企业家来说，左手"胡萝卜"，右手挥"大棒"是一个必备的手段。

索尼公司是一家世界知名的企业，靠生产电子产品起家，随身听是该公司的重要产品。一次，公司一家分厂的产品出了问题，这些产品是销到东南亚的，总公司不断收到来自东南亚的投诉。后经调查，发现原来是这种随身听的包装上出了些问题，并不影响内在质量，分厂立即更换了包装，解决了问题。

可是索尼集团董事长盛田昭夫仍然不放过此事，他将负有责任的经理叫到公司的董事会议上，对其进行了严厉的批评，要求全公司以此为戒。经理在索尼公司干了几十年，第一次在众人面前受到如此严厉的批评，难堪尴尬之余，禁不住痛哭失声。盛田昭夫的盛怒让其他董事都觉得他太过分了，其他的公司负责人也感到很恐惧。

会后，这位经理开始考虑着辞职准备提前退休，可是董事长的秘书走过来，盛情邀请他一块儿去喝酒，这位经理自然是恭敬不如从命，两人走进一家酒吧。秘书向他说道："董事长一点也没有忘记你为公司做的贡献，今天的事情也是出于无奈。会后，他担心你为这事伤心，特地让我请你喝酒，向你赔礼道歉。"

接着秘书又说了一些安慰的话，经理极端不平衡的心态开始有所缓和。喝完酒，秘书陪着这位经理回家。刚进家门，妻子就迎上来对丈夫说："我们很高兴你是受总公司重视的人！"

经理听了感觉非常奇怪，难道妻子也来讽刺自己。这时，妻子拿来一束鲜花和一封贺卡说："今天是我们结婚二十周年的日子。"在日本，员工拼命为公司干活，像妻子的生日以及结婚纪念日这样的事情通常都是不足为道的小事。但索尼公司的人事机关对职员的生日、结婚纪念日都有记录，每当遇到这样的日子，公司都会为员工准备一些鲜花礼品。只不过今年有些特别，这束鲜花是盛田昭夫特意订购的，并附上了一张他亲手写的贺卡，以勉励这位经理继续为公司竭尽全力。

盛田昭夫不愧是恩威并重的老手，为了总公司的利益，他不能有丝毫的宽恕，但考虑到这位经理是老员工，而且在生产经营上确实是一把好手，为了不彻底打击他，又采用这样的方式表达一定的歉意。

企业管理者对于下属，应是慈母的手紧握钟馗的利剑，平日里关怀备至，但当他们犯错误却不可因噎废食，也要严加惩治，学会恩威并施，宽严相济。

4. 威信是一种软实力

如果你是一个企业管理者，制订了工作方案后，还要想方设法把它贯彻下去，而不是让计划胎死腹中，这就必然要把你的方案传达下属，并让其付诸实施。但如何使你的下属听命于你呢？有经验的领导会用独有的魅力去引导和激发下属接受任务并完成任务。领导的魅力来自哪里？来自下属对于他的信任。

作为一个企业管理者，你拥有自己的公司和自己的员工，首先应该明白，从人格角度和自然人角度来说，你和你的员工之间是平等的，没有高低贵贱之分，从这个意义讲，你是毫无特权可言的。甚至你手中"赏罚"的权力，都必须得到员工的认可，所以作为老板的你对于员工有炒鱿鱼的权利，员工也可以抛弃你另寻高就，当员工炒你的"鱿鱼"时，你会发现一切的"赏罚"都变得毫无意义。那么，你用什么来体现自己的意图呢？很多老板都会不约而同地告诉我们同一个答案：作为一个老板的威信。

1543年一艘满载乘客的西班牙客船"英格丽"号驶往美洲，但不幸的是在一天夜里，它撞到了冰山，把侧舷撞了个大窟窿，船迅速下沉。顿时，人们惊慌失措地拥向甲板，眼看大事不妙。这时，船长惠灵顿镇静地站在指挥台上说："大家安静，为了我们能安全离开，你们要听从我的命令！把救生艇放下去，妇女先走，其他乘客跟上，船员断后，必须把所有人救出去！"船长威严的声音稳定了人们的情绪，当大副报告"再有20分钟船将沉没海底"时，他微微地笑了一下，并再一次命令："时间足够，大家要有秩序，如果哪个男人敢抢在女人的前面，那就一枪崩了他。"于是，没有一个男人抢在女人前面，一切都进行得井然有序。很显然，在生死关头，人们是不大会服从船长的"权力"的，而正是船长以其高尚的人格所树立的威信而使局面得以控制。因为在他要抢救的60人中，竟把自己排除在外！他自己一个手势没做，一句话没说，随船沉入了大海。这就是"权力"所无法比拟的威信的力量。

威信是一种客观存在的社会心理现象，是一种使人甘愿接受对方影响的心理因素。任何一个老板都以树立威信为自己的行为目标。威信使员工对老板产生一种发自内心的归属和服从感，就如同儿子服从父亲一样。诸多事例表明，当一个组织的行政领袖和精神领袖重合时，那么这个组织的战斗力将得到最大的发挥；当二者不同时，组织中的普通人员更倾向于行政领袖，优秀人员更倾向于精神领袖。相对于权力，威信是一种软实力。从某种程度上说，权力是既定的、外在的、带有强制性的；而威信则来自于下属的一种自觉倾向。你可以强制下属承认你的权力，但却无法强制下属承认你的威信。

作为一个企业管理者，想要与下属建立良好的人际关系，必须该硬时要硬，该软时要软，要树立起自己作为一个领导的威信。

5.
当严必严，以儆效尤

孟子说"人性善"，但是正如后人所批评的，这个判断不太符合实际，属于书生之见。其实人是一个复杂的动物，有时甚至很神秘，很难说他到底是性善还是性恶，但是面对机巧奸诈、复杂莫测的社会环境，似乎荀子的性恶论更有市场。

"治乱世，用重典；治乱军，用严刑"。孔子诛少正卯，虽然不合情理，但权术奸诈，却因这一刀而使得权臣畏惧，市井安然；孔明挥泪斩马谡时说："昔孙武所以能制胜天下者，用法明也，今四方纷争，兵交方始。若废法何以讨贼，不明正军律何以服众？"这就是平乱与治乱的权术，是"杀鸡儆猴"的妙用，"杀鸡儆猴"的意义就在此。在企业管理中，作为一个管理者，经常会遇到种种复杂的情况，有时候，属下犯的错误非常严重，你必须执行某种形式的惩罚，此时就不要犹豫。拖得越久，对你和应该受惩罚的人来说，日子会更难过，也越容易使别人误解你的惩罚不公平。

所谓"杀鸡儆猴"，即是"杀一儆百"，有威胁恫吓之意，这是权术，是驭众手段。在意见纷纭、工作受阻时，为使步骤整齐划一，法令贯彻执行，非以严厉手段对付不可，此之所谓"不以霹雳手段，怎显菩萨心肠"的解释。

姜太公帮助周文王灭了商纣，周朝立基之后，要罗致一批人才为国家效力，但是姜太公治理齐国的路子并不是一帆风顺。在齐国有一位贤人狂橘，很为地方上人士推重。姜太公慕名，想请他出来做事，但拜访了三次，都吃了闭门羹。

姜太公一怒之下把他杀了，周公但想救也来不及，问姜太公："狂橘是一位贤人，不求富贵显达，自己拙井而饮，耕田而食，正所谓隐者无累于世，为什么把他杀了？"

姜太公说："四海之内，莫非王土，率土之滨，莫非王臣。在天下大定之时，人人应为国家出力。只有两个立场，不是拥护就是反对，绝不容有犹豫或中立思想存在，以狂橘这种不合作态度，如果人人学他样，那还有什么可用之民，可纳之饷呢？所以把他杀了，目的在以儆效尤！"从此以后再也没有人敢与周朝做对了。

当然，作为一个企业管理者在有些时候运用怀柔政策还是很有必要的，但是企业管理者们惩罚时，通常要附带某种形式的纠正行动，假若你惩罚的目的只为防止未来，那应谨记主要的防止未来因素，而不必太过严厉。尤其是一个团体的纪律已经败坏，就更加需要杀鸡儆猴这一套了。假若你的团体纪律已在走下坡，那该怎么办？首先你应该使自己成为一个高标准的模范。别指望你自己做不到，而要求属下维持高标准的纪律。如果有的下属的做法实在不可容忍，那就需要你下决心惩罚那些不遵守公司规定的人。可以采取罚薪或其他方式，必要时也可开除人，但在此过程中，要注意公平合理。

四川武侯祠中有一段归纳诸葛亮功绩的话"不审势即宽严皆误，后来治蜀要深思"，作为后人我们应学习诸葛亮这种在关键时刻当严必严的作风。

6.
以身作则，以德服人

作为企业的管理者，要想明确自己的角色定位，就必须正确地认识自我。做事先做人应当是管理者的座右铭。管理者既是制度的制定者和推行者，也是制度的执行者和培训者，这就要求管理人员在要求下属的同时更应该以身作则。正如古人所说的"其身正，不令而行；其身不正，虽令不从"。一个领导者只有严格地要求自己，起好带头表率作用，才能服众。只有自己能做到的事情，才能要求别人也去做到。一个连自己都管理不好的人，有什么资格去管理他人？因此，作为主管，要想把自己的决策贯彻始终，必须身体力行；想要部属做到的，自己先做到。这样的管理者，才是值得属下尊重的管理者，才是具有威望的管理者。

当日本《东京日报》面临危机的时候，为了重整旗鼓，作为新上任的老板，小野泰森采取以身作则的做法，使公司成功地度过了危机。

20世纪七八十年代，世界经济一片萧条，在这种情况下，小野泰森上任后，厉行节俭，看到地上有几张没有用过的白纸，他把财务部长叫来，当着他的面把这些纸片捡了起来，重新利用。小野泰森这种行为使得部下对于勤俭节约有了新的认识。大家都想着，连经理都这么节俭，自己今后一定要注意。小野泰森还语重心长地告诉大家：如果不注意节俭小的浪费，那么积累起来就会变成大的浪费，任何公司都是经不起这样的浪费的。小野泰森的经历告诉我们，老板首先要起好带头作用，通过带头作用让部下从开始参加工作，就养成敬业的好习惯。

当然，我们所说的企业管理者要以身作则，不是要你整天扮着主管的面孔，不苟言笑，不是让人做一个不识情趣的木偶，也不是要你为检点自己的行为而谨小慎微，作为一个企业管理者的你可以通过专长或个人魅力来影响下属，这样他们就能信赖你、依赖你。

总之，只有以身作则才能让下属敬畏你、跟随你、信赖你、依赖你，只有如此，你才会成为一个成功团队真正不可缺少的指挥者，而不仅仅是因为权力而建立起来的权威。

那么，领导人如何做到以身作则呢？卡耐基在其书中给我们提出了四条建议：

第一，企业的管理者要具有自我管理素质。善于自我管理的领导者能够独立思考、工作，无需严密的监督。

第二，企业的管理者要忠于一个目标。大多数人都喜欢与将感情和身心都奉献给工作的人共事。除了关心自身,管理者应忠于某样东西:如一项事业、一件产品、一个组织、一个工作团队或一个想法等。

第三,企业的管理者要培养自己的竞争力,竭尽全力以达到最好的效果。领导者掌握着对组织有用的技能。管理者的绩效标准应比工作或工作团队要求的要高。

第四,企业的管理者要有魄力、讲诚信。领导者独立自主、有判断力,员工才能够信任他们的知识和判断力。

在海尔的发展过程中,有这样一件事。海尔有一条规则,开二十几个人以上的会迟到要罚站一分钟。这一分钟是很严肃的一分钟,不这样的话,会没法开。曾经有一个被罚的人是张瑞敏原来的老领导,罚站的时候他本人紧张得不得了,浑身是汗,张瑞敏本人也一身汗。张瑞敏对他的老领导说,你先在这儿站一分钟,今天晚上我到你家里给你站一分钟。张瑞敏本人也被罚过三次,其中有一次他被困在电梯里,电梯坏了,他咚咚敲门,叫别人去给他请假,结果没找到人而迟到,被罚了站。再比如在海尔的"天条"里,有一条是"不能有亲有疏",即领导的子女不能进公司,张瑞敏的儿子是著名大学毕业的大学生,但是张瑞敏严格遵守公司规定,不让他到公司来。正是张瑞敏的以身作则,海尔的其他领导人都以他为榜样,自觉地遵守着规范,才使得海尔的事业蒸蒸日上,并成为第一家进入世界五百强的民营企业。

作为企业的领导者,只有做到以身作则,才能以德服人,得到他人的信赖和认可。海尔在张瑞敏的带领下,由一个濒临破产的小企业发展为今天有上百亿资产的大企业,成为中国家电行业的龙头老大,并成功地打入了美国市场,而张瑞敏也被人们看作商界典范,成为一个具有崇高威望的企业领导人。的确,海尔能有今天,与张瑞敏的人格魅力和高尚品格是分不开的。

企业领导人的一言一行，一举一动，无不被员工看在眼里。领导要求员工做到的，必须自己做到；领导禁止员工去做的，也必须自己先禁止。

7.
不要使用第三种手势

人非圣贤，孰能无过！就一些年轻员工来讲，由于其工作经验缺乏，加之性格莽撞，所以常会犯一些错误。作为一名聪明的管理者，应该如何在犯错这个环节上对员工进行激励呢？我们先来看一个实例：

一家广告公司的策划人员在进行市场调查时将数据弄错，最终导致整套策划方案搁浅。当时，这名员工站在主管的面前已经是面红耳赤、语无伦次。主管看着他，递给他一根烟说："刚工作的时候我也十分毛草，总是不能安下心来去完成每件工作，所以犯错的次数比你还多数倍。可我没有灰心丧气，因为我知道我还年轻。当然，这并不是我为自己犯错找借口，而是要告诉自己已然失败了就要重新振作起来。错误可以犯，但是不能重复犯。吃一堑，长一智，在未来的工作中要时刻谨记这次教训，保持这种状态就能成长与成熟。"然后，这名主管拍了拍他的肩膀让他出去了。在那次事件中，主管承担了全部责任。事后，这名员工对他感激万分，同时工作状态也较以往有了显著提高，半年后这名小伙子被提拔为策划经理，成为公司内最年轻的基层干部。

这个案例告诉我们，在员工犯错时，我们应该更多地给予安慰与激励，而不是一味地责骂与嘲笑。当然，值得注意的是，不是每次都应采用这种方法，对于屡次犯同一错误的员工就应当给予适当的训斥与惩罚，敦促其改掉身上的不良习性。

其实，对于一个上司来说，最有损于自己威信的事莫过于下属不服从调遣了。这是极其令人尴尬之事，碰到这种情况，有的上司总是把责任全推给下属：这些人太难管，太自以为是，没给点颜色让他们瞧瞧。虽然这些都有一定的道理，但是仔细一想，主要原因还是在于你自己。任何下属都不会对上司怀有深仇大恨，也不会毫无根据地拒绝上司的命令，关键就要看你如何用语言——口头语言和身体语言下指令了。

一般来说，人们都愿按自己的思想行事，而机械地听命于他人，人们一般很难接受。我们在生活中都有过这样的经历：当你请求帮助时，如果你向对方说："你帮我做这件事，且应该这样做。"在这种情况下，对方即使答应你，也不会心甘情愿的，因为它带有明显的强迫性质。但你如果对他说："这件事请你帮我想想办法吧。"这时对方就会很愿意帮你了，因为他不是机械地接受你的请求，而是按照他自己的"思想"为你提供帮助。

在所有的身体语言中，最不引人注目却又最具威力的指示信号之一就是手势。上司在向下属传达指示时，往往会辅以手势，而不同的手势会表达出不同的效果。一般来说，手势有三种情况：一是掌心向上。这种手势不带任何强制性、威胁性，却对现代社会民主意识较强的人来说具有极大的感召力；二是掌心向下。这是一种强制性的指示信号，会让人们产生抵触情绪，但是作为下属一般也能接受；三是握紧手掌并伸出食指。这是一种威胁性的手势，不仅带有强制性，还具有威胁性。据说，警察最喜欢用这种手势。交通警察向司机这样一伸手，司机就会乖乖地将车开到路边等候训问，因为他从交警的手势中已经明白，不予理会后果会更加严重。作为上司，如果要想使你的指示被下属心悦诚服地接受，最好多用第一种手势；如果你不想和下属成为"冤家对头"，那么，最好不要使用第三种手势。

在对员工进行工作疏导时，一定要把握好"整肃"的度，最好不要使用第三种手势。

8. 给"问题员工"开药方

很多企业都有不同程度的"问题"员工存在，这些员工分布在团队的各个层面，虽然数量不多，但对于团队管理者来说，也足够让人头疼的了，他们的存在，令管理者"如鲠在喉"，不得不拿出更多的时间来"对付"这些"问题"员工：要么是"专政"，即将这些难缠的"问题"员工"禁闭"或"淘汰出局"；要么就是"委曲求全"、"网开一面"，即对这些"问题"员工睁一只眼闭一只眼。

但上述两种管理方式都不是理想而有效的管理方法，作为管理者，应该有责任、有义务去深入探讨这些"问题"员工所存在问题的深刻根源，从而及时做出"诊断"，开出"药方"，实施方向正确、手段和效果良好的管理模式。具体的问题类型与治疗药方如下：

（1）**心理失衡型**

症状即由于对身边与自己类似的事或物的比较而产生心理的不平衡，表现出心理失常的现象。比如，有的业务员在看到原来同一级别的同事成为自己的上司后，心中就存在不平衡心理。因此，在工作中经常不配合或"捣乱"，或散布一些上司在某些方面不如自己的"贬损"言论等，从而成为上司眼中的"问题"员工。

药方：嫉妒之心，人皆有之。对于此类"问题"员工，一定要放下架子，先做"哥们"，让失衡的下属找到平衡的感觉，绝不能在其面前以领导自居。只有对其"先交朋友，后做上级"，经常在公开场合对其恰如其分地给予表扬或"提及"，尤其是其不在现场时，能够传到其耳朵里效果会更好。通过这种"敬"与"疏"的方式，要比直接采取"堵"即调离或"杀掉"的方式，更让人心服口服。

（2）习惯使然型

症状即由于个性因素造成的自身"问题"。比如，有些员工由于自身原有的习惯，平时工作作风懒散、拖拉、玩世不恭等，也是"问题"员工形成的一个主要原因。

药方：对于有恶习但在业务上有一套的"问题"员工，作为管理者，必须发扬"传帮带"的作风，使其远离陋习，从而使其保持与团队的合拍与步调一致。而主要采用的有效手段，便是动用"家法"，即制度与规范约束。当然，这需要管理者首先"身正"，正己才能正人。对于没有潜力，但又"恶贯满盈"的员工，那就需要"快刀斩乱麻"，通过"杀鸡儆猴"，从而起到鞭策后进及有不良习惯的员工。只有这样，才能起到警示他人、净化团队的作用。

（3）倚老卖老型

症状就是有的下属由于做市场的时间较长，销售业绩非常优秀，于是就开始沾沾自喜，对谁都不屑一顾，加之企业领导对其的偏爱，便不把上司放在眼里，从而也成为了"问题"员工。

药方：对于此类员工，需要慎重而为之，因为此类"问题"员工，由于"城府"往往较深，有时甚至会"牵一发而动全身"，因此需要采取一定的策略与技巧。首先，要懂得先扬后抑，即经常通过看似表扬实则"话中有话"的方式，给予其身份提醒；其次，通过加压驱动的方式，"拔高"其销售指标，努力让其做得更好，给予其更大的挑战空间和更多的提升机会；最后，给其提供更大的"展示"平台，满足其表现欲。比如，利用给团队员工做培训的机会，让其现身说法，既能满足其表现欲，又表示了你对其的尊重与厚望。当然，对于敢挑战制度与规定的"业务老油条"，绝不能放任自流，听之任之，而应勇敢地拿起制度的"鞭子"，狠狠地给予惩戒。

（4）压力过大型

症状是由于工作目标制定过高，或下达的指标超出实际承受能力而造成自己心理负担过大，因而工作起来忧心忡忡，烦躁焦虑，思想消极，让人感觉有"问题"。

药方：对下属的期望值越高，其压力就越大。比如，在日常销售管理当中，有时销售目标制定得过高，会导致物极必反的效果，从而让业务员产生逆反心理，而给管理者带来诸多"难题"，比如"软抵抗"、消极怠工，"破罐子破摔"等。作为优秀的管理者，不仅会"加压"，而且会适时给下属"解压"，其方式有两点：一是授业，即传授给下属完成目标的方法、技巧、策略，提供必要的支持，从而让其更好地达成目标。其二是解惑，即根据其心理症结，解除其心理的困惑，让其得到精神与智慧上的支持，以此来鼓舞下属的信心，缓解其内在的紧迫感与压力。

（5）以牙还牙型

症状是由于误解上司"不公平"、对自己有偏见而"积怨"颇深，在一些场合故意顶撞上司，以发泄自己心头怨气等。比如有的业务员认为给自己制定的销售目标不合理，给自己提供的晋升机会少等等，对上司"横眉冷对"，从而给自己戴上了"问题"员工的帽子。

药方：由于下属对自己的误解而造成的"问题"员工，作为管理者，一定要以宽广的胸怀，给予下属宽容与包容，一定要以"老大哥"的身份，敞开心扉，真正倾听下属的心声，感受他们的工作与生活，从而给予他们更多的理解与支持；而不是真的"以牙还牙"，对下属进行"报复"与"疯狂镇压"。作为管理者,只有与下属实现了"心与心"的沟通,"问题"才能"浮"出"水面",才能使"问题"员工心理上没有问题。对"问题"员工的管理,最忌"不分青红皂白","一棍子打死",从而激化矛盾,使自己作为管理者的权威一扫而光,甚至让整个团队变得"内讧"四起。因此,作为一名优秀的管理者,应是一个能及时化解团队内部矛盾,能坚持原则性,更能体现灵活性,围绕"问题"寻找方法的人。

第十一章

点石成金术
——发现和善用有潜力的人才

在各尽其能的用人策略中,根本就没有"扶不起的阿斗"之说,有的只是发现被隐匿的"闪光的金子"。大家都认为有才华的人很厉害,其实不然,真正厉害的是善于使用人才的人。就像刘备和刘邦,与将帅们相比实在不算什么,但是他们非常善于用人,诸葛亮、赵子龙、韩信、张良等都发挥了巨大的作用,因而事业取得了极大的成功。

1. 发现身边的"潜人才"

企业不重视人才，不善用人才，损失最大的不是人才个人，而是企业。因为个人如果不受重用，无法施展才华，完全可以退出，以求"独善其身"，利用企业的一切便利条件，充实自己，积累学识、经验，伺机而动，时刻准备另谋高就。而企业却像花高价买了一台多功能大彩电，只会看几个频道的电视节目，浪费了电视机的其他许多功能一样，花费不少，却未能尽其用，结果是企业花费了大量财力和物力，到头来都为别人作嫁衣。

一个员工是否以企业为家，把企业的事业当成自己的事业，其所能发挥出来的潜能和已做出的成绩是大不相同的。踏下心来做事，平庸的人也会努力学习，不断进步，关键时刻甚至能超水平发挥；而对企业没有归宿感，随时准备另谋高就的所谓人才，其神情必定恍惚，用心必定不专，即便是本来具备很高水平，也很难得到发挥。

发自内心地尊重人才、爱护人才，与实用主义笼络人才、利用人才，完全是两回事。在实用主义的人才政策下，人才对企业就难以产生向心力。

企业领导首先要对人才有敏锐的、全面的识别能力。人才有多种多样：有忠诚可靠之才，有多才多艺之才，有巧言善辩之才，有舞文弄墨之才，有锋芒外现之才，有深藏不露之才，有临机善变之才，有沉稳持重之才，如此等等，不一而足，岂可用一个标准去衡量？"人视之如顽石，我视之为璞玉"的情形并不少见。如果人才从自己的眼皮下溜走，到别处却大放异彩，领导者的识人能力就确实有问题了。只有善于识别各类人才，自己才会成为一个真正的帅才。

人不可貌相，海水不可斗量。秀外而慧中当然最好，"金玉其外、败絮其中"的也不在少数；相反，面目丑陋、笨嘴拙舌，却脚踏实地、非常能干的也大有人在。找对象尚且不可以貌取人，用人才岂可只看外表？识别人才要凭感觉、凭直觉，但感觉、直觉往往是靠不住的，真正靠得住的还是理智地分析，辩证地综合。

要善于发现人才，更要善于使用人才。善用人才，除了要使人才各得其所，还要对人才有所宽容、有所扶持、有所鼓励。一句话，要爱护人才。

对人才要严格要求，但不等于苛求人才。任何人初来乍到，都不可能事事处置得当。领导者给新手安排工作，不仅要扶上马，还要送一程。如果新手偶尔做错一件事，就一棍子将其永远打入冷宫，不复重用，那哪里还会有人才？领导者应从爱护人才的角度出发，加以批评、纠正，不可一味苛求。有些有才者不拘小节，甚至狂放不羁，领导者更当以宽厚之心待之，并要对其多加引导。

还需要指出的是，尽管上门求职的人不少，然而细究起来，真正可用的人才毕竟还是少数。企业的领导者对于人才要真心爱惜，千万不能以"你这样的人，人才市场上一抓一大把"的态度待之，否则真正的人才也会以同样的态度回敬："此处不留爷，自有留爷处。"久而久之，最后受损失的还是企业。

此外，很重要的一点是要注意区分"潜人才"与"显人才"的差别，尤其要增强对前者的重视程度。"潜人才"是相对于"显人才"而言的。显人才通常具有明显的外现才能特征，而潜人才则相反，是指不为人所知、暗藏锋芒、厚积薄发的人才。换句话说，潜人才是潜在的，尚未得到社会承认的人才。有人指出潜人才有三种存在状态：一是被压抑或被埋没着的人才；二是尚未被发现的人才；三是极具人才潜质，大有希望成为人才或即将成为人才的人。这三种被暂时掩蔽的"潜人才"若授权适当，常常会成为出奇制胜的"奇兵"。

管理者要在竞争中发现潜人才。通过竞争，让潜人才脱颖而出。要重视实践锻炼，积极探索多种方式和多种途径，有计划、有组织地引导和安排他们在实践中经风雨、见世面，开辟多种渠道，让他们在矛盾集中、环境艰苦的地方接受磨炼，放手让他们在实践磨炼中显示自身的潜在才能。同时，要辩证地看待他们在实践中暴露出的问题，看主流、看本质、看潜质、看发展，不能求全责备；尊重特点，包容个性，不能用固定的模子来衡量；容人之短，用人所长，允许失误，为他们能力的发挥创造宽松的环境。下面是一个关于"潜人才"因压抑而转为他用的典型事例。

有个叫田饶的人，在鲁哀公身边做事已经好几年了，可是鲁哀公并不了解田饶的远大志向，对待田饶总是平平的。因此，田饶的才智得不到施展，他决意离开鲁哀公到别国去。

一天，田饶对鲁哀公说："我打算离开您，像鸿雁那样远走高飞。"

鲁哀公不明白田饶的意思，问道："你在这里不是很好吗？为什么要走呢？"

田饶说："大王，您经常见到那雄鸡！你看它头上戴着大红的鸡冠，非常文雅；它双脚长有锋利的爪子，十分英武；它面对敌人时毫不畏惧敢斗敢拼，格外勇敢；它看见食物时总是'格格'叫着招呼同伴们一起来享用，特别仁义；它还忠于职守，早起报时从不误事，极其守信。尽管雄鸡有着这么多长处，可是大王还是漫不经心地吩咐把它煮了吃掉。这是什么原因呢？"

"这是因为雄鸡经常在您身边，您每天见惯了它，习以为常，它的光彩在大王眼里便黯然失色，您感觉不到它那些杰出的优点与才能。而那鸿雁，从千里之外飞来，落在大王的水池边，啄吃您池中的鱼鳖；落在大王的田园里，毁坏您的庄稼。鸿雁尽管没有雄鸡的那些长处，可是大王依然很器重鸿雁。这又是为什么呢？"

"因为鸿雁是从遥远的地方来的，大王对它怀有一种神奇感，它的一切作为，您都认为是非常伟大的。所以，请您让我也像鸿雁一样远走高飞吧。"

鲁哀公说："请你别走，我愿意把你说的这些话都记下来。"

田饶说："您认为我平淡无奇，并不觉得留下我有什么大用，即使写下我的话，也不起什么作用。"

于是田饶离开鲁国前往燕国去了。

燕王让田饶做了相国，田饶从此有了施展自己治国安邦本领的机会。

三年以后，田饶把燕国治理得井井有条，国内富足安定，边境平安没有盗贼。

田饶名声大振，燕王也十分得意。

鲁哀公知道后，万分感叹，对当年没能留下田饶感到后悔莫及。为此，他一个人独居三个月，深刻反省；又降低自己的衣食标准，以示自责。

鲁哀公发自内心地慨叹道："以前由于不能知人善任，才使得田饶离我而去，以至于造成了今天的悔恨。真希望田饶能再回到我身边，可是，我知道已经很难了。"

鲁哀公为什么会后悔？悔就悔在田饶在他身边时没有给田饶施展才能的机会，悔就悔在田饶在他身边时没有给田饶很好的定位。虽然后来他独居三个月，深刻反省；又降低自己的衣食标准，以示自责，可这又有什么作用呢？悔之晚矣！但是，这件事给了我们借鉴，告诉我们：要珍惜自己身边的人！

人们往往对自己身边的优秀人才视而不见，只是一味地好高骛远，崇拜引进的人才，认为只有他们才有真才实学。其实不然，领导者要善于发现身边的人才，知人善任，切忌舍近求远，放跑了本就在自己身边的人才。

2.
"让新手入模子"

"让新手入模子"是企业管理的重要内容。对新职员的态度体现了一个企业的文化建设水平。领导者应如何对待新职员？老职员应怎样对待新职员？这些都是一个企业要精心处理好的重要问题。

领导者对新职员要关心与提携。企业领导关心提携新职员，要做好两方面工作：其一，领导者身体力行、做好表率，这是使新职员能迅速融入团队的需要。领导者的关怀能产生积极的力量，使新职员训练有素，迅速跟上企业前进的节拍，为企业效力，同时也体现了领导者的人格魅力和以人为本的思想。领导者的关怀能赢得新职员的由衷爱戴与感激，也为构建良好的上下级关系奠定了坚实的基础。其二，领导者要树立一种协助关心新职员的企业文化。要注重对内部职员最到位的思想动员，强化"助弱扶新"的思想意识，并使之成为一种自觉的行为，这也就扫除了新老职员间排斥与离间的根源，构建了和谐友好的团队关系，成为企业发展的力量源泉。

老职员对新职员要帮助。老职员真诚地帮助新职员，这不仅顺应企业管理的要求，也是个人发展所必需的。正如埃·伯德所言："聪明人都明白这样一个真理——帮助自己的唯一方法就是去帮助别人。"新职员凭借自身努力经过一段时间的磨合之后最终会步入轨道，甚至变成"行家里手"，而老职员的帮助只是在一定程度上缩短了新手磨合的时间，却无法改变其发展趋势。如果老职员没有对新手予以真诚的帮助，那么当新手水平超出老职员或者与之"平起平坐"之时，再回顾以往情景，难免对老职员心存芥蒂，甚至可能会"以牙还牙"。这对老职员而言,"种因得果"便是在所难逃。

松下是世界五十大公司之一,作为世界性大企业,其电器产品遍布世界各地。松下大获成功的关键就在于,松下善于培养人才、善于用人、敢于用人。

长期以来松下电器人才培育的实施方针之一就是实习,目的是通过体验培养实力。任何丰富的知识,高深的学问,若是将之收藏在脑子里,并不能发挥真实的力量。松下幸之助认为,好比盐的咸度,如果只用语言表达,是无法令人知道其真实咸度的,除非叫人亲自去品尝,实际地去体验,否则,不能说这个人已经知道盐的咸度。实习和这个道理一样。

借用医学上的一个术语来说,松下电器的经营活动相当于临床医学,而不是基础医学。在这个意义上说,从事经营活动的人都必须是有实际工作经验的"临床医生"。

对待新职员,松下公司的做法是组织他们到生产销售一线去"临床"实习,积累了实际经验,才能在以后的工作中获得成功。松下电器公司每年都要招收一批新职员,这些职员到公司后,第一件事就是到生产销售的第一线去实习,或在工厂当工人,或在商店当售货员。当然,这种做法是在公司大规模发展起来之后形成的。在松下电器,从事研究和设计的技术人员,都曾亲手从事过最简单、最平凡的诸如拧螺丝一类的工作。制订销售计划的人,也都曾是每日每时工作在柜台旁,对销售情况了如指掌的人。

总之,新人培训目标的实现,不仅在常规说教之间,而且要内延和外伸到新员工入职后与新环境发展接触的各个环节,注意好每个小细节,体现更人性的关怀,这样才能帮助员工建立对新工作的归属感和积极性,为成就卓越表现打下扎实基础。具体来说,企业在对新员工进行培训时,应该科学地设计训练课程。

员工是企业发展的原动力，爱护扶助员工是对企业根基的维护，但在发展过程中促进血液的新陈代谢更是企业的重中之重。培养新职员的敬业精神，传承老职员的职业经验，是企业在激烈的市场竞争中保持不败地位的保障。

3.
用得得当，"短"亦即长

在结交朋友与用人方面，不应计其短，而须看其长。清末著名红顶商人胡雪岩就认为，一个人若有一技之长，即使其他的小毛病不断，也有用的必要，也可以结为朋友，并为己所用。因为人不可能是十全十美的，如果用求全责备的态度来要求每个人，那么未免过于苛刻，在现实中也不容易实现。同时胡雪岩更看重的一点是，这个人是否有决心、有毅力。有决心、有毅力，就是长处，就可以视为人才。人只要有恒心、意志，就没有改不掉的毛病。而要做到能够用人之长，就必须对身边每个人的性格脾气都了然于胸；对身边每个人的才干都清楚明白。只要做到这些，在选用人员时，你心中才会有十分的把握。胡雪岩就做到了，他改造赌徒刘不才的事例广为传颂。

刘不才原来是一个嗜赌如命的赌棍。他每天不务正业，经常通宵达旦地豪赌，父母遗留下的殷实家产也被他的骰子丢没了。胡雪岩对他并没有深恶痛绝，在收服他之前，就已经拿定主意让他充当一名特殊的"清客"角色，专门培养他和社会上层的达官阔少们打交道。在胡雪岩的不断督促下，刘不才不仅改掉了许多恶习,而且不负所望,运用自己娴熟的应酬技巧,为胡雪岩赢得了很多朋友,也为胡雪岩的事业发展打下了坚实的基础。

此类事例在国外也比比皆是。

美国南北战争时期,林肯曾选用过三四位将领,标准是无重大过错,结果都被南方将领击败。林肯吸取这一教训后,决意起用嗜酒贪杯的格兰特担任总司令。当时有人极力劝阻,林肯却说:"如果我知道他喜欢什么酒,我倒应该送他几桶,让大家共享。"林肯总统并不是不知道酗酒可能误事,但他更知道在北军的将领中,只有格兰特将军能够运筹帷幄,决胜千里。后来,事实证明了格兰特将军的临危受命,正是南北战争的转折点。这也说明了林肯的用人政策,是求其人能发挥所长,而不求其人是个"完人"。

每个人都有长处和才能,有的擅长分析,有的擅长综合,有的擅长技术,有的擅长管理,有的精通财务,有的善于交际,才能应与工作性质相适应。每项工作对人的要求各不相同,才能与职务应该相称,给予他的职务应最能刺激他发挥自己的优势。职务以其所能和工作所需结合而授,叫"职以能授",这样既不勉为其难,也不无可事事。扬其所能,其工作自然积极,管理效能也必然提高。

当然,用人所长,并不是对人的短处视而不见,更不是任其发展,而是应做具体分析、具体对待。有些人的短处,说是缺点并非完全确切,因为它天然就是和某些长处相伴生的,是长处的一个侧面。这类"短处"不能简单地用"减去"消除,只能暂时避开,关键还在于怎么用它。用的得当,"短"亦即长。克雷洛夫有一段寓言说,某人要刮胡子,却怕剃刀锋利,搜集了一批钝剃刀,结果问题一点也解决不了。

领导者不仅要熟悉下属的长处,还应帮助其认识到自己的优势,从而使其对工作充满信心。领导者应该经常向被领导者提出这样的问题：为了更大地发挥你的作用，你还需要我做些什么？

这个世界上任何东西都有其用处，只是用处大小方式不一罢了。作为万物灵长的人，自然也不例外。即使是再无能的下属，只要遇上一个会用人的上司，同样也能发挥其长处。关于用人，胡雪岩曾有一段非常精彩的概括："眼光要好，人要靠得住，薪水不妨多送，一分钱一分货，用人也是一样。"

"人非圣贤，孰能无过"，因此要用人之长就必须能容人之短。当我们欣赏胡雪岩一生在商场创下的无数业绩时，不能不注意到他手中的济济人才，而这些能干的人才之中，许多都是别人眼中的"败家子"。胡雪岩的高明在于他能"用人之长，容人之短，不求完人，但求能人"，这一点是值得我们深思的。

从延揽人才的目标来看，当然最好是能够吸纳像胡雪岩所说的"眼光手腕两俱到家"的全面人才而用之。腿脚勤快，办事扎实，交代的事情可以为你很稳妥地办好的帮手好找，但不仅能够稳妥地办事，而且能创造性地办事的将才难求。一个有作为的生意人，在识别人才时，眼睛当然要"盯"在这样的人才身上，一旦遇到，要不惜代价，使其乐为己用。

然而，"金无足赤，人无完人"，生活中也确实很难有面面俱到的全能人才。有魄力的人，可能粗枝大叶；心细的人，可能手脚放不开；老实肯干的人，脑子可能不灵活；而脑子灵活的，又可能偷巧卖乖，办起事来让人不放心，甚至一些人有特殊的本领，但在其他方面却完全一无是处。

在择人任用上，白璧无瑕、文武全才者固然是最为理想的人选，但现实生活中往往会出现鱼和熊掌不可兼得的情况。这时，到底用"有瑕玉"还是"无瑕石"，就看用人者的眼光了。

能不为世俗的成见所拘束，吸纳形形色色的各种人才为我所用，这样才能人才济济。有了人才，事业才能发展。而且，在延揽人才时，特别要注意那些遭人非议的人，因为"木秀于林，风必摧之；行出于众，人必非之"，越是某方面才能出众的人，其他方面的弱点就越容易被人攻击。

著名管理学家杜拉克说过："倘要所用的人没有短处，其结果至多只是一个平平凡凡的现职"，所谓"样样都可以"，其实必然是一无高处。有高山必有深谷，谁也不可能十项全能，才干越高的人，其缺点往往越明显。

在管理中，常常碰到一些令人左右为难的事。比如当一个职位出现空缺，需要物色一个理想的人选时，只因不能容人之短而扼杀了人的特定才能，最后必定是平庸的人当选。在这种情况下，我们就应该学习胡雪岩的做法，不拘一格，大胆起用人才。

总之，我们不能因为一个人的小缺点而舍弃他的大优点，这也是一些君主或领导者之所以失去贤士的原因。人本来就很难做到十全十美，应当权衡优劣，容其所短，用其所长。

"骏马能历险，犁田不如牛。坚车能载重，渡河不如舟。舍长以取短，智高难为谋。生材贵适用，慎勿多苛求。"在现实的社会竞争中，领导者要努力做到"不求完人，容人之短，但用人之长"。

4.
打破常规用人才

历史上此方面的经验教训数不胜数，而最早系统地总结"打破常规，灵活用人"理论的是战国末期的李斯。秦国时期，许多贵族大臣建议当时的秦王、后来的秦始皇嬴政把所有外国人才全部驱逐出境，免得他们当奸细。同样属于"外国"来的李斯马上写了著名的《谏逐客疏》，向秦王说明必须善于重用"外国"人才的道理，使秦王没有做傻事。在成语中，形容善于使用外来人才最常用的成语是"楚材晋用"，而实际上，在这方面做得最好、获利最多的是秦国而不是晋国。如果不是大胆使用"外国"人才，秦国不可能有商鞅变法，不可能修建都江堰，不可能重用李斯，更不可能统一天下。

打破常规的用人之道是需要每一个领导者用心学习与思考的，以下是具体的几点建议。

（1）让低职者高就

这是开发人才的一种成功做法，意思是让低职者高就，目的是压担子促成长。我们的传统做法是量才使用、人事相宜、什么等级的人安排什么等级的事。而让B级人做A级事，这种做法既不同于人才高消费，又有别于人才超负荷，比较科学，恰到好处，既使员工感到有轻微的压力，但又不至于感到压力过大，工作职位稍有挑战性，有助于激励员工奋发进取。

（2）业绩最佳时立即调整

这是一种打破常规的做法。人才成长是有规律的，人的才能增长是有周期性的，通常一个人在一个岗位上工作的时间以三至四年为宜。前三年是优点相加，后三年有可能是缺点相加。因此，经历也是一种财富，与其给庸才不如给人才。适时地调整那些优秀人才的岗位和职位，对于他们不断提高、继续成长大有益处，这是造就复合型人才的有效方法之一。

（3）评选优秀的比例必须达到70％以上

长期以来，无论是机关、事业还是企业单位，每逢总结评奖时，优秀的比例一般都在30％以内，实施公务员制度以来每年年度考核中定为优秀的人数一直控制在5％以内。这种做法似乎成了社会惯例，得到了广泛的认同。就在这样一种社会背景之下，我们发现却有少数单位反其道而行之，并且取得了不过的效果。他们每年年终评为优秀的人数始终保持在70％以上。经过深入了解后发现，其立论依据是：应当以多数人的行为为正常行为，把70％以上的员工都评为优秀，有利于激励多数鞭打少数。

（4）实行走动管理

这是西方当前比较流行的一种管理新方法。前美国总统克林顿较为擅长此法。他经常采取突然袭击的办法走进白宫的各部办公室，有时别人开会他也偷偷地溜进去旁听。走动管理有两大好处：一是可以掌握幕僚们的第一手材料；二是可以增强下属们的责任感和自豪感。

当前，领导者中较普遍地存在着两种错误的人才观，需要解放思想予以破除：一是凭借地域观念来使用人才。我们说要大胆使用外国人才、吸引外国专家，但有些领导干部地域观念过于浓重。譬如，我是甲县人，我就只重用甲县的人才，非甲县的人才不但不用，还要想方设法给他们设置障碍。在这种情况下，不要说重用外国人才、外省人才，就连重用外市、外县人才都做不到。这种做法，显而易见其后患无穷。二是机械地以文凭来判断人才。目前一些单位招录人才、特别是公务员，动不动就要"全日制本科以上学历"、"研究生"等。实际上，一个因为家庭贫困急于跳出农门、应届考上一个专科大学就去读的学生，和一个复读了好多届才考上"全日制本科"院校的学生；一个起点低但刻苦自学拿到国家自考文凭的学生，和一个虽然进了"全日制"大学却四年逍遥没有读多少书的学生；一个虽然没有"全日制本科"学历却有着丰富的人生阅历和工作经验的人，和一个只知寒窗苦读的"全日制本科"学生，他们的才智高低、能力多寡，又岂是凭借一纸文凭就能做简单判断的？因此，领导一定要破除机械的以文凭论人才的思维。

> 在多数情况下，企业职工队伍中会出现一些性格古怪的人，对这些人不能一概否认，弃之不用，若对他们进行科学选用，往往会有惊人之举，会收到许多意想不到的效果。

5.
行者必用，用者必信

在"用人不疑，疑人不用"的驭臣之术方面，东汉的开国皇帝刘秀做了一个好榜样。

东汉初期的大将冯异是一位权高位重、功高震主的开国功臣，刘秀建立东汉以后派他率大军镇守西北，以拱护京畿地区。冯异对自己久握兵权、远离朝廷感到不安，担心被刘秀猜忌，于是一再上书，请求回到洛阳。刘秀对冯异的确也不大放心，可西北地区却又离不开冯异。为了解除冯异的顾虑，刘秀便把宋嵩告发他的密信送给冯异。这一招的确高明，既可表明对冯异深信不疑，又暗示了朝廷早有戒备。恩威并用，使冯异连忙上书自表忠心。刘秀这才回书道："将军之于我，从公义上讲是君臣，从私恩上讲如父子，我还会对你猜忌吗？你又何必担心呢？"

说是不疑，其实还是疑的，有哪一个君主会对臣下真的深信不疑呢？尤其像冯异这样位高权重的大臣，更是国君怀疑的重点人物，他们对告密信的处理只是做出一种姿态，表示不疑罢了，而真正的目的，还是给大臣一个暗示：我已经注视你了，你不要轻举妄动。既是拉拢，又是震慑，一箭双雕，手腕可谓高明。

无论管理与经营，凡是不可信任者，都不能用；凡是可用的，就不能怀疑。"疑人不用、用人不疑"，历来被人们视为用人的信条。只有信任，才能让你的下属独立自主地行使职权；你的下属只有有了独立自主的地位，方可充分发挥其各种才能；只有信任，才能赢得人才忠心不渝地献身事业。而有时不得不采取的"用人也疑"、"疑人亦用"的策略，目的却也是与"疑人不用、用人不疑"一致的，且有着殊途同归的意义。"疑人不用、用人不疑"是用人的原则，"用人也疑"、"疑人亦用"是用人的策略，其目的都是为了更好地监督、爱护人才，不断地提升人才的素质，激发人才发挥出更大的能量。

在践行"用人不疑、疑人不用"之道时，我们应该时刻认识到：信任是最好的润滑剂。信任有才能的下属，通过有效授权使其大展其志，最后的效果肯定是"双赢"。

彭渤是一家著名IT公司的总监，他从普通员工一路做到部门经理，再到技术总监，因个性温和，从没经历过人际交往的困扰，与下属的相处一直都很融洽。他坦言，"其实，也没有什么技巧，就是真诚待人，用人不疑。"

彭渤大学刚毕业时，正值IT业蓬勃发展的时期。"我们那时做了很多连上司也没有接触过的事，所以在技术上，上司很信任也很依赖我们"。随着一批批年轻人进入公司，彭渤这批人逐渐担当起了更重的责任，成为项目经理、部门经理。而如今，很多年轻人初入职场常会抱怨被上司"训斥"等，这在彭渤看来，其实可以理解。他认为，这并非是上司或下属的错，在一定程度上说明企业文化不健全。"对于刚入职的人来说，任务艰巨，心理没完全就绪，企业没有良好的导师机制，上司对下属的指责多半是因为对其工作能力不满意所致。"他分析道。

如今，身为公司的副总和技术总监，他的团队中也不乏80后的独生子女。人们都说80后的人任性，不好管理，彭渤却没此感觉。对于团队的信心，与他当初对团队的组建密切相关。在招聘时，彭渤严格把关，除了技术过关外，性格、谈吐、责任感成了非常重要的胜出因素。到了工作岗位，他会经常和下属谈心，一方面从公司的立场来要求下属，另一方面也关注下属个人职业生涯的发展。"每个人在职场中都是过客，要培养下属职业生涯的生存能力。"彭渤恳切地说："需要有环境使他们认识到自己对公司、同事和领导的承诺。关键是大家相互信任，彼此明了都是为了工作。本着真心去待人，很多事就会迎刃而解。"

用人要坚持诚信任用的原则，做到用人不疑、疑人不用；信者必用、用者必信。对人才要让其充分行使职权，大胆授权工作，对他们敢于放权力、压担子，充分发挥其潜力。

放手使用、用而不疑，是胡雪岩用人的一个重要原则。除了那些关系生意前途的重大决策外，在一些具体的生意事务的运作上，胡雪岩总是让手下人去干，决不随意干预。

有一年，胡庆馀堂负责进货的"阿二"（助理）到东北采购药材。他回来后，药号"阿大"（经理）见人参质次价高，就埋怨他不会办事。阿二以边境有战事之故据理力争，两人一直吵到胡雪岩处。胡雪岩细察详情后，留他们吃饭，并特别向阿二敬酒，感谢他万里奔波，在困难时期采购到大量紧俏药品。饭后，胡雪岩吩咐阿大："古人云，将在外，军令有所不受。商事如同战事，应当用人不疑。以后凡采购的价格、数量和质量，就由阿二负责，我们就叫阿二为'进货阿大'。"从此两位阿大各司其职，把生意做得红红火火。

"用人不疑，疑人不用"的典型故事，应该来自于三国，最出色的表现者是刘备，他"弘毅宽厚，知人善任"，从不怀疑忠心耿耿的部下，刘、关、张、赵、诸葛几乎一起谱写了天下亘古传奇。因而，刘备的家业号称是亲情凝聚的典范。关羽，可以放弃一切厚禄，过五关、斩六将，历尽苦难回到刘备的穷困旗下；张飞，可以腥风血雨先打下一块小地盘，等着刘备来做主当家；赵云，可以冒生命危险，抢救刘备的儿子，维护刘备的家庭完整；诸葛亮，受刘备临终重托，"鞠躬尽瘁、死而后已"。刘备管理的基石就是信任感重于亲族。

上司和下属之间很容易产生误解，形成隔阂。一个聪明的领导，常常能以其巧妙的处理，显示自己用人不疑的气度，从而使部下更加忠心地效力于自己。

6.
用人之长，容人之短

胡雪岩身边的许多人在别人眼中都是"败家子"，但在他的眼里，他们都是具有特殊作用的不可多得的人才。这正是胡雪岩"用人之长，容人之短；不求完人，但求能人"用人观的最好的体现。

陈世龙原是一个整天混迹于赌场的"混混"，胡雪岩却把他带在身边。因为胡雪岩看到了他的长处：一是灵活，与人结交从不露怯，打得开场面；二是不吃里扒外，不出卖朋友；三是说话算数，有血性。胡雪岩从他身上发现了这些优点，将他调教成为自己经商跑江湖的得力助手。

扬长避短是用人的基本方略。然而，在现实生活中，人的长处和短处并不是绝对的，没有静止不变的长，也没有一成不变的短。在不同的情景和条件下，长与短都会向自己的对立面转化，长的可以变短，短的可以变长。这种长与短互换的规律，是长短辩证关系中最容易被人忽视的一部分。用人的关键并不在于用这个人而不用那个人，而在于怎样使自己的每个下属都能在最适当的位置上发挥最大的潜能。因此，一个开明的管理者应学会容忍下属的缺点，同时积极发掘他们的优点，尝试用长处弥补短处，使每个人都能发挥专长。有人性格倔强，固执己见，但他同时颇有主见，不会随波逐流、轻易附合别人的意见；有人办事缓慢，手里不出活，但他同时办事有条有理，踏实细致；有人性格不合群，经常我行我素，但他同时可能有诸多发明创造，甚至硕果累累。管理者的高明之处，就在于短中见长，善用其短。

现代企业中善用人短的企业家也大有人在。

松下电器公司副总经理中尾哲二郎就是松下先生善用人短的例证：中尾原来是由松下公司下属的一个承包厂雇用来的。一次，承包厂的老板对前去视察的松下幸之助说："这个家伙没用，尽发牢骚，我们这儿的工作他一样也看不上眼，而且尽讲些怪话。"但松下幸之助觉得像中尾这样的人，只要给他换个合适的环境，采取适当的使用方式，爱发牢骚爱挑剔的毛病有可能变成敢于坚持原则、勇于创新的优点，于是他当场就向这位老板表示，愿让中尾进松下公司。中尾进入公司后，在松下幸之助的任用下，果然弱点变成了优点，短处转化为长处，表现出旺盛的创造力，成为松下公司中出类拔萃的人才。我国企业也有这样的例子。听说我国南方有这样一位厂长，他让爱吹毛求疵的人去当产品质量管理员；让谨小慎微的人去当安全生产监督员；让一些斤斤计较的人去参加财务管理；让爱道听途说传播小道消息的人去当信息员；让性情急躁、争强好胜的人去当青年突击队长……结果，这个工厂变消极因素为积极因素，大家各司其职，各尽其力，工厂效益成倍增长。

金无足赤，人无完人。任何人有其长处，就必有其短处。人的长处固然值得发扬，而从人的短处中挖掘出长处，由善用人长发展到善用人短，这是用人的最高境界。长短互换的规律告诉我们，任何时候对任何一个人都不要僵化地看待，不要静止地看待一个人的长处和短处，要积极地创造使短处变长处的条件，同时也要防止长处变短处的情况发生。

此外，领导要做到将善用人之长与善用人之短相统筹起来。善于使用别人的短处，这首先是一种态度，其次是一种能力，是一种方法，需要积极地去通过提高自身素质来实现"使用别人的短处"，达到人的"短处"得到"长用"的目的。

美国有位叫波特的女专家，她善用、巧用人之缺点，从而使她的领导和管理系统化、科学化。她曾请一位心理学家和一位社会学家对其手下的员工进行调查。社会学家的调查结果是：这儿的人有两大类，一类是线性思维的人，他们直来直去，领导叫干什么就干什么；一类是系统思维的人，他们能全面地看问题，很快就能抓住问题的要害，并采取行动。而心理学家的调查结果是：一类是热情的人，一类是吹毛求疵的人。波特夫人综合后，做出了这样的人事安排：让线性思维而又热情的人，去做技术培训人员，因为他们乐于教书，诲人不倦；让线性思维而又爱挑毛病的人，去当警察，保安，因为他们爱管闲事；让系统思维而又热情的人，当领导、顾问，他们一定高瞻远瞩而又埋头苦干；让系统思维而又爱挑毛病的人，去做工头，谁干的好坏，都不会瞒过他们的眼睛。这样安排，就做到了各得其所，扬长避短。

领导的重要职责之一是用人。用人的高超之处，不仅在于善用人之长，更在于巧用人之短，因为"金无足赤，人无完人"。领导怎样才能做到善于用人之短呢？

（1）要正确认识下属的优缺点

中医使用的草药都是草。在一般人看来不值分文的草，在专业人员的眼中却是能治病救人的宝贝。俗话说："不懂是草，懂了是宝。"识人用人也同此理。只有做到知人，才能做到善任，不知人，便不能善用人。知人是用人的前提和基础。作为领导，必须对下属进行全面、客观的了解，正确看待和分析下属的缺点和不足，既要知其长，用其所长，也要知其短，避其所短，巧用其短。对于下属的缺点和毛病，不能一概而论，更不能把缺点和毛病看成是一成不变的东西，必须辩证地、客观地、科学地看待和分析下属的缺点和毛病，如果换一种场合，可能就会变成优点和长处。而这里的关键在于领导是否有能力使缺点和毛病放在该放的地方。领导要树立人人都是人才的意识，做到人尽其才，才尽其用，善于调动各种积极因素，特别是要善于化消极因素为积极因素，从而产生巨大的合力，推动自己的事业向前发展。

（2）要有用人的胆量

作为领导，都愿意使用"完人"，因为使用"完人"不用担风险。作为领导都愿意用人之长，用人所长是常规的用人之道。善于用人之短的领导并不多见。有些领导根本看不到别人的缺点还有积极的、可利用的一面，而是以僵化的形而上学的思维方式看待别人的缺点，把人的缺点看成是一成不变的，是没有任何利用价值的。用人之勇气，要求领导者要敢于冲破各种传统观念和世俗偏见的重重束缚和压力，重用那些在一般人看来有缺点的人。有缺点和短处的人普遍不被领导喜欢。如果对于有缺点和不足的下属不能妥善安排，正确使用，就会使他们成为自己的对立面，这样是不利于事业的发展的。领导艺术的高超之处就在于能够正确认识下属的缺点，在某种场合发挥这些缺点，使这些缺点转化为优点，从而化消极因素为积极因素。许多领导正是因为善于使用人的缺点和短处而取得了成功，但也有许多领导正是由于不善于用人之短，而失去了本来可以得到的支持和力量。

（3）要有用人之短的技巧

用人之短，不仅需要有胆，更要有识。有识就是要对缺点进行分析，区分出哪些缺点是可以转化为优势的，放在哪里才能转化为优势。如果缺乏科学分析，势必造成盲目性，结果会适得其反，事与愿违。员工性格、气质、工作方式方法上的缺点和不足，只要使用得当，通常是可以转化为优点和长处的。不论是急性子，还是慢性子，只要放在适当的位置，都可以发挥其作用，如果放错了位置，就会产生岗位与人的不适应。如果将喜欢挑毛病，吹毛求疵的人派去当质检员，他一定会严格把关，增强产品的合格率；把争强好胜之人派去抓生产任务，他一定会努力超额完成任务，以免被人看笑话；对于墨守成规，谨小慎微，不善创新之人，最好安排他们从事规范性的工作。这样就会各得其所，事半功倍了。

发现并运用一个人的优点，你只能得 60 分；如果你想得 80 分，就必须容忍一个人的缺点，并合理地利用这个人的缺点。

7. 选用人才的互补原则

在现代社会里，许多工作都需要知识、技能的联合攻关，而不是一个人或一种人就能胜任的。事实证明，如果各种人员搭配得好，协调默契，就会产生最佳效能，产生 1+1>2 的新的力量；如果搭配不好，就会互相扯皮、互相抵消，造成一种力量的内耗。

每个人都有自己的性格、脾气和心理特征，每个人又都有自己的爱好和特长，每个人还有自己的经历和经验。怎样才能使这些人和睦相处，同舟共济而不发生内耗呢？唯一的办法就是用互补原则去协调他们，用一些人的长处去弥补另一些人的短处。互补原则体现在用人的多个方面，如"专业互补"、"知识互补"、"个性互补"、"年龄互补"，只有长短相配，以长济短，形成多种具有互补效应的人才结构，才能调动人们的积极性和创造性。

心理学家认为，人都有渴求互补的心理，这也是为什么许多漂亮的女孩终会与一个才华横溢而相貌平平的男子结合的心理动因。人通常对自己缺乏的东西有一种饥渴心理，而对自己所拥有的东西反而不太重视，所以作为一个主管，只要把握员工的这种心理，然后根据其特长安排任务，让他们形成互补优势，这既可以提高工作效率，也迎合了他们的心理。

到过寺庙的人都知道，一进庙门，首先是弥勒佛，笑脸迎客，而在其北面，则是黑口黑脸的韦驮。相传在很久以前，他们并不在同一个庙里，而是分别掌管不同的寺庙。弥勒佛热情快乐，所以来的人非常多，但他什么都不在乎，丢三拉四，没有好好地管理账务，所以依然入不敷出。而韦驮虽然善于管账，但成天沉着脸，太过严肃，搞得人越来越少，最后香火断绝。佛祖在查香火的时候发现了这个问题，心想：我得改变一下用人策略了。于是就将他们俩安排在同一个庙里，由弥勒佛负责公关，笑迎八方客，于是香火兴旺；而韦驮铁面无私，锱铢必较，佛祖就让他负责财务，严格把关。在两人的互补之下，庙里呈现出一派欣欣向荣的景象。

没有一个人是全才，如果管理者渴望驱遣全才，那么将会无人可用。所以管理者要充分挖掘每个人的潜力，知道每个人的长处和短处，然后再分别加以运用。其实在用人大师的心里，没有一个人会是废人，正如武功高手，不需名贵宝剑，摘花飞叶即可伤人，关键看如何使用他们。

所以，一个成功的管理者应该全面了解员工，包括他们的技能和心理特征，然后优化组合，为我所用。

当前社会中，有一些企业为了表明领导班子"知识化"、"年轻化"，将一批具有名牌大学学历、年富力强的优秀工程技术人员提拔到领导岗位上，结果用的恰恰不是他们的技术长处，而其长处也随着职务的变动难以发挥，不但使企业的技术力量削弱了，管理力量也明显下降了。如何消除企业人才组合的负效果，而产生正效应呢？

首先正视人才所存在的个体差异。人无完人，有的人长于谋，有的人长于断；有的人长于专业技术，有的人长于社交；有的人勤于思考，有的人勤于实干……总之，一个人不可能样样都行，即使是"通才"型的人才，也只不过是精通的专业比别人多一些而已，将某一行业的人才与另一行业人才互换，很可能都会成为工作上的累赘。因此，在企业人才的结合中，应当针对人才个体所存在的种种差异，实现知识优势、能力优势的互补，因才制宜，以长补短，相互协作，以形成大于人才个体能力的总和，从而产生良好的组织效应。如，"曼哈顿工程"原子弹计划是由当时世界科学界的泰斗爱因斯坦提议的，该工程的技术领导人似乎应非他莫属，可是美国政府却选中了一位二流物理学家奥本海默。因为爱因斯坦虽有卓越的科研才能，但缺乏相应的组织协调能力，而奥本海默在科研上虽无法与爱因斯坦相比，但他有出众的组织才能。事实证明这种选择是正确的，几年之后原子弹顺利爆炸了，可以说是爱因斯坦和奥本海默的合理组合才使人类跨入了原子能时代。由此可见，人才组合中人才的知识优势、能力优势互补对一个组织成功所起的重要作用。

在动物界里有些动物之间存在一种奇妙的友好关系，它们互为友邦，相得益彰。比如，印度有一种体壮力大、勇猛无比的犀牛，天生眼小近视，生活很是不方便。恰好有一种叫牛鹭的小鸟，专门"伺候"犀牛，停在它的身上，啄食犀牛皮肤内藏着的寄生虫，这样既填饱了自己的肚子，又清洁了犀牛的身躯，两者之间各得其益，形成了"共生"互补现象。

合理的人才组合还应该讲求年龄、气质上的互补，从而形成最佳的人才整体结构。处于不同年龄阶段的人才各有特色：年轻人精力旺盛，创造力强，开拓精神强，但缺乏经验；老年人阅历广，经验丰富，威信高，但进取意识弱；中年人素质介于二者之间。从人才气质类型看也各有千秋：有的人内向，有的人外向；有的人急躁，有的人温和……根据人才年龄、气质上的差异，在组合中做到各取其所长，补其所短，才能发挥良好的整体效应。

刘曼和易菲是一对工作上的好朋友，这是她们在工作的过程中发现双方可以能力互补后建立起的不同一般的同事关系。她们两个人供职于深圳的深蓝广告设计公司，刘曼负责文案策划，易菲负责图片设计制作。刚开始时，她们各自负责不同客户的广告设计，不久设计总监就发现她们设计作品的思维和风格明显有缺陷。易菲在绘图能力和电脑操作方面比较突出，但是创意方面略显平常；而刘曼刚好相反，创意和整体策划都不错，但在绘图方面的表现力始终不尽如人意。最初她们各自设计的图稿修改了很多次也不能让客户满意，后来设计总监无意中在对两个人的设计进行比较后发现两者之间有互补性，于是，试着让刘曼和易菲对同一个客户资料相互沟通，并且合作完成同个产品的设计方案。两个人在统一了大体方向后，由刘曼负责整个广告的文案和策划，由易菲进行绘图方式的表达，这样设计出来的作品结合了两个人的优势，创意独特，让人耳目一新，客户几乎未加改动就通过了。从此以后，她们之间就形成了一种特别的工作关系。在不断的合作过程中默契度越来越好，两个人因为出色的工作表现成了公司的知名设计组合，同时也为公司赢得了越来越多的客户。

一个企业的成功固然决定于人才个体的素质，更依赖于合理的人才组合，只有通过人才优化组合，才能保证人才整体结构合理化，从而保证企业经营组织的最佳效能。

在企业的管理中，管理者要体现自己的领导力，在员工心里占有位置，树立自己的威信，使命令得到有条不紊的执行，一个重要条件就是整合内部人才资源，合理搭配各种工作人员，使之在专业、智能、素质、年龄等方面相互补充，组成一种最佳结构。

8.
吐故纳新，开发员工的潜力

IBM 公司作为世界最大的计算机制造公司，为激励员工的创新欲望，促进创新成功的进程，在公司内部设立了一系列别出心裁的激励创新人员的制度。制度规定：对有创新成功经历者，不仅授予"IBM 会员资格"，而且还给予 5 年时间和必要的物质支持，从而使其有足够的时间和资金进行创新活动。

IBM 实行的此种激励制度，对于那些优秀的创新者不仅是一种有效的报酬，也是强有力的促进剂，更是一种最经济的创新投资手段。IBM 这样做最大的目的就是对员工的创新精神加以引导，从而辅助和开发其最大潜能。

员工的能力包括两个层次：一是表象能力；二是潜在能力。表象能力是一个人现有的专业技术职能和行政管理职能，而潜在能力则包括一些尚未表现出来的能力，就是人的潜能，这些能力的开发需要以下几个因素：自身具有强烈的吐故纳新的愿望；对外来因素具有一定的整合能力；经过一定的环境影响和外力的诱导而被发掘出来。

关于人的能力的科学研究，目前国际上已取得了累累硕果。其中由创始人 JoeLuft 和 HarryIngham 联合提出，并从这两个名字中截取而成，命名为"乔哈里窗"，就是一个常被用来研究人的潜能的工具。他们把人的内心世界比作一个窗子，它有四格：公开区、隐藏区、盲区、求知区。对于一个组织中的每个人来说，他目前具有的知识层面只有公开区和隐藏区，公开区是企业或组织中，人人具备的"你知我知"并充分发挥出来的领域；隐藏区是"我知你不知"，自己具有的能力但还没有充分发挥出来的那部分领域；盲区是"你知我不知"

的未知领域（或者说是他知领域）；求知区是我不知你不知的全新领域。处理好这四个区的开发关系，对提高个人的整体素质有着极大的益处。

基于上面的分析，培养下属的方法一般包含如下几方面内容：

（1）先心意，后智能

实际上，只有解决了心意问题，才可能真正解决行为技能问题。

这里的心意问题包括两个主体，首行是管理者本身，我们有培养下属的愿望吗？其次才是下属。有些下属因各种原因不愿意与管理者配合，在接受公司与上司培养方面持消极、懒散态度，这种情况确实存在，需要具体情况具体分析并解决之。管理者的心意问题解决后，才可以考虑到下属的心意问题。而解决下属的心意问题，其关键要点只有一个字，即"诚"。如果管理者在与下属接触过程中都能做到开"诚"布"公"，那么公事如培养下属之类就必定不在话下。

（2）培养下属的内容，即KASH

K代表知识，A代表态度，S代表技能，H代表习惯。K知识可以分享，A态度可以启发，S技能可以训练，H习惯需要慢慢雕琢塑就。

管理者一定要切记：培养下属时绝不能仅仅培养劳动/工作技能，即SKILL。因为这样下属的态度肯定消极，不配合，导致培养效果大大降低。

虽然公司老板可能是这么说的，"把那个某某某的×××能力给培养培养"，但如果你直接培养某某某的×××能力，那可能就大谬了。老子所言"曲则全"者，岂虚言哉？有很多管理者觉得自己冤枉，明明老板那么说的，我也那么做了，可是效果不太好，我尽力了，但老板还批评我。其实，不冤，你只要"曲"一点，就什么都顺啦。

总之，领导者所需要做的就是在组织内营造出一种尊重下属、尊重员工的氛围。如果做不到这一点，就需要外力进行修心开智，否则就一定会陷入"不浚源而求流之远，不固本而期木之长"的陷阱，如此则企业之危可日见矣。

对于一个企业组织来说，要保持企业的创新与发展，员工的潜能发挥占有重要地位。在企业管理中，若措施得当，则人的潜力开发是无穷的，为企业带来的良性效益亦是无穷的。

9. 合理运用"鲶鱼效应"

据说，挪威人捕沙丁鱼，抵港时如果鱼仍然活着，卖价就会高出许多，所以渔民们千方百计想让鱼活着返港。很多人的种种努力都失败了，但有一艘船却总能带着活沙丁鱼回到港内。直到这艘船的船长死后，人们才发现了秘密：鱼槽里放进了一条鲶鱼。原来鲶鱼放进槽里以后，由于环境陌生，自然会四处游动，到处挑起事端。而大量沙丁鱼发现多了一"异己分子"，自然也会紧张起来，加速游动，这样一来，一条条活蹦乱跳的沙丁鱼就顺利地被运回了渔港。后来，人们把这种现象称之为"鲶鱼效应"。"鲶鱼效应"的实质是引入新鲜因素，打破平衡，引起竞争，激发活力。

鲶鱼效应对于"渔夫"来说，在于激励手段的应用。在企业管理中，管理者要实现管理的目标，同样需要引入鲶鱼型人才，以此来改变企业一潭死水的状况。引进鲶鱼型人才是企业管理必需的，是出于获得生存空间的需要出现的，而并非是一开始就有如此的良好动机。对于鲶鱼型人才来说，自我实现始终是最根本的。

沙丁鱼型员工的忧患意识太差，一味地想追求稳定，但现实的生存状况是不允许沙丁鱼有片刻的安宁。"沙丁鱼"如果不想窒息而亡，就应该也必须活跃起来，积极寻找新的出路。

鲶鱼效应本质上是一个管理方法的问题，而应用鲶鱼效应的关键在于如何利用和管理好鲶鱼型人才。由于鲶鱼型人才的特殊性，管理者不宜用已有的方式来管理鲶鱼型人才。因此，鲶鱼效应对管理者提出了新的要求，不仅要求管理者掌握管理的常识，而且还要求管理者努力学习、创新管理方式，并在自身素质和修养方面有一番作为，这样才能够让鲶鱼型人才心服口服，才能够保证组织目标得以实现。

鲶鱼型人才在组织中如何安身立命也是一个必须着重说明的问题。历史上有很多"好动"的人才最后都没有落得好下场，原因就在于他们的"好动"得罪了很多人，之后这些被得罪的人又联合起来将他打压了下去。虽然组织因为这些"好动"的人而得到了长足的发展，但是这些"好动"的人的下场也让很多人想动不敢动。其实鲶鱼型人才在组织中的生存是有规律可寻的。鲶鱼型人才固然要做得最好，但也要学会低调和韬光养晦；鲶鱼型人才固然要忠诚于组织，但也要学会功成身退，毕竟任何忠诚都是有限度的；鲶鱼型人才固然要努力工作，但也要讲究做人做事的方法，或者也可以称作手段。对于鲶鱼型人才来说，最重要的固然是自我价值的实现，但最根本的却是如何求得自身的安全。

作为公司的最高领导层，当公司缺乏活力时，如何去改变这一状况，比较流行的做法是，从外部引进鲶鱼——空降兵，这在短期内确实能起到一定的效果，但若长期从外部引进高职位人才会使得内部员工失去晋升的机会，导致员工的忠诚度降低，流动率升高，"治一经，损一经"，不利于公司稳定发展。从经验来看，以下几条内部"鲶鱼"——绩效管理系统、构建竞争性团队、发现并提升潜在明星很重要，值得各企业认真去发掘。

澳大利亚某牧场上狼群出没，经常吞噬牧民的羊。于是牧民求助政府和军队将狼群赶尽杀绝。狼没有了，羊的数量大增，牧民们非常高兴，认为预期的设想实现了。可是，若干年后，牧民们却发现羊的繁殖能力大大下降，羊的数量锐减且体弱多病，羊毛的质量也大不如前。原因是失去了天敌，羊的生存和繁殖基因也退化了。于是，牧民又请求政府再引进野狼，狼回到草原，羊的数量又开始增加。

这个事例告诉人们一个道理，"生于忧患，死于安乐"。如果一个企业缺少活力与竞争意识，没有生存的压力，就如同没有天敌的羊一样，必然会被日益残酷的市场竞争所淘汰。一个员工也是如此，长期安于现状、不思进取，必然会成为时代的弃儿。

一个企业动力机制的有效性，关键在于员工的薪酬、晋升和淘汰机制的建立与绩效管理系统挂钩的紧密程度。事实上，科学有效的绩效管理系统能够为员工的薪酬调整、晋升和淘汰提供准确、客观、公正的依据，真正起到"奖龙头，斩蛇尾"的效果。除此之外，推行绩效管理的作用和意义还在于：使个人、团队业务和公司的目标密切结合，通过目标和责任的分解，将公司业务的压力传递给每一位员工；通过每一层级的主管与下属关于绩效目标设定和绩效考核结果的沟通和确认，提高管理沟通的质量，让员工对需要完成工作目标做出承诺，并主动付出努力；绩效管理过程是主管不断帮助下属明晰其工作，辅导下属完成工作达成目标的过程，作为主管必须明确要达到的结果和需要的具体领导行为，因此绩效考核在主管考核下属的同时，也是在考核主管本身，不仅让下属动起来，也让各级主管行动起来；推行考核本身就是企业希望改变现状，通过改革谋求发展的风向标，员工很快就能认识到一切的改变正在发生，从而产生紧迫感；通过考核，在工作要求、个人能力、兴趣和工作重点之间寻找最佳的契合点；同时，增强管理人员、团队和个人在实现持续进步方面的共同责任，引导员工的成长。

一家发展迅速的小型软件公司的创业者说："公司要得到发展，就必须保证没有人在这里感到安闲舒适。"公司支持所有的团队互相竞争内部资源和外部市场资源，通过设置内部群体之间的有序竞争，激发员工在外部市场中面对经费压力、人力资源压力、发展压力等的潜能和斗志，其结果是使公司的员工始终处于战斗状态。

在用人方面也一样，只要在组织中找到并提升能干的人才，谁都会紧张，有了压力，自然会拼搏进取，由此一来，整个团队就会生机勃勃。这里的首要问题是如何识别企业内部的潜在明星，以下几条标准可供参考：工作热情和强烈的欲望；具有雄心壮志，不满现状；能带动别人完成任务；敢于做出决定，并勇于担负责任；善于解决问题，比别人进步更快。

这样的潜在明星员工，在一个气氛不良，机制不完善，正在步入慢性死亡的公司中，往往是受到打击和排挤的对象。但是，如果最高管理层真正希望改变现状，创建一种活跃、良好、具有凝聚力和建设性冲突的组织氛围，就有必要去挖掘和提升鲶鱼型员工，这不仅体现了最高管理层改革的决心，传递压力和紧迫感给沙丁鱼型员工，同时更是增强所有员工对改革信心的重要途径。

人没有压力，就会缺乏动力。人的潜能是很大的，只有合理地开发和引导，才能逐步释放出来，而这种"释放"就需要一个"冲突的环境"。

宋朝的经济文化水平在当时是非常先进的，堪称世界强国，金、蒙、西夏的袭扰并没有削弱宋朝的实力，反而使宋朝出现了一个又一个的抗击名将。虽然宋朝皇帝喜欢舞文弄墨，但由于岳飞等名将的坚决抗击，并没有亡国的危险。宋朝灭亡的真正原因是后来一味地坚持"求和"，给人钱财以换取短暂的安乐，虽然暂时换来了边疆无事，缓解了压力，但却使宋朝的战斗力迅速下降，最后在蒙古人的进攻面前不堪一击。

无论是一个国家、一个民族、一个企业，甚至是一个人，没有外来压力是很可怕的，容易形成惰性。封闭保守的文化非常不利于自身的发展，因此，对于企业而言，一定要不断地灌输压力的概念，要设立富有挑战性的目标，激发组织和个人的创造欲望，这样才能增强活力。要使团队持续、高速地发展，不妨在团队中放入几条"鲶鱼"或"狼"，让它们为团队"制造"一点冲突。

如今很多经营者在用人时都懂得利用"鲶鱼效应"，目的是通过不断地引进人才进一步激活人才，为企业创造有序的人才竞争环境。但也要注意，这不是绝对的真理，它的运用也有"度"的限制。其实，万事皆有度，问题是"度"在哪里。

不难看出，"鲶鱼效应"的激励作用在于改变了沙丁鱼型员工不思进取的普遍现象。假如恰恰相反，你所在的部门员工已经形成生龙活虎、锐意进取的良好"鲶鱼效应"气氛，可是你仍然我行我素地坚持继续引进超量"鲶鱼"，就可能发生"能人扎堆儿"，造成内讧和矛盾，致使效率低下。拿破仑曾说："狮子率领的兔子军远比兔子率领的狮子军作战能力强。"这句话一方面说明了主帅的重要性，另一方面还说明这样一个道理：聪明和能力相同或相近的人不能扎堆儿。能人扎堆儿对企业发展不利。有这样一个案例颇能说明这一点：

3个能力高强的企业家合资创办了一家高新技术企业，并且分别担任董事长、总经理和常务副总经理。一般人认为这家公司的业务一定会欣欣向荣，但结果却令人大失所望，企业非但没有盈利，反而连年亏损。其原因是无法协调，3个人都善决断，谁都想说了算，又都说了不算，结果管理层内耗导致企业严重亏损。总部发现这一情况后，马上召开紧急会议，研究对策，最后决定请这家公司的总经理退股，改到别家公司投资，同时免去他总经理的职务。有人猜测这家亏损的公司经历撤资打击之后一定会垮掉，没想到在留下的董事长和常务副总经理的齐心努力下，竟然发挥了公司最大的生产力，在短期内使生产和销售总额达到原来的两倍！而那位改投资别家企业的总经理在担任董事长后，充分发挥自己的实力，表现出卓越的经营才能，也缔造了不俗的业绩。

这的确是一个值得研究的案例。引进"鲶鱼"的尺度何在？企业在运用"鲶鱼效应"、决定是否引进"鲶鱼"时，一定要看实际效果，即是否可以通过引进"鲶鱼"将本企业内的一些"沙丁鱼"激活。

总之,人才引进不是越高越好,而是看有无需求,否则就会造成无序的人才竞争和人才的供需不平衡,最终影响人才发挥作用和人力资源的优化配置。新"鲶鱼"挤走了旧"鲶鱼","鲶鱼效应"能否科学地发挥作用至关重要的一点是科学地评价"鲶鱼"与"沙丁鱼"。假如眼光只"见外不见内",就可能导致优秀员工的流失,假如此"鲶鱼"流失到对手企业,更由于他深知本企业的"根底",难免会对本企业构成威胁。

第十二章

有效授权术
——事必躬亲的不是优秀领导

任何经理人都不得不承认，无论自己多么能干或精力多么旺盛，都不可能每一件事情都事必躬亲地处理。授权对于经理人来说，不是"能不能"的问题，而是"愿不愿"和"会不会"的问题。授权决不是简单地把工作指派给员工，授权是一门艺术，一门成功经理人必须掌握的艺术。

1.
有效授权才会如虎添翼

授权是一种有效的领导方法，然而，一些中小民营企业的老板却不清楚如何正确使用。时常听他们大发感慨：随着企业业务量的增长，团队越来越膨胀，需要应付的事务越来越多，因此越来越感到精力不济、力不从心，随着竞争的加剧，越来越意识到专业化操盘手的重要性，这是保证业务持续增长和公司良性发展的基础。但是，大多数民企老板不懂得授权是基于一种充分信赖的心态，对自己、也对他人信赖。因此，令他们最感到头痛的不是选择职业经理人的问题，而是聘用了职业经理人后授权的信任问题！因为对缺乏信赖的人一般不会采取授权的领导方式，而是将权柄牢牢抓在自己手中。

为了解决授权的信任危机，或授权后的信任问题，关键的一点是要使中小民营企业的老板们知道：授权必须有效！所谓"有效"在于授权者有正确的策略，既相信被授权者的品格与能力，又相信自己能够处理授权带来的所有问题和任何意外，归根结底，就是实现授权者对自己的信赖。

选用职业经理人，提拔企业内的高级管理者，都要以信任为第一要素。选聘人才时，首先不应考虑的是这个人与自己的关系疏远问题。关系近则优先考虑，关系远则靠边排队，这样不利于企业发展。虽然用人时考虑信任问题无可厚非，但不能将信任作为唯一要素，在信任关系建立后，应考虑到其对企业影响甚大的职业操守、工作态度、工作能力等问题，否则只会对企业发展造成负面影响，从而事与愿违。授权是为了选拔人才、培养人才，大胆使用专业管理者是为了增加创新成果的可能性。

有不少民营企业为了摆脱家庭式管理，也聘用职业经理人。但引进职业经理人后，官职可以给，金钱可以给，但是审批权却丝毫不给，属于典型的"给官给钱但不给权"。大部分企业在选择职业经理人时，首先想到的是：既然企业花了很高的代价引进职业经理人，所引进的人才就应该是其职业背景越资深越好，操盘能力越高强越好。殊不知，大脚不能穿小鞋，小脚也不能穿大鞋，它会造成脚累，也是对鞋的一种浪费。对于职业经理人而言，与职位相对应的审批权、决断权是其开展工作的最基本需要，只有官位但没有实权的职业经理人在实践中不可能发挥作用。

这里要明白聘用职业经理人的目的。一般来说企业聘用职业经理人的目的是为了企业的长足发展，因此，要克服聘用职业经理人只以短期请师傅为目的的想法。若如此，聘用职业经理人则形同请咨询公司，只期望能从职业经理人那里得到一些新的点子或策略，并没有长期合作的想法。由于聘用职业经理人的成本要远比请咨询来得低，因此就假借聘请职业经理人之名行开拓眼界之实。殊不知现在的企业竞争已经到了系统竞争阶段，单靠从师傅那里学来的一招两式根本无助于企业的发展。

此外，民营企业要做到有效授权，就要解决信任以外的授权危机。否则，无效授权会浪费资源和时间，甚至可能产生风险，形成危机。

有效授权不等于放权，并不是说将权力授给其他人后，授权者撒手不管或者对局面失去控制与把握，如若那样，则不是有效授权，而是盲目放权这可能给企业带来混乱。因此需要在授权的同时，建立严格的监督机制，以检视权力运作情况，从而使授权更加有效。

有效授权也不同于委派，委派是以命令和说服为主，只是委派任务和目标，对方的责任不强，也缺乏主动性。有效授权的核心是授予对方责任和主动权，让被授权者有创造的空间，能采用自己的方法去完成目标。

英特尔公司十分注意对员工进行授权。在他们看来，授权者和被授权者必须共享信息。因为只有授权进行得很有效时，它才会起到较强的杠杆作用，而较弱的杠杆效果只会造成主管只死守所有工作而不懂得分配工作。总裁葛鲁夫认为，主管把自己喜欢的工作分配出去，可以更加得心应手地对这些分配出去的任务进行监督，并确保它们按计划执行。

在英特尔的日常管理中，处处都体现了授权所带来的好处。葛鲁夫将这一点形象地比喻为：一个经理应当持有项目原材料方面的存贷，这些存贷应当由你需要但不是马上完成的东西组成。实践证明，要是没有这些存贷，经理们就会无所事事，从而在百无聊赖之际去干涉下属的工作。这样的结果是可怕的，员工们的积极性和创造性将会受到重创。所以，葛鲁夫认为：对于一个经理或是主管来说，保证适度放权，并花一定时间去协调员工之间的关系，同时在适当的时候加以督导，那么下属就会及时调整工作状况，这种局面非常有利于公司的高效运作。

授权是一个双向过程，是有效地将一部分工作转交给他人，需要双方互相信赖与沟通。通过有效授权，授权者将庞大的企业目标轻松地分解到不同人身上，同时将责任过渡给更多的人共同承担，让团队每一个职员更加有目标、更加负责任、更加投入、更有创造性地工作，产生"四两拨千斤"的巨大效益和"九牛爬坡，个个出力"的协作精神。只有这样才能达到授权的目的。

近年来，全球企业正经历着一场转折，即以前的家族式企业中一人独裁的集中控制方式逐渐被分权和授权的方式所取代，随着企业规模的迅速扩大和全球化战略的实行，公司的管理者统管一切的方式不仅在方法上是行不通的，而且对公司的成长也是有害的。适当的授权能使下属更加积极地参与到企业的运作和管理上来，从而有利于增强企业的竞争力。例如，松下电器的创始人松下幸之助的话就很耐人寻味："授权可以让未来规模更大的企业仍然保持小企业的活力；同时也可以为公司培养出发展所必需的大批出色的经营管理人才。"有了这些人才，企业的发展才会如虎添翼，进而取得更大的成功。

授权是基于一种充分信赖基础上的领导方法，要想在竞争中获得优势，老板们必须学会解放思想，主动授权于值得信赖的人才。

2. 合理授权激发下属的工作热情

管理的秘诀在于合理地授权。所谓授权，就是指为帮助下属完成任务，领导者将所属权力的一部分和与其相应的责任授予下属，使领导者能够做领导该做的事，下属能够做下属该做的事，这就是授权所应达到的目的。合理地授权可以使领导者摆脱能够由下属完成的日常任务，自己专心处理重大决策问题，这还有助于培养下属的工作能力，有利于提高士气。授权是否合理是区分领导者才能高低的重要标志，正如韩非子所说的那样"下君尽己之能，中君尽人之力，上君尽人之智"。领导者要成为"上君"，就必须对下属进行合理地授权。成功的企业管理者都熟谙授权之道。

詹森维尔公司是一个美国式家族企业，规模不大，但自从1985年下放权力以来，企业发展相当迅速。CEO斯达尔的体会是："权力要下放才行。一把抓的控制方式是一种错误，最好的控制来自人们的自制。"

斯达尔下放权力的主要手段是由现场工作人员来制订预算。刚开始时，整个预算过程是在公司财务人员的指导下完成的。后来，现场工作人员学会了预算，财务人员就只是把把关了。在自行制定的预算指导下，工作人员自己设计生产线。需要添置新设备时，他们会在报告上附上一份自己完成的资金流量分析，以证实设备添置的可行性。

为了让每一位员工更有权力，斯达尔撤销了人事部门，成立了"终身学习人才开发部"，支持每一位员工为自己的梦想而奋斗。每年向员工发放学习津贴，对学有成效的员工，公司还发给奖学金。自从实行权力下放以来，公司的经营形势十分好，销售额每年递增15%。

建立一个与有效授权相配套的授权机制，营造一个与有效授权相适应的授权氛围，是企业管理者进行有效授权并留住人才的一种方式。有效授权，给员工足够的空间去想象，可以充分发掘员工的潜能，激发员工自我负责的精神，从而实现授权的意义和企业的目标。

甲骨文公司通过给各层级的员工必要的自主权，让他们对自己的岗位承担责任。如，一位整合产品部经理在22岁时就有足够的权责去影响公司的总业务收入（一般公司要等到35岁甚至40岁左右才拥有这种影响力）。他不仅可以决策、掌握客户信息、进行产品发布、管理研发人员，而且还可以管理一切和他的工作有关的各种事务流程。甲骨文公司只是为每个员工提供一个可以施展才华的空间，在这个空间里所有的一切都需要员工自己去创造，需要他们对自己的工作负责。另外，还要有负责任的上级管理者以确保员工不会有越权行为。在这种基础上，甲骨文公司和所有美国大企业一样从管理体制上给员工上进的空间，从制度上吸引和留住优秀员工。

因此，要想取得有效授权的果实，留住企业的优秀员工，就必须先给予员工良好的授权氛围。通过建立起完善的内部授权机制，搭建起良好的授权氛围，才可能实现营造员工自由发展的个人空间的目的。

授权并非一蹴可成，不能说一句"这件事交给你"就以为完成了授权。

授权一事需要授权者和被授权者双方密切的合作，彼此态度诚恳，相互沟通了解。在授权时，授权者必须有心理准备，明确授予下属完成任务所享有的权力和责任，使他完全理解自己的任务、权力和责任。在此基础上，还要让被授权者按照他自己的方式处事，不要随意干涉，并且随时给予扶持。此外，合理地授权并非对下属放任自流、撒手不管。授权者要保留监督的权利，当授权者出现不可原谅的错误时，随时取消他的授权资格。

　　合理的授权，有利于调动下属的工作积极性、主动性和创造性，激发下属的工作情绪，发挥其才干，使上级领导的思想意图为群体成员所接受。善于授权的企业经理能够创造一种"领导气候"，使下属在此"气候"中自愿从事富有挑战性的工作。授权还可以发现人才、利用人才、锻炼人才，使企业出现朝气蓬勃、生龙活虎的局面。

　　领导者应告诫自己：领导者权力运用的最佳手段是抑制而不是放纵自己的权力，且职位越高越应如此。管理者是带领下属完成目标的人，是最大限度挖掘和调动下属积极性的人，而不是通过仅仅依靠个人能力实现目标的人。既然已经授权给了下属，就要相信自己的眼光，相信他能把工作做好。

　　一个成功的领导者可以定义为：最大限度地利用其下属的能力，并全力支持而不是干涉下属。权力的适当下移，会使权力重心更接近基层，更容易激发下属的工作热情。大量的实践证明，领导者抑制自己干涉的冲动反而更容易使下属完成任务，同时这也是区分将才和帅才的重要标志之一。

　　在希尔顿的旅馆王国之中，许多高级职员都是从基层逐步提拔上来的。由于他们都有丰富的经验，所以经营管理非常出色。希尔顿对提升的每一个人都十分信任，放手让他们在各自的工作中发挥其聪明才智，大胆负责地工作。如果他们之中有人犯了错误，他常常单独把他们叫到办公室，先鼓励安慰一番，告诉他们工作中难免会出错。然后，再帮助他们客观地分析错误的原因，并一同研究解决问题的办法。他之所以对下属犯错误采取宽容的态度，是因为他懂得只要企业的高层领导特别是总经理和董事会的决策是正确的，员工犯些小错误是不会影响大局的。如果一味地指责，反而会打击一部分人的工作积极性，从根本上动摇企业的根基。希尔顿的处事原则，是使手下的所有管理人员都对自己信赖、忠诚，对工作兢兢业业，认真负责。

正是由于希尔顿对下属的信任、尊重和宽容，公司上下充满了和谐的气氛，创造了一种轻松愉快的工作环境。希尔顿在经营管理中拥有两大法宝——团队精神和微笑，正是这两大法宝，铸就了希尔顿事业的辉煌。

通过权力下放，可以激发下属的积极性与创新性，同时也扩大了下属奋斗的空间。

3.
减少个人英雄主义

无论是一个组织、一个团队，抑或是一个企业还是一个国家，作为领导人，当权利达到一定顶峰后，极易犯独断专行的错误。因为所处的顶峰位置和权力欲的膨胀，一言堂、搞独裁就是很自然的事了。此外，凡喜欢独断专行的人常有三点结果：一是没有不犯错误的；二是能成就大事者不多；三是往往得不到下属和群众的拥护。独断专行表面上看是企业领导者的强大，实际上是弱智无能的体现。因为弱者的一个显著特征，就是心胸不宽，见识不广，或眼高手低，腹中空空，不听别人意见和建议。凡是那些胸怀大志、善于干大事广纳贤才的人,都不愿意独断专行,而总希望广交朋友,广纳良言,尊重伙伴,处处关心和爱护下属,虚心征求别人的意见,尽可能把事情做得完美,营造宽松和谐与人合作处事的氛围。这是古往今来卓越领袖人物一种普遍的特性。在国内企业尤其是民营企业中,扛着所谓"强权领导力"旗帜的老总并非少数,他们实施的其实就是独裁性领导。

原巨人公司老板史玉柱检讨自己失败的教训时就表示,原来的公司董事会是空的,决策就是由自己一个人说了算,并告诫别人,决策权过度集中危险很大。原雅虎中国总裁、现雅虎总裁周鸿祎必躬亲,处事方式比较强势,给人一种压迫感,所以有员工用"沙皇"来形容他独裁性的领导风格。其实他们的愿望并非如此,而是希望有一个充满战斗激情的团队,但事与愿违,后来他把自己的思路归纳为"弱管理、强领导力"。

企业高级竞争阶段的进入,是个人英雄主义消亡的开始,是协作时代的到来。如何让自己的个人主义和独断专行不要伤害你的团队,是企业领导在迎接新的竞争时代时所要反省的大事。作为企业领导人,应摆正自己的位置,明确自己的职责。既然在一个团队组织或企业中是大多数人的事业,就要尊重多数人的意愿,集中多数人的建议,依靠多数人的智慧,与多数人合作,引导多数人淋漓尽致地发挥各自的积极性,才能把属于多数人的事业干好。仅靠一个人,或仅靠极少数人独断专行地去做事,是不可能出色地干好大多数人的事业的。因此,如果一个企业的领导者长期独断专行,不愿意听取别人的意见和建议,不愿意接近下属或基层,重大决策就得不到充分的论证,就吸收不到符合实际的鲜活的经验,就会造成短视,痛失有用之才,痛失良好的发展机遇,也就谈不上会有什么重大的成就感。

例如,据美国博客网站 SiliconAlleyInsider 报道,美国知名社交网站 Facebook 首席财务官(CFO)吉迪恩·余(GideonYu)之所以离职,并不是因为 Facebook 需要一位具备"上市公司工作经验"的新 CFO,而是因为他同Facebook首席执行官马克·扎克伯格（MarkZuckerberg）意见不合。一些Facebook员工表示，扎克伯格过于固执己见和独断专行，是迫使不少Facebook高管离职的直接原因。一名消息人士称，如果扎克伯格主持召开Facebook高管层会议，他不允许任何与会者发表不同意见。另一名不愿透露身份的Facebook员工则表示，在Facebook创业初期，扎克伯格允许甚至鼓励其他高管和普通员工提出不同意见和建议，这也正是Facebook后来市场规模能够大幅增长的根本原因所在。

现在Facebook早期团队早已分崩离析，大部分早期成员其实都希望离开Facebook，只是部分成员因为各种不同原因而推迟了离职计划。此前有传闻称，由于科勒尔提前离职，导致他损失了"数百万美元"的账面收入。

无论是历史上还是现实中，凡喜欢独断专行的人常常得不到下属和群众的拥护，成就不了大事。

4. 有效授权的三个核心

解决信任以外的授权危机，达到有效授权，首先要建设良性的企业文化。企业不管大小，都应该有自己独具特色的文化，而良性的企业文化是企业团队成长的土壤。在民营企业里，若能建立并逐步完善企业文化，则会使企业的员工真正融入其中。新员工在选择企业时，若能够融入企业文化，自然会和企业内部通行的行为规则保持一致的步伐；不能融入企业文化的就会自然地退出或被淘汰，此时即使有部分浑水摸鱼者也会成为不能被团队所接受的异类，而沦为人人喊打的过街老鼠。这种良性的企业文化会自然地帮助老板提升信任系数。

其次，构建合理的内部管理体制。在企业内，从高层、中层到基层的组织结构、决策程序、岗位分工与描述、人员职责定位、工作流程、绩效考核（包括工作分析、KPI设定、考核组织、考核办法及实施、奖惩机制等）等"软件"都是内部管理体制的组成部分。合理的内部管理体制是保证企业良性运转的基础。不同职位、不同级别的经理人，都有与其职位所对应的职责权限。总之，制度是根据需要由企业制定的，有了合理、完善的制度，就为跑、冒、滴、漏情况的发生提供了有法可依的保障，制度的执行又有考核体系的保障，考核体系后又有奖惩体系的保障。这样在一个完善的内部管理体制下面，自然会省去老板只凭感觉来判断能否信任的麻烦，而且也增加了许多科学合理的评价标准。

最后，也是最关键的一点就是中小民营企业的老板要具备非常理性、客观的"得"与"失"评判水平和胸怀。也就是说企业老板具有一种宽广的胸怀和先谋定而后动的眼光至关重要。企业老板在用人方面也同样存在着大智慧者算大账，小智慧者算小账的区别。企业以高薪聘请了总经理，一段时间内使企业的营业额有了提升，达到或超额完成了老板的预期目标。此时即使职业经理犯了一些错误或给企业造成了一定程度的损失，但只要他所犯的错误不是原则性的，企业老板就要继续以一种包容的胸怀去积极支持他的工作。这样做可以实实在在稳定职业经理的人心。

作为一名管理者，掌握好授权技巧，对于工作的开展是非常重要的，如果管理者能够完成任务同时又能享受其中乐趣那是最好不过的。合理的授权有助于完成任务和享受工作，这主要包括两个方面。

（1）将什么事情授权

你没时间做的事预计每项你必须做的任务将要花费的时间，如果正常来说是半小时，就加到一小时，留出合理的工作步伐、打断和花在收集资料上的时间。如果发现你不能按时完成每一件事，就选择其他能完成任务的人委派出去。

别人能做得更好的事。有时，管理者会抓住一项任务不放，尽管他人可能会做得更好或更快，这种控制最后可能得不到最好的产品。将任务转交他人并非承认我们自己的能力或智慧不足，相反，在了解和利用自己的强项时，就会表现出你犀利的洞察力。

他人为了积累专业经验而必须做的事。当然，通常你会比下属或助理干得更快更好，但为了让下属或助理提高专业水平，可能要将工作交由他们去做。而且，随着你不断晋升，将享受到将任务委派他人而来的自由感。认识这点，尽管你一直做着一项具体工作（而且做得相当不错），抽出时间教会别人，长期来看，这是值得的。

（2）如何授权才好

详述你期望的结果。这样会避免你在任务结束时收到一个不想要的结果。别以为他人与你的想法会一样，将你的想法写成文字是个好提议；与你有权委派的人互相交换备忘录是确保达成共识的一条途径。

要定立明确的限期。然而，不要说："到……时候这件事要完成。"试试说："你能在什么时候完成呢？"要让受委派人拥有与任务有关的权力和选择。

如果受委派人定的限期不够快，你可以提出："可不可以快点完成？"让受委派人继续有权选择。然而这样的询问取得的期限也可能比你定的更早。

提供权力、途径和支持。委派的不单是任务，还有执行任务的权力。要告诉其他人，受委派者有权在这个项目上代表你，并要求他人给予合作和提供信息。

评估结果，而非过程。不同的方法可以达到同一目标。他人的思路与你的不同，并不等于是错的。小心别控制他人采用的方法，而是评估结果，看看是否符合你定的目标。这不是说看到错误不能提供辅助或信息，只是别因为太快介入而搅乱了他人学习的过程。

确保你随时准备跟进。你仍然拥有最终的权力和对该项目的最终审核权。无论你委派的是简单还是复杂的任务，若你没有对完成了的项目给予最后肯定，就会浪费所有人的时间和努力。不做最后跟进表示对你委派他人的任务态度冷漠，这会降低你的信誉并增加他人不将你的要求认真对待的机会。你的跟进方法可以简单如一个"备忘本"，何种方法并不重要，最重要是有效。建设良性的企业文化、构建合理的内部管理体制、具备非常理性客观的"得""失"评判标准和胸怀是掌握有效授权的三个核心步骤，也是最终实现双赢效应的三个安全保障。

选好授权对象。事有"本末"、"轻重"、"缓急"，舍本而逐末，当然就不得要领了。管理是什么？管理是抓事情的"本末"、"轻重"、"缓急"。在任何单位的工作中，不仅有着各项重大任务，而且有许多事务性工作。有些事情非常紧急，迫在眉睫，必须当机立断，及时去办；有些事情忽然来到，不办不行，必须妥善安排；有些事情必须上下结合，共同去办。

在如何分清轻重缓急、对症下药方面，有一个很有趣的故事可供大家参考：

有一天动物园的管理员们发现袋鼠从笼子里跑出来了，开会讨论后，一致认为是笼子的高度过低。于是，他们决定将笼子的高度由原来的十公尺加高到二十公尺。结果第二天袋鼠还是跑了出来，他们再次决定将高度加高到三十公尺。没想到隔天居然又看到袋鼠全跑到了外面，管理员们大为紧张，又一次决定将笼子的高度加高到一百公尺。一天长颈鹿和几只袋鼠们在闲聊，"你们看，这些人会不会再继续加高你们的笼子？"长颈鹿问，"很难说……"袋鼠说："如果他们再继续忘记关门的话！"

作为管理者，不可能也没有能力去总揽各项事务。授权也是一样，必须按照急缓程度把工作交由下属去办。权力授给谁，管理者首先要考虑这个问题。而且，在做出决定之前，必须考虑很多因素，这里着重讲的是授权对象愿不愿意接受领导者授予的权力。下级对领导者授予的权力并非都会欣然接受。应当明白，下属也是人各有志，不可勉强，领导者勉强授权，很难取得成，这就需要管理者把权力授予愿意接受权力的人。

管理者应注意授权对象的承接力和如何把握适合的时间策略，如果你想要授权有效和体现出成果，必须经过精挑细选，被选中的员工应具备以下素质：有职业道德，善于灵活机智地完成任务，有自我开创能力及协调与合作精神，善于思考，而且要具备一定的传帮带能力。

选择一个正确的授权对象是授权的关键一步，领导者应该将权力授予那些品德好、有能力的人。这就要求领导者在授权之前要对被授权对象进行细致的考察，包括其特点、强项、弱势等在内的都应该了如指掌。

选准对象，视能授权。孔明伐北，街亭失守，过不在马谡，而在于孔明弃魏延而用马谡为先锋，是授权者选择对象不当所致。在选择授权对象时一定要坚持德才兼备的原则。既要考察授权对象的政治素质，又要考察授权对象的实际才能。有德无才难担重任，有才无德贻误事业，两者不可偏废。选定授权对象后，应注意根据其能力大小和个性特征适当授权。对于能力相对较强的人，宜多授一些权力，这样既可将事办好，又能培养锻炼人；对于能力相对较弱的人，不宜一下子授予重权，以免出现大的失误；对于性格明显外倾性的人宜授权让他们解决人际关系及部门之间沟通协调的事情；对于性格明显内倾性的人宜授权他们分析和研究某些具体问题；对于黏液质和抑郁质的人宜授权让他们处理带有持久性、细致性、严谨性的工作。

选择授权对象就是安排合适的人做合适的事情，合适的人是指适合该事情的唯一人选，事情做好了功劳都属于他，出了问题，授权对象就是唯一的需要对事情负完全责任的人。要注意的是，在选择授权对象时，一定要有唯一性，否则大家都有尚方宝剑，情况将会变得糟糕，出了问题找不到负责的人。

把权力授给谁，这是管理者首先要考虑到的问题，最关键的是要选好授权对象。

5. 有效授权要有合理计划

计划对于授权至关重要。有效授权需要合理计划，计划是有效授权的保证。只有制定合理的授权计划，员工才能更好地理解授权的目的和企业的目标，并全身心投入到工作中。比如，北美最大的天然气资源公司美国阿莫科公司就是通过授权经营而取得成功的例子。阿莫科公司通过授权计划，首先会给项目经理正式的授权书，给予他们行政管理权、财务权、技术处理权。其次项目经理依次对下面的分项经理予以授权。在此基础上，分项目经理会给每一个项目成员具体的岗位描述，界定权力和职责。通过计划授权的实施，使员工的权利和义务得以平衡。

因此，有效授权必须要有一个合理的授权计划作为后盾，为授权而制订计划是有效授权得以实施的保证。如果授权无计划，难免会失败。因为没有计划的授权，会使员工茫然，不知所措。事实证明，没有计划的授权就像没有计划的人生，没有方向，最后只能随波逐流。

被授权的员工在完成任务的过程中，领导者必须在计划范围内给予员工一定的授权，包括资源、经费、人员以及了解信息等方面。但是领导者要清楚，当你把权力授予下属时，并不意味着任务完成的成败与你无关，领导者永远都是最终的责任者。

领导者要认识到并不是什么事情都可以授权给下属的，不可授权的事情一定不能让别人去代劳。比如，绩效考核、人事调整、制定预算以及一些机密的工作等。连你自己都不清楚的事情也不要去授权给别人。

要有分寸，防止"弃权"。领导者所拥有的决策权、人事权、指挥权、监督权，在任何时候都不能放弃，否则领导者将被"架空"，领导活动会失去控制。明朝皇帝朱由检把大权交给了奸臣魏忠贤，每当魏忠贤问他事时，他总是说："你看着办吧，怎么办都行！"结果导致了魏忠贤遍设锦衣卫，肆无忌惮地乱杀重臣名将，造成了大批冤狱。

管理者在对下级进行授权的过程中一定要把握好适度原则，切记不可发生如下情形。

（1）琐碎小事让下级负责

管理者授予下属的权力一定要是实权，且必须具有重要性。授权是为了完成某项重要的工作，并非什么小事都让下级代办。所以在工作中必须防止上下级之间由于关系过好，上级的私事小事经常让下属负责，使下级变成了秘书，使属下滋生"大事没我，小事归我"的怀疑心理，从而对工作失去积极性。

（2）授予权限不当

"度能授权"是管理者必须掌握的一个重要技巧，权力的授予必须有一个度的范围，超过了这个度，会导致工作中的瞎指挥现象，进程杂乱无章，失去控制，对原本自己不熟悉的事情也指手画脚，乱出主意。权力如果没有达到这个度，那就等于没有被授予，会导致自己忙内忙外，工作积极性受挫。

（3）权力随意收回

在授予下属权力之前，一定要深思熟虑，合理安排，切忌由于考虑不周而随意收回权力。权力的授予，是上级对下级的一种信任，应当充分相信下属的能力，放手让他全权处理该任务中的各项问题。平时如果不注意培养下属的工作能力，一旦有突发任务，贸然让下属顶上，发现其经验能力不足后又马上将其撤下，这不仅是对上级本身能力的一种否定，也是对下属自信心的打击，这是授权中必须非常谨慎处理的问题之一。

（4）权限界定不清

许多领导因为事务缠身，对授权过程不重视，就是一句话："这件事交给你处理了。"其实，这是一种不负责任的授权方式，说了等于没有说.当下属遇到大事，超越了平时的权力范围时便会不知所措，又不敢再问上级，工作结束后，与上级想要的结果大相径庭，又会被上级责备遇事不问。其实，这样的事情在现实中经常发生，原因不是下属的能力有问题，而是上级在授权时没有将权力的边界界定清楚。一个工作任务和目标都不明确的授权，也就失去了存在的意义。

（5）害怕承担责任与竞争

失败乃成功之母，畏惧失败的人将永远无法体会成功的喜悦。许多管理者在授权时经常考虑到如果下属出错后，自己要承担责任而不愿意授权，或者害怕下属在出色完成任务后功高盖主反夺其位。认为下属承担的责任越大，所做工作越多，取得的成就就越可能超越自己，在企业中的声望、权力就会扩大，造成对自己的威胁，因而不愿意将权力授予下属。

权力的授予是一门综合性很强的艺术，授权过程中涉及各方面的内容也比较多，管理者把握了授权的本质要点，便可以按照自己的意愿，从容地安排授权。当然，要成功运用好授权的技巧，除了了解授权的内容特点及注意事项，还必须建立良好的监督反馈机制。

> 授权计划是有效授权的起始点。有效授权意味着要有计划、有步骤地给员工分配权利和责任，使员工做到权限清晰、职责明确。

6. 避免授权的盲目性

一般情况下，管理者应保留以下几种权力：事关区域、部门、单位的重大决策权，直接下属和关键部门的人事任免权，监督和协调下属工作的权力，直接下属的奖惩权。这些权力属于管理者职能工作范围内的权力，不能对外授权。除此之外的其他权力，可根据不同情况灵活掌握。

从实际工作上衡量，凡是过多分散管理者精力的事务工作，上下都需支配或可分担的边际权力，以及因人因事而产生的机动权力等都可以考虑下授，但要注意事情的"本末"、"轻重"、"缓急"程度和授权方法。

任何企业或组织都有自身的发展目标，这些目标的实现绝不是管理者个人所能完成的。管理者只有将组织的总目标进行必要的分解，由组织内部的各个管理层及部门的所属成员各自分担一部分，并相应地赋予他们一定的责任和权力，才能使下属齐心协力，共同奋斗，努力实现组织的总目标。那么，管理者应该按照何种方法进行授权，才可以避免授权的盲目性和授权失当的现象发生呢？

（1）充分授权法

管理者在充分授权时，应允许下级决定行动的方案，将完成任务所必须的人、财、物等权力完全交给下属，并且允许他们自己创造条件，克服困难，完成任务。充分授权可极大地发挥下属的积极性、主动性和创造性，并能减轻主管不必要的工作负担。

（2）不充分授权法

凡是在具体工作不符合充分授权的条件下，管理者应采用不充分授权的方法。在实行不充分授权时，应当要求下属就重要性较高的工作，在进行深入细致调查研究的基础上，提出解决问题的全部可能的方案，或提出一整套行动计划，经过上级的选择审核后，批准执行这种方案，并将执行中的部分权力授予下属。

采用不充分授权时，上级和下属双方应当在方案执行之前，就有关事项达成明确的规定，以此统一认识，保证授权的有效性和反馈性。

（3）弹性授权法

管理者面对复杂的工作任务或对下属的能力、水平无充分把握，或环境条件多变时，可采用弹性授权法。在运用这种方法时，要掌握授权的范围和时间，并依据实际需要对授给下属的权力予以变动。例如，实行单项授权，即把解决某一特定问题的权力授予某人，随着问题的解决，权力即予以收回。或者实行定时授权，即在一定时期内将权力授给某人，到期后，权力即刻收回。

（4）制约授权法

管理者管理幅度大，任务繁重，无足够的精力实施充分授权，即可采用制约授权的方法。制约授权是在授权之后，下属个人之间或组织之间相互制约的一种授权方式。它是管理者将某项任务的职权分解成两个若干部分并分别授权，使他们之间相互制约、相互钳制，以有效地防止工作中出现疏漏。

（5）逐渐授权法

管理者要做到能动授权，就要在授权前对下级进行严格考核，全面了解下级成员的德才和能力等情况。但是当管理者对下属的能力、特点等不完全了解，或者对完成某项工作所需的权力无先例可参考时，就应采取见机行事、逐步授权的方法。如先用"勘理"、"代理"职务等非授权形式，使用一段时间，以便对下级进行深入考察。当下属适合授权的条件时，领导者再授予他们必要的权力。这种稳妥的授权方法并非要权责脱节，而最终是要使两者吻合和达到权责相称。

其实，按照何种方法授权，取决于当时的综合情况和工作的急缓程度，这需要管理者因时因地地考虑。但无论何种情况，管理者授权出去后，同样要对授权承担最终责任。

若想达到这点，就必须做到如下几个方面。

（1）严格的监控

监控是管理的五大职能之一，也是管理者最重要的日常工作。管理者期待执行者有效执行其意图，就必须在执行过程中严格监控，发现问题及时纠正，使之朝着预期的方向发展。但是在监控的过程中，一定要解决好一个问题，那就是监控不可以影响执行者的工作，以免形成负面影响。

（2）标准化的考核

如果说激励给人动力，那么考核则给人希望，让人产生梦想。一般情况下，人们习惯于认为考核是一种约束，事实上这是对考核功能的一种误解，真正合格的考核是让人看到希望并且让人产生梦想，是一种激励的补充，或者说是激励措施的一种量化形态。当然，如果只是设定一个最低标准来让人遵守的话，那么将会导致企业运行效率不高即执行力缺位。

（3）实时的能力把握与筛选

有些管理者往往不能根据客观工作任务的性质，对被授权人所具备的实际能力、知识水平等进行慎重地考核，或是以个人好恶取人，或者以与自己的亲疏程度选人，或者从平衡组织内派系出发挑选授权人。这很容易造成实际的偏差，管理者盲目地把权力授给无法胜任工作的人，这是失败的管理工作，真正的授权是要找一个既具有能力而又能行事负责的人，从而使企业效益最大化。

管理者的权力保留多少，要根据不同任务的性质、不同的环境和形势以及不同的下属而定。在保证工作正常运转的情况下，必须预防授权泛滥、权力失控的现象发生。

7.
潜意识运用非正式权力

正式权力又称职位权力,是组织赋予领导者的岗位权力,它以服从为前提,具有明显的强制性。这种权力是由领导者在组织中所处的职位决定的。法定权包括:决策权、组织权、指挥权、人事权、奖惩权,它与领导者个人因素无关。

非正式权力是领导干部自身素质形成的一种自然性影响力,它既没有正式的规定,没有上下授予形式,也没有合法权力那种形式的命令与服从的约束力,但其却比正式权力影响力广泛、持久得多。在它的作用下,被影响者的心理和行为更多地是转变为顺从和依赖关系。非正式权力影响是由领导者的品德修养、知识水平、生活态度、情感魅力以及自己的工作实绩和表率作用等素质和行为所形成的,其特点在于它的自然性,它比正式权力影响具有更大的力量。现实生活的大量事实告诉人们,领导者影响力中起重大作用的是非正式权力,其影响力、感召力、吸引力是巨大的。"其身正,不令而行,其身不正,虽令不从",就深刻地说明领导者的非正式权力影响对其有效性和权威性起着决定性作用。

在现实生活中,潜意识运用非正式权力而取得成功的案例俯拾皆是。

基于个人品德与才能崛起的 W. 爱德华兹·戴明(W. EdwardsDeming),以其强大的个人权力创造了 20 世纪七八十年代质量管理运动的辉煌,这场运动也成就了这位工业界的传奇人物。在乔布斯创业后的 10 年,造就了一个市值 20 亿美元、拥有 4000 多名员工的大企业。尽管乔布斯取得成功的因素是多元的,但其强大的说服与影响力在其创业初期和转型过程中发挥了关键作用。创业初期,资金匮乏,他成功地说服了风险投资家为苹果公司注入资金;发展时期，他又一次说服董事会和雇员，适时地进行了业务拓展和转型。他创建了苹果电脑，引领了电脑时尚的新潮流；他创立了皮克斯(Pixar)，拨动了娱乐业的新风向；他创造了iPod，影响了不只一代人的生活方式。

可见，个人魅力、说服力、影响力等非正式权力在管理工作中具有十分巨大的作用！

在中国，领导力长期以来被等同于正式权力和权威，如今这种情况正悄然改变，中国企业领导人正面临着如何在不运用正式权力权威的情况下，进行有效领导和良性影响。日趋激烈的竞争使得团队合作的工作方式成为企业激发人们的聪明才智，释放他们的创造潜力，从而增强企业竞争优势的重要源泉。因此，企业领导人纷纷重塑自己的领导方式，以适应这种合作型、平民化管理文化的需求。

研华股份有限公司董事长刘克振有时会直接给分公司的销售人员打电话，就产品推广等话题进行直接探讨。接到他电话的员工表示："董事长的电话让我感到亲切，我当然愿意将自己的想法告诉他。这种直接对话的做法让大家很受鼓舞。"

与人们印象中刻板、严厉的日本老板形象不同，佳能中国总裁兼CEO足达洋六是一个非常放松、开放的老板，他随时都会发出"我喜欢你这个人，我喜欢你所做的工作"的信号，让员工感觉到"我不是一部工作机器，而是一个有感情的人"。这种感染力让员工产生了强烈的共鸣，激发了他们在压力下快乐地工作。

实际上，领导人利用正式的领导职务所赋予的权力，依靠命令和控制手段，通过硬性要求和强制指令来领导，其效果往往与初衷背道而驰。相反，如果领导人把自己当作被领导者的导师、合作伙伴甚至朋友，运用包容、人格魅力、专长、人际关系技巧和沟通等非正式权力的因素，通过"传帮带"等非正式权威的领导方式，往往会收到意想不到的效果。

运用非正式权威的领导方式，不仅适用于领导下属。领导(力)的基本内涵是：指引方向，施与影响，进行激励，承担责任。这些内涵告诉我们，你不仅可以领导下属，还可以引导上司、平级甚至公司外部的顾客、供应商等利益相关者。

比如，"领导"上司，需要对上司施加影响时，就要考虑：是否要根据上司的工作习惯采用适当的方法？怎样明确自己的期望？如何同上司充分交流？如何在充分调研的基础上，主动针对工作中存在的问题提出不同的解决方案？

要有效地运用非正式权威的各种领导方式，需要结合公司的实际情况，厘清在本公司运用领导力的主要方面和重要对象。在不同的条件下，针对不同的对象，所采取的领导方式就要有所区别。

张三与李四是某高校的两位领导，张三多年来分管后勤工作，李四多年来分管科研工作。由于年龄原因，前不久两个人都退休了，在生活中我们却看到了老百姓对他们的不同态度。张三由于长期以来没有专长，唯一的爱好是善于钻营，在位时和下属的关系就不怎么好，退休后连一个楼里住的邻居都不怎么理他。李四就不同了，尽管担任了多年的行政职务，但他的专业一直没丢，退休后正好腾出更多时间来把自己做行政工作时没有时间钻研的东西继续做下去。同时，本地很多科研院所也来邀请他，今天搞项目鉴定，明天搞学术研讨，虽然退休了，但比在位时还要忙，院里的同事也很尊重他。对李四来说，在位或者不在位，几乎没有太大的影响。

上述现象在我们的生活中已经见得太多了，但很少有人会去思考这个现象背后的深层原因。其实，管理学中领导者权力来源理论可以对这个现象进行科学解释，同时能使我们得到很多启发。

现代领导理论认为，领导者的权力来源于以下五个方面：

一是法定权力。这一权力来自于你所处的职位，职位越高，法定权力越大。

二是惩罚权力。领导者对下属的一种物质或精神上的处罚权力，是由法定权力派生出来的一种权利。

三是奖赏权力。领导者对下属进行物质或精神的奖励权利，包括表扬、多发奖金、提升等。是由法定权力派生出来的另一种权利。

四是专长权力。由于领导者在某一专业领域所具有的特长而获得的一种权利，这种权利与个人的专业技术水平和能力有关，与职位高低无关。

五是个人影响权力。领导者因为个人的品德、风度、气质等个人魅力而获得一种权利，与职位高低也没有关系。

在以上五个方面的权力来源中，第一种和第三种权力是根据所在的职位高低而获得的，称之为正式权力，由此获得权威我们把它叫作正式权威。最后两种权力主要是基于个人原因获得的，与组织关系不大，因此可称为非正式权威。

事实上，在任何一个单位，正式权威都是有限的，因为职位本身是有限的。但是非正式权威是无限的，特别是个人专长权力，主要依赖于个人的专业水平，因此非正式权威的获得更多地只能靠自己。

由此可以看出，要想做好一个领导，仅仅从正式权威方面去努力是远远不够的。专业方面的能力和个人的影响力可以不受职位的影响，不断扩大。恰恰在日常生活中，相当一部分管理者忽略了这一基本理论，一旦进入仕途便误入歧途，等明白过来已为时过晚。前面案例中讲到的两位领导的不同待遇，便可从上述理论中找到相应的答案。

> 正式权力和非正式权力，二者在有效授权过程中的作用都是不可或缺的。然而由于传统的原因，前者的重视程度往往远大于后者。其实，在现实社会中正式权力是有限的，而非正式权力则是无限的，非正式权力的影响对领导的有效性和权威性起着决定性作用。

第十三章
与时俱进术
——学会面对和管理新生代年轻人

中国有句名言叫"长江后浪推前浪,一代新人换旧人",当今时代,80后、90后逐渐替代60后、70后成为企业的生力军和中流砥柱。面对跨时代的这批年轻人,需要管理者适时做出适当的调整,跟紧时代步伐,了解其所思所想所为,有针对性地管理好新生代。

1. 如何管理新新人类

恐怕大多数 HR 经理人都遇到过这样的情况：80后、90后这"生猛"的一代来了，职场中原来的安稳日子如今不好过了。这些新新人类哼着含糊不清的歌曲，摆出桀骜不驯的姿态，揣着一颗脆弱易伤的心灵，怀着美好伟大的理想，在职场中横冲直撞。

80后、90的话题虽然已不是一个新鲜的话题，但毋庸置疑，这是一个热门话题，也是一个当前需要重点解决的课题。目前，社会上对80后、90后的评价可谓是褒贬不一。之所以形成这种情况，一方面与这批年轻人本身存在的问题分不开，另一方面也与我们评价"标尺"的"刻度"有关，毕竟"刻度"是否准确，最终关系到评价结果是否公平、公正。实话说，80后和90后是最具有自己独到见解和时尚气息的一个群体。

我们以90后为例。实际上在工作中，我们的确遇到了90后的管理困境，主要体现在这几大方面：

一、90后员工藐视权威和制度。有时他们会在工作中无意识地去触犯一些制度的高压线，这无疑给公司的制度执行和传统制度管理方式带来挑战。

二、独立性差。90后员工有时喜欢独立，但这种独立是在团体范围内所产生的独立，而若是将其置于陌生的环境下，他们那种独立处理问题和独立生存的能力缺陷将会一览无遗地表现出来，这将会给企业的市场开拓以及人才培养工作制造不小的障碍。

三、责任心较差，缺乏忠诚度。这一点表现得最为明显的就是在工作选择上。90后员工选择工作基本上不会去考虑职业生涯的有序和规范的问题，只信奉一句话"我选择，我喜欢"。但可怕的是，这种喜欢却经常性地发生改变，这肯定会给企业人才队伍的稳定性带来不小的麻烦。

90后员工之所以形成管理难题，主要还是来源于成长的社会环境和家庭环境，这两方面环境的存在铸就了90后的个性，为企业的人力资源管理实践创造了一个新的管理难题。

像这样的新生代员工流动性比较大，他们多是刚走出校门的新人，对自身的价值认识不清，容易心浮气躁、受外界的干扰与诱惑大。同时，不同行业的收入差距较大，这也造成了他们不断产生新想法、做出新选择，跳槽频繁。

对很多部门主管来说，繁忙的日常工作之外，还要考虑如何去管理他们，着实增添了很多麻烦，似乎远不如找"同类"更有效率。

下面的经历是一名HR对80后、90后人才的一些看法：

公司招收了三个男孩来做实习生，原本初步定实习时间是一个月。起初的效果非常好。有了几个年轻人的加入，大家午餐时间的闲聊都更新了主题：如今最当红的歌星、最流行的装扮，以及其他各种最新资讯源源不断地涌来。办公室的气氛顿时改变了，空气似乎都清新了，每个人都仿佛年轻了几岁。

然而，问题总是会到来的。月底业务的总结和下月的规划需要立即做出来，整个部门都忙得不可开交。本来还庆幸多亏有三个实习生，可以分担一点琐碎的简单工作，因为第二天就要用，于是派他们几个人整理资料。

没想到的是，下午四点多，三个人突然集体消失了。原来他们晚上有同学聚会，都提前离开了。最后这事不得不动用公司人力资源部的力量，紧急找了几个兼职人员连夜帮忙，才算解决了。尽管这三个80后的青春气息逼人，但显然不能再用他们了。

有个案例是企业管理人员在对待新生代员工时常遇到的问题：

张亮原来是一家外企的部门经理,他的下属都是年龄相对较长、个性比较成熟的工程师。在下属的心目中,他是个很好的上司,在张亮的部门,工作氛围很好,大家干劲十足。

不久,张亮跳槽去了一家民营企业做副总,作为新兴的民营企业,他的下属很多都是80后、90后的年轻人,他一时还把握不了如何与比自己小20多岁的年轻人相处。一次,因为一点工作上的小问题,张亮批评了一个80后的下属。这在过去的经验中属于业务上的交流,在张亮看来非常正常。没想到挨批后第二天,这个小伙子就"消失"了,不来上班,电话关机,弄得张亮没了脾气,一来困惑不知何故,二来担心下属出事,只能上天入地地发动同事找他。最后,这个下属终于自己想通回来上班了,但张亮却很无奈,"真的不知道该怎么和这些孩子相处了"。平日里一向和气友善的张亮就此遭遇了人际相处的难题。

面对新生代的下属,以能力说话是至关重要的,其次要放低姿态向下属学习和探讨,当然如果遇到缺乏责任感的下属,较为强硬的铁腕和压力也是必要的。虽然一时看来,下属接受不了,但从下属的职业生涯发展来看,对其进行挫折教育也是助其成长的一个途径。

2. 理解新生代年轻人的思想心态

新生代年轻人的确有许多独特的地方,比如他们比较重视自我,有自己的信仰,在公司里,他们一开始对"自己的空间"重视程度大于"发展空间";以情绪和快乐为导向,不愿意承担太多责任和压力,不做遥远的规划;对待成功,希望毕其功于一役;自认为很独立,其实很多方面很依赖,碰到问题,第一反应容易"归罪于外"。但是,他们大多反应快、创新能力强、不盲从;容易适应新的发展和变化,受到重视时能做出出人意料的成绩。他们看起来不盲从,但在情绪上却是最容易互相感染的一代,往往你在公开场合激励了一人,就等同于激励一个群体。

新生代年轻人,其思想、行为等都不同于前人,喜欢我行我素,喜欢特立独行,喜欢标新立异,喜欢追求刺激,因此被称之为"NEWNEWPEOPLE"。

我们总结出新生代年轻人一般具有以下两个相同的心理状态:活跃又自我的男孩,脆弱又自主的女孩。了解他们的心理状态,我们应该怎样去正确引导和管理他们呢?作为管理者,我们既然无法改变,就要积极适应。

对于现状,管理者必须告别传统的"说教"。因为你可能已经发现,在平常的沟通中,当你正给他津津乐道地讲你的过去,你的青年时代时,他可能会直接给你说一句"都什么时代了,还讲这些"等等之类的话。

有一个90后员工,是独生子女,平时表现还可以。有一天下午,他突然打电话到店里,说要请假。但当时的情况不允许,主管告诉他不同意,而且告诉他规定不许打电话请假。他说:"主管,今天我们同学会,我必须请假,你要不同意,你记我旷工好了。"

这些年轻人总觉得上司在说教,很啰嗦,只要感觉上司在说教,就表现出烦躁不安的情绪,稍有语言不慎,就来一句:大不了我不干了,让人觉着前面的苦口婆心都白说了。因此,对于80后、90后,唯有真诚拥抱,不要试图通过"说教"、"思维教育"来改造他们。作为管理者,必须具备良好的沟通能力、具有感染力的演说、深刻的思想(最少是可以自圆其说的深刻)、专业的技能技巧,这才是领导新生代的前提,也就是说,必须让他在某一方面欣赏甚至崇拜你。

如果新生代有唯一的一个相同点，那就是他们每一个人都不同，他们每一个人就是一个温润的生命。管理不是整理，管理者的对象毕竟是人，所以在推进制度化管理时也需要区分各自的特点，充分体现"制度适人"。

对于这一代的职场新人，管理过程中一方面要注意不断地对其灌输组织的核心价值观，使其不断融入组织圈子，培养与组织的感情；另一方面应注意把责任落实到个人，虽不要求其朝九晚五来回奔波，但必须要求其在指定时间内完成交付的工作任务。同时，要使其明白在制度化管理的背景之下，任何一个底层工作人员的流失对整个组织来说并没有影响，若不能完成工作，有影响的反而是其本人，以此种方式来增强这类人的职业危机感。

3. 给新生代员工更多关怀

对于新生代员工不能只是发个奖状或者一个红包，而需要用等同价值的方式去表现。如某个销售部员工酷爱收藏卡通模型，HR经理花了600元为他搜罗一个他找不到的卡通，作为本周销售业绩冠军的奖励品，这将比奖励他1000元奖金，更加让他觉得激动和人性化。这就对"老一辈"的人力资源工作者提出新的挑战。

新生代员工不再如前辈一样把企业当成自己的家，在他们看来企业不过是他们实现自我价值的一个平台甚至是跳板。他们选择一家公司的逻辑很简单：这里能帮助我成长，一旦觉得在这里自己没有成长的空间，他就会选择离开。因此管理者要注意持续不断地给他们提供目标和通道，让他们知道只要达到什么样的要求，自己在这里就会有怎样的作为。这样他们会觉得工作有成就感，才会觉得这里更适合自己的发展。

缺乏深度的沟通是管理者经常犯的错误，新生代员工对工作和公司都有很多想法，但是那些负面、消极的想法一般都不会主动说出来，这时就需要管理者们主动聆听，动之以情、晓之以理地去加以引导。

新生代员工承受的工作和社会压力并不小，但外界却指责他们抗压能力差，因此，企业和管理者有必要做好他们的压力管理。一要关怀他们；二要理解他们；三要包容他们；四要对他们有耐心。

1999年成立的网通公司是电信改革先行者，而其员工也非常年轻。据悉，该公司现在员工的平均年龄将近30岁，也就是出生于70年代末、80年代初的典型80后。那么，年轻的网通公司是怎样从企业的角度管理这群让人挠头的80后员工呢？

一方面进行明确的职业引导。80后员工入职前，该公司会提供为期一个月的封闭式培训，使他们对公司有更全面、更深入的理解。接着是半年的工作体验式学习，采用轮岗的形式，让员工在前、中、后线分别在网通公司的销售、网络建设、技术规划等岗位上工作。最后，网通公司再根据各个员工的不同职业倾向进行岗位确定。

另一方面，面对这批可塑性强、崇尚自由、兴趣广泛、学习能力强、自信和创新的80后员工，网通公司一直都努力营造积极向上的组织氛围，该公司的企业文化是：信任沟通、进取热情、低调实干、业绩承诺。在网通公司里，部门之间、员工之间、上下级之间都很注重沟通和信任。

管理新生代，期望值是最关键的。在指导他们的过程中，管理者要用比较亲切的方式，不能让他们感觉到是在命令他，这会引起他们的反感。要和风细雨、朋友般与他们聊天。在关键点上，要倾听他们的想法，事先给他们一些提醒，让他们承担更多的责任；碰壁之后要和他们及时沟通，然后设法引导。

4. 建立阳光激励机制

建立阳光激励机制，创建公平竞技平台，确保激励系统化、制度化，对于相对单纯的新生代是非常鼓舞人心的。天性争强好胜的他们，喜欢学习，喜欢挑战，那么对于工作将会全力以赴；一向具有优越感的他们，自尊心很强，非常渴望自己能够有成就，看得到希望，对于他们来说，是非常受鼓舞的。俗话讲：得人心者得天下。企业能得人心，向心力就强；员工有了归属感，忠诚度、责任心就强，那么企业的人才竞争力就会更强。

多鼓励新生代员工，及时肯定他们的工作能力。进入新的工作环境，新员工希望能及时展现自身价值，以获得企业的认可。为此，企业也要为新员工提供发挥的工作平台，对其取得的成绩要及时肯定，遭遇挫折时，要进行适当的鼓励，让新员工感受到其存在的重要性，从而提高工作的积极性。

新生代员工实际上是很矛盾的一个群体，在某方面很先进，比如，他们的知识信息量大、自信、创新；但在另外一方面，承受工作的压力相对较弱，而且对工作的期望值很高。因此，这也加速了他们的跳槽欲望。

一旦出现新员工能力出众、对其地位造成威胁时，"老"员工往往就会抱成一团，共同打压新员工。这时，人为制造的玻璃天花板往往就限制了新员工的发展，导致新员工在郁闷之下拂袖而去。

江雄是一位80后职场人的典型代表，他从市场主管被提升为副经理。在他的锐意进取下，公司的市场工作开展得非常出色，江雄的能力也得到了公司上下的认同。就在江雄信心满满地以为自己将转正时，公司高层突然空降了一位34岁的经理给他，而这位"空降兵"是公司总裁办的任蓉。刚开始，江雄还是真心接纳这位上司的，但一段时间后，发现自己的这位上司每天都把工作时间放在玩游戏上。有业绩时，报上去的是任蓉的名字；有失误时，她总是推得一干二净。而且两人的薪酬差异也非常大：做事的副职只有玩游戏的正职的一半，这让江雄好不失落。一年后，感觉到自己在公司内已经没有发展空间的江雄，心灰意冷地跳槽到了竞争对手那里，留下了一个半年内都没有合适人选填补的空缺。江雄在向公司提出离职后，甚至连人力资源部经理要求的离职面谈都不愿参与，收拾完自己的行头，头也不回地离开了自己担任产品部副经理长达3年之久的公司，没有和同事告别，更没有和自己的直接上司说一句话。

在新老员工冲突中，新员工往往处于一种非常不利的困境：他们虽然因能力出众而受到高管层的信任，但往往在公司内部缺乏基础，而由于服务时间不长，其忠诚度也极容易受到质疑。强烈的自我保护意识本来就已经使老员工抱成一团，形成一个利益共同体，一旦有新员工能力出众，对他们的地位造成威胁时，就会联合起来共同打压新员工。而新员工在这种时候往往穷于应付，没有人能够帮得上自己，最后只能是自己走人了事。

如果说薪酬差异、日常的矛盾冲突都可以忍受的话，职业发展的天花板却是新生代员工最不能接受的。对他们来说，由于其年轻、有活力、有激情，其追求与企业内的老员工往往有较大的差异。老员工更趋于求稳，只要你不触犯我的利益就行，而新员工对职业发展的需求更高，希望能够被赋予更多的责任与授权，能够参与决策……这与老员工保护既得利益的诉求是逆向而行的。

显然，这种人为制造的玻璃天花板对他们显然是不公平的。而在他们看来，这样的天花板其实也是很脆弱的，一捅就破，是否去捅破这个天花板，只在公司管理者的一念之间。

5 让轻松的氛围激发新生代的潜能

工作氛围分两种：一种是环境氛围；另一种是人文氛围。环境氛围是指由办公空间的设计、装饰等营造出来的感受；人文氛围是指周围团队成员言行举止的传播影响，这两者的相加会让员工的能力产生化学反应，其结果是工作表现大相径庭。

有人曾在网络上发布 Google（谷歌）公司总部的办公室照片，那看起来简直就像一个度假村，有台球桌、自助的食品饮料吧台、理发厅、按摩室、游泳池、员工子女看护间，工作区域还有舒适的躺椅、灵感涂鸦墙、各种各样的健身器材和玩具等，这非常符合 IT 巨头 Google 崇尚自由和高度创新的企业文化，可想而知，员工在嚼着巧克力享受按摩师的服务时，灵感很容易就会找上门来。这并不是说所有企业都要学 Google，而是建议企业要在办公室布置上做出符合其所属行业的风格来，在人文氛围上做出能正确引导员工行为的企业文化来。

尊重是人之心理需求。新生代员工是脆弱而又敏感的一代，他们做事张扬，而内心又想赢得别人的尊重，尤其是上司的尊重，因此作为主管，要尽可能地给他们提供一个宽松、独立、自由、开放的工作环境，以体现对他们的尊重。比如，让他们独立去开发一个市场，只给予指导，不指手画脚、评头论足，对于一点点进步，都能够给予及时的表扬和肯定，即使犯错，也要委婉地"关起门"来批评。同时，作为企业的管理者，要愿意为其成长而走的弯路买单，从而能够让他们快速地成长。

要平等对待员工，让他们有"家"的感觉。管理者要想真正留住人才，和员工们在一起时，可以不只是上下级关系和工作关系。在工作之外还要有同情共感，痛痒相关的关怀，也可以在工作之余共同娱乐。总之，管理人员要明白，只有把员工当作家庭成员对待，与其亲切友善打成一片才能实现成功的管理，而与员工亲切友善打成一片的最简单方法就是实现平等管理。

在管理中，所谓的平等，不仅是指老板和管理人员一视同仁，使员工们在同等情况下感受的待遇相同，而且还指老板、管理人员与员工相平等。对员工的尊重和信任是企业管理的核心内容，而这核心内容之首就是要求平等。

企业管理是对人的管理，老板也应是"人"，不能把自己当成"神"，人与人之间虽然职务不同，但在人格上都是平等的，都应该受到尊重。讲究人本思想，像欧美企业的老板那样，以"人"的形象站在员工面前，以平等的身份与他们共处，员工们必然会喜欢你，从而不愿意离开公司。

要试图在企业内部营造一种与新生代需求相匹配的管理氛围，只有这样，才能让轻松的氛围激发他们的潜能，达到让新生代为企业所用的目标。

6.
提倡容忍多元文化

企业人力资源管理在针对新生代员工的培训内容的制定和执行上，不能只是强调技术和知识的培训，更重要的是对这一代人进行相应的企业文化教育。把他们的自我意识引导到主人翁精神上，培养引发他们的责任心、忠诚度以及职业操守，让他们的自我张扬转化成人力自动化。

新生代员工具有自由主义的道德观，凡事不再以正统道德体系做出非黑即白的评价。老板也有自己的价值观，但要容忍员工的价值观与你不同，因而，企业需要超越物质利益至上的信仰，但不能追求一元化的企业文化。

但提倡容忍多元文化，是不是就意味着公司不再需要一个可以传承的企业价值观了？按照《基业长青》的作者柯林斯的研究，过去那些能够做到基业长青的企业，都有一个始终坚持的企业核心价值体系。明基公司的做法是，从一开始就选择那些与自己的核心价值观和文化相近的年轻人，并在强化这些企业价值和文化方面积累了丰富的经验。

在针对80后的一份调查中，有一个出乎意料的特点，就是他们认为那些管理程序细致到位的企业反而更能让他们留下来，工作也容易上手。对此，专家也认为公司或者应该拥有专有的资源、技术、习惯以及工作流程体系，员工身处特定流程，将在一定程度上降低其外部流动性；或者应该精确设置岗位，通过过程管理保留产品开发的全部文稿，以及客户开发的全部过程。

最近，有媒体在近万名北京青年中就"你的人生奋斗目标是什么"做了一次调查。被调查者中有84.3%的人认为"自己正在奋斗"。根据百分比从大至小，他们的"奋斗目标"依次是：（1）为梦想奋斗；（2）车子、房子；（3）更理想的生活；（4）成为有钱人；（5）一个好工作；（6）人更平等，社会更和谐；（7）帮助弱势群体；（8）国家更富强。

从这个调查结果中我们可以看出：这些在老一辈人看来属于绝对幸福的年轻人对现状并没有满足，他们仍然在扩展着自我意识和自我欲望，向往着玫瑰色的未来，寻找着更加快乐与幸福的人生。如果把他们这种包含着物质与精神、政治与社会的多种"奋斗"目标置于国家从农业社会转向工业化和信息化社会的大背景下，就会明白，这种带有强烈的个人色彩的人生追求，将反映为一种社会性的普遍诉求。

40年前，当西欧和美国从工业化社会向后工业化社会转型时出现过一次影响深远的"青春浪潮"。中国也正经历着巨大的社会转型，像电视剧《奋斗》所代表的青春潮虽然刚刚开始涌动，但的确是存在着并表现着，同时正渴望着未来的社会认同！

一家民营创业公司曾打算策划一次到公共场所志愿捡拾垃圾的公益活动。在讨论会上，一名80后员工提出了激进的反对意见，认为按照原有方案无法取得预期效果。最终，该活动方案在80后员工们的倡导、策划下，调整为通过互联网发起和召集，并根据个人回收垃圾的多少，衡量活动参与者的贡献度，在网上给予相应的称号和奖励。由于80后员工积极发表意见，这一活动变成了充满互联网精神的方式。因此，公司的管理者应该多为80后员工敞开发表意见的渠道，因为这往往会给管理者带来焕然一新的思维方式。

60后、70后习惯于"听话"，而80后、90后则不甘于只是听令的地位，因为他们在成长过程中一直是有自主决定权的。所以，企业应该让他们多参与，特别在做建议方案时，主管们应该让他们多参与，这并不是要求你在多大程度上采纳了他们的意见，而是在多大程度让他们参与进来，发挥作用。

> 管理必须做到充分的包容。有一些潜意识的东西是无法改变的，也会发挥巨大的力量。同样，新生代也没有例外。因此，企业管理，必须立足于他们的个性。

7.
令之以文，齐之以武

批评新生代员工是需要技巧的，忠言不一定要逆耳，因为一句不合适的话就可能导致他们对你的能力产生怀疑，甚至进而辞职。

对于这类员工的管理要充分体现刚柔并济的思想，也就是制度要硬、手段要软。毕竟他们在成长过程中一直享受着对周围环境的主导权，步入职场的他们尚不能立刻褪去这一身"霸王气"。所以，在职场中他们更多的是在渴求参与，而不是一味低眉顺眼地说句"得令"。

《孙子·行军篇》中说："故令之以文，齐之以武，是谓必取。"这是说，要用"文"的手段，即用政治道义教育士卒；用"武"的方法，即用军纪来统一步调，这样的军队打起仗来就必定胜利。

"令之以文，齐之以武"，体现了文武兼施、德威并重的治军思想和治军原则。这一思想和原则也同样适用于管理企业，孙子所讲的"文"、"武"之道，也就是今天企业的"软性"和"硬性"管理。软管理以"人"为中心，以激发、调动员工的主观能动性为目的，依据员工的思想、特性，用组织共同的价值与文化理念、精神氛围进行人性化、人格化的柔性管理；硬管理是以"事"为中心，以达成组织绩效为目的，依靠职责体系、规章制度、行政法纪，进行程序化、有序化的强制管理。

孙子认为，治军不仅要"令之以文"，还要"齐之以武"。"齐之以武"就是要用法令、纪律、制度来整肃队伍，规范士卒的行为。对士卒不能过分厚爱、纵容，必须明法审令，用纪律来统一和管理部队。企业管理也可以如是为之。

"齐之以武"的思想对企业用人管理的启示是：首先要明确岗位职责，使员工知道自己该做什么，不该做什么；规范工作流程，确保员工按照标准化的工作程序开展工作，杜绝员工随心所欲、想做什么就做什么，想怎么做就怎么做的不规范行为。

其次是构建规范的绩效考核与评价体系，通过对员工工作质量、工作态度、工作方法和工作能力的综合评估，引导公司员工自觉地遵守各项管理制度，向公司期望的方向发展。

"进入厂门者请放弃一切自治"，这是恩格斯《论权威》中的一句名言。对于敢于触犯组织最底限行政法令要求的员工必须要严管、重罚，给予严厉的惩处以警示他人，必要时果断予以淘汰出局，以保证整个组织的效率，有法必行才能真正发挥惩罚本身具有的效能。

激励，无论是在军队管理中还是企业管理中，都是最重要的职能，对于新生代更是如此。

《史记》载：汉楚相争之初，项羽用兵40余万，4倍于刘邦，曾经政由己出，号令天下，威震一时。然而，由于他贤愚不分，奖罚不明，"于人之功无所记，于人之罪无所忘，战胜而不得其奖，拔城而不得其封"。赏罚不明使得项羽最终失败。

美国哈佛大学行为科学家威廉·詹姆斯在对员工激励的研究中发现：按时计酬的员工一般仅能发挥20%～30%的能力；如果受到充分的激励，员工的能力可发挥80%～90%，其中50%～60%的差距乃激励作用所致。软管理在今天企业经营中具有很强的激励作用，采取软管理的方式主要是满足员工的高层次需要，特别是自我实现需要和成就感。

总之，在管理中对新生代员工既要"爱"，也要"严"；爱要有爱的分寸，严要严得科学。爱与严、文与武、软与硬这些看似对立的字眼，在管理中却是相互依存、相辅相成并且相得益彰的，在现代企业管理中缺一不可。只有实现两者的结合——文武结合、软硬结合，对人才的管理才能达到"争得来，用得活，管得好，留得住"的最佳效果。

8. 让新生代员工在工作中获得乐趣

全球品牌价值排名第一的Google公司的做法值得我们借鉴。它给每一位员工提供了20%可以自主支配的时间，在这20%的时间里，是其创新模式至关重要的一环。它还有优美的办公园区，新颖的办公室装饰，诱人的美食，漂亮的健身房等。不过，Google模式在中国也表现不出特别的优秀，所以在运用时一定要根据具体情况做调整。

在新生代员工看来，企业与员工之间是一种纯粹的雇佣关系，"老板付钱，我们工作，就这么简单"。这于个人发展、于公司都不利，这是纯粹的交易过程，把人当商品看，不符合以人为本的人性化管理。持有这种工作态度，遇到困难时，便很难坚持下去。企业若失去员工的忠诚，那么企业文化将难于建设，企业管理难度将加大。因此，把工作当成事业来做这一种观念的培养是非常必要的。

有人说过："当工作成为乐趣时，生活便是喜乐；当工作成为责任时，生活便是奴役。"有人视工作为苦役，有人却在工作中获得极大的乐趣和满足；有人整天咒骂着自己的工作，有人却满怀着感恩之心，兢兢业业地从事自己的工作。为什么会有这些差异？其实，这是由一个人对工作的态度所致，不同的人有不同的认知。

培养工作乐趣也很重要。任何一个工作岗位做长了，都难免会使员工产生厌倦情绪，产生惰性，失去工作激情和创造精神，只会简单地重复再重复，导致工作效率下降。而进行工作岗位轮换后，新的岗位就是全新的工作流程和内容，便会给员工带来一定的刺激和乐趣，从而有效地提升员工的工作积极性。

某软件公司主体员工是80后，为了使管理更加到位，总经理费了一番脑筋建立一套卓有成效的绩效管理体系：员工必须按时上下班；每天都要填一种工作绩效表格，明确到每小时在干什么；每月员工的工作业绩都通过大量表格来体现，这些表格除对员工工作每一方面进行评估外，还对其日常行为也进行评估，就连办公室、办公桌整洁以及员工的服侍都是考评内容，男士必须穿衬衣，打领带，女士不能穿拖鞋。但是，不久后总经理发现，实施这套绩效方案的效果并不像他设想得那样好，不少员工对这些制度颇有微词，部分不愿意受约束的优秀员工甚至辞职走人，公司业务也没有大的改善。对此，总经理陷入了极度的困惑之中。

事实上，该总经理没有意识到：对待新生代员工不能采用严格、刻板的管理模式。新生代员工最痛恨被束缚，他们更倾向于接受具有弹性、突显个人风格的工作方式。他们具有较强的自主性，不仅不愿受制于人，而且无法忍受上级的遥控指挥，他们更强调工作中的自我引导；他们喜欢按照自己的意愿、方式，自主进行时间和空间的统筹而完成工作任务，这种自我管理方式可以使他们获得最大程度上的被尊重，他们的智慧也将得到最大限度的发挥。

IBM公司是最早实行"结果导向"弹性工作制的，工作时间按月来计算。每个月不需要日日朝九晚五，完成上级交付的工作项目就行，否则要完成最低规定的工作时间，若无法达到则违反公司规章而受到惩罚。

美国著名的3M公司为了保护新生代员工的创造性，推行了著名的"15%"原则，即员工可以拿出工作时间的15%，从事任何自己感兴趣的研究工作，而不必得到公司的许可。在这种制度下，员工可以自由发挥，根据兴趣和直觉从事产品开发，结果收到非常好的效果，3M每年都有超过200项的新产品推向市场。

新生代员工从小就是自由的，不希望被别人或公司控制，他们更倾向于接受具有弹性、突显个人风格的工作方式。因此，企业的前进方向可以通过明确公司的使命和合理的工作分配来进行宏观的管理，具体的操作过程和想法不妨给这些员工更多的权利来选择。

9.
用新生代的"语言"沟通

随着上网人数的增多，诸如PK这样的网络语言越来越多地被年轻人运用。有报纸给出了十几个网络语言对各个年龄段的人进行认知程度调查，结果表明30岁以下的人对网络语言较为熟悉，他们大多对网络语言表示喜欢使用。

从一场网络用语的公众调查情况看，18～30岁的调查者对网络词汇的认知度是所有年龄段中最高的，他们对各时期流行的网络语言都能答对。而36～50岁的调查者对网络的接触程度各有不同，他们很少上网，对网络词汇的了解更多地是从看各类娱乐节目中获悉的。而接受调查的50岁以上的人接触网络的更少了，其中一位70岁的老先生因子女在国外，才开始学着用电脑上网因而稍懂网络语言。

不管哪个年代，年轻人都不断地在创造着新词汇，让年长一些的人听得一头雾水。随着网络突飞猛进的发展，无疑对年轻人的"语言创造力"起了推波助澜的作用，谁偶然间或无意间用了一个自己都莫名其妙的词，第二天可能就成了流行语。其实所谓"流行"是一种典型的"大浪淘沙"。经过自然的筛选，少数禁得住考验的词汇会进入词典，而大多数无聊的语句则是风过无痕。

学会新生代的"语言"，才能更好地与其沟通。管理新生代最基本的前提就是沟通，沟通的前提当然是理解他们，那么懂得他们的语言就是不得不做的一件事。玩玩游戏，交流一下购物心得，看一些他们常看的杂志，上一些他们常上的网站，对于学习"语言"很有帮助。

新生代是互联网的一代，作为管理者，你可以不理解他们，却不可以视而不见；你可以不欣赏他们，却不可以回避。

当这些新生代年轻人涌入职场，他们所具有的鲜明的群体特征、新思维和新观念无一不在挑战着传统的管理模式，管理者如何应对这些年轻员工的挑战？希望本章可以给你一些经验和借鉴。